劳动经济评论

LABOR ECONOMIC REVIEW

第 14 卷　第 2 辑　2021 年 9 月
Volume 14　Number 2　September 2021

中国财经出版传媒集团
经济科学出版社
Economic Science Press

图书在版编目（CIP）数据

劳动经济评论. 第14卷. 第2辑/罗润东，刘文主编.
—北京：经济科学出版社，2021.7
ISBN 978-7-5218-2724-8

Ⅰ.①劳… Ⅱ.①罗…②刘… Ⅲ.①劳动经济-中国-文集
Ⅳ.①F249.2-53

中国版本图书馆CIP数据核字（2021）第145056号

责任编辑：宋 涛
责任校对：靳玉环
责任印制：范 艳 张佳裕

劳动经济评论
第14卷 第2辑 2021年9月
罗润东 刘 文 主编
经济科学出版社出版、发行 新华书店经销
社址：北京市海淀区阜成路甲28号 邮编：100142
总编部电话：010-88191217 发行部电话：010-88191522
网址：www.esp.com.cn
电子邮箱：esp@esp.com.cn
天猫网店：经济科学出版社旗舰店
网址：http://jjkxcbs.tmall.com
北京密兴印刷有限公司印装
787×1092 16开 17.5印张 360000字
2021年9月第1版 2021年9月第1次印刷
ISBN 978-7-5218-2724-8 定价：61.00元
（图书出现印装问题，本社负责调换。电话：010-88191510）

目　　录

劳动经济与产业发展

人力资本问题研究

劳动收入与劳动关系

CONTENTS

Labor Economics and Industrial Development

Human Capital Research

Labor Income and Industrial Relations

产业结构高端化升级对北京市人口规模的影响

童玉芬　周梦锦　周　文*

摘　要： 北京作为我国的超大城市和首都，其产业升级的水平和所处的不同阶段对城市人口规模产生什么样的影响，是值得关注的理论和现实问题。北京市产业转型从20世纪90年代基本已经进入了第三产业占主导的传统产业结构升级阶段，2010年后，北京第三产业整体达到较高水平，第三产业内部的产业高端化转型升级成为重要特征。本文的理论分析认为，在北京已经完成了传统产业升级后，随着城市产业朝着资本密集型的高端服务业发展，对人口规模将产生重大影响。本文的实证研究发现，北京市产业结构升级是人口规模变化的重要影响因素，产业结构高级化升级与人口规模变化之间存在显著的相关关系，但这种关系并非简单的线性关系，而是"倒U形"关系，即在第三产业以传统服务业和一般现代服务业为主时，第三产业的发展对城市人口规模的影响呈现出正向的促进作用，但是随着城市产业不断朝着高端化的方向发展，城市的产业升级则会对城市人口增长起到抑制作用。

关键词： 北京　人口　产业结构升级　服务业高级化

一、引言

新中国成立以来，北京市产业结构发生了巨大的变化，当前产业结构升级水平在全国处于前列。在产业结构的不断升级和高端化过程中，也伴随着北京市人口的巨大变化。人口规模在经历了长达20多年的高速增长以后，在2010年开始了减速

---

* 童玉芬，首都经济贸易大学劳动经济学院教授、博士生导师；周梦锦，首都经济贸易大学劳动经济学院硕士研究生；周文，本文通讯作者，首都经济贸易大学劳动经济学院博士研究生，E-mail：zhouwenzou@foxmail.com。本文受北京市哲学社会科学基金重大项目"新时代北京市人口调控与城市可持续发展研究"（项目编号：18ZDA06）的资助。

增长，并于2016年达到了2 172.9万人的峰值后开始了连续3年的下降。这种状况引起了政府和很多学者的关注，人口规模的变化到底与哪些因素有关？除了人口调控政策的作用以及城市人口发展规律等因素以外，近年来产业结构升级与人口规模变化之间是否存在关系？对于这个问题的研究，不仅在学术上有一定意义，而且对于政府出台相应政策也会有很大的参考价值。

国内已经有学者研究了产业结构升级对城市人口规模变动的影响，但是研究结论和看法存在较大差异。一些学者认为产业结构升级有利于城市人口规模扩大，因为吸引更多人口流入。如周晓津（2015）认为城市转型升级会产生新的就业需求，因此会使得城市规模扩大。但是也有一些研究认为产业升级会使得城市对人口的需求减少，有利于城市人口规模的控制。钟敏、徐春慧（2018）从产业高度化的视角考察产业升级，他们的研究认为产业结构升级变动越快，区域外来人口流入规模的缩小就越明显。李超、张红宇（2013）等的研究认为，通过产业结构升级和生产方式的转变，北京市能够减少流动人口的增加量，从而达到调控人口规模的目的。此外，也有学者认为两者关系是复杂和双向的。例如，李晓斌（2017）等研究认为，城市规模扩大为城市转型升级提供了动力，而城市生产效率提高反过来又提升了城市的吸引力。同时，彭昱、周尹（2016）的研究也显示城市人口扩大有利于城市服务业的发展，而城市服务业的发展反过来又促使城市人口的膨胀。

上述研究为本研究理解城市产业升级与人口之间的关系提供了广泛的思路。但目前的研究依然存在以下不足：第一，目前研究实证模型较多，缺乏产业结构与人口规模变化之间的理论机制和路径研究；第二，目前研究针对北京市产业结构升级与人口研究还基本停留在传统的三次产业结构升级转换阶段，没有体现北京市目前第三产业内部高端服务业或高新技术产业升级的新特征；第三，从研究阶段上看，对北京市近些年非首都核心功能疏解后的产业结构升级与人口规模变化的关系关注不够。基于以上原因，本文认为专门开展对于北京这种超大城市产业结构升级与人口规模之间的关系的研究，就显得格外必要。

本文通过对北京市产业高端化的升级特点，在对其内在理论机制和路径的分析基础上，构建了北京市产业结构升级对人口规模变化影响的实证模型，揭示了两者之间的非线性关系，所得结论不仅可以为同行提供理论的参考，也能够为北京市经济发展和产业升级以及人口调控提供政策上的决策咨询。

二、北京市产业高端化水平及变化过程

（一）北京市产业结构高端化过程中的两阶段特征

按照经典的“配第—克拉克定律”，随着经济发展，国民收入的提高，国民经

济构成中的支柱产业将从以第一产业逐渐向第二、第三产业转移。与此同时，近些年越来越多的研究发现，无论是国外大都市，还是国内的超大城市，在第三产业成为支柱产业过后，产业升级并没有因此而停止，在第三产业内部也在进行高端化的进一步转型升级（乔晓楠、张欣，2012；杜德斌，2015；李程骅，2014）。

新中国成立之初的1949年，北京市经济规模较小，产业发展落后，农业产值占比高达23%，第三产业产值只占GDP的40%。而到1979年，北京市的工业产值占GDP的比重已经由1949年的36%提升到70%，而农业产值则下降到4%左右，顺利实现向第二产业的转型升级。到20世纪80年代以后，北京市第三产业开始快速发展，工业产值比重则开始下降，1970年北京市第三产业占GDP比重仅为18.7%，到1994年第三产业产值占GDP比重达到49%，并超过了第二产业的比值，北京进入了第三产业为主的3:2:1产业结构阶段，第三产业已经逐渐成为主导产业。此后第三产业的比值继续快速上升，到2010年北京市第三产业的比重超过75%。在基本完成传统经典的三次产业结构的转型升级以后，近些年北京市的第三产业内部结构也在进一步转型升级之中。尤其是2010年以来，在疏解传统产业和大力发展高新技术产业等政策的作用下，北京市产业的总体发展方向是重点发展高端服务业，稳定一般现代服务业，减量发展传统服务业，高端服务业出现了快速上升的趋势，产值占GDP比重由2010年的28%上升到了2018年的40%，而传统服务业的生产总值占GDP的比重则从24%下降到了18%，第三产业内部产业优化升级的趋势十分明显。[①]

为了考察第三产业内部结构的变化，结合以往的研究（王继源、陈璋，2015；侯慧丽，2016），本文将第三产业细分为高端服务业、一般现代服务业和传统服务业。其中，高端服务业包括信息传输、软件业和信息技术服务业、科学研究和技术服务业和金融业；一般现代服务业则包括房地产业，租赁和商务服务业，水利、环境和公共设施管理业，教育卫生和社会工作，文化、体育和娱乐业等；传统服务业则包括批发和零售业，交通运输、仓储和邮政业，住宿餐饮业，居民服务、修理和其他服务业，公共管理、社会保障和社会组织等；从北京市服务业内部结构变化来看，从图1可以看出，2006~2010年，无论是北京市高端服务业、一般现代服务业和传统服务业的产值所占GDP比重的变化不大，高端服务业的产值比重在26%~29%波动，一般现代服务业则一直在21%左右徘徊，而传统服务业则处于波动上升的状态，从22.8%上升到了24.6%。2010年以后，北京市第三产业内部不同类型的服务业占比开始出现分化，其中高端服务业开始快速上涨，其产值占GDP的比重从2010年的28.5%上升到了2018年的40%，一般现代服务业则相对不变，始终保持在22%左右，传统服务业下降最快，其产值占GDP的比重从24.7%下降到了17.9%。因此可以看出，2010年以来北京市第三产业结构的高端化特征十分明显。

① 资料来源：历年《北京区域统计年鉴》。

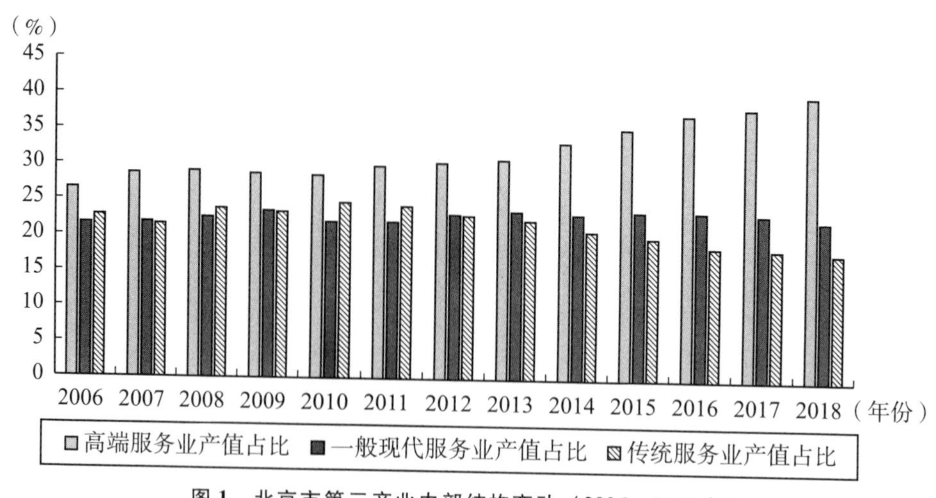

图1 北京市第三产业内部结构变动(2006~2018年)

资料来源:历年《北京区域统计年鉴》。

(二)北京市产业结构高端化指数的构建

根据以上分析发现,北京市从2010年以来,第三产业就已经进入以发展高端服务业为重点的阶段,也即是带动产业结构进一步优化升级的第二个阶段。本文以高端服务业产值占北京市GDP的比重衡量北京市产业结构高端化转型升级状况。其计算公式为:

$$UIS_{it} = (gdpx_{it} + gdpj_{it} + gdpk_{it})/GDP_{it} \tag{1}$$

其中,UIS_{it}为i区t年高端产业升级指数,$gdpx_{it}$、$gdpj_{it}$、$gdpk_{it}$分别代表i区t年信息传输与软件和信息技术服务业、金融业、科学研究和技术服务业等行业的GDP状况,GDP_{it}代表i区t年的GDP状况。

产业结构升级指数(UIS)的范围在0与1之间,其值越接近0,说明产业结构升级水平越低;反之,其值越接近1,说明产业结构升级水平越高。

图2显示了本文计算的北京市在2006~2018年产业结构高端化升级水平的结果。可以看到,北京市产业结构高端化指数总体上呈逐年上升趋势,但基本可以分为两个阶段:2010年之前增长比较缓慢,第三产业中以传统服务业和一般现代服务业占绝对优势,高端化指数在0.3之下,产业高端化指数的增长十分缓慢,甚至出现了停滞的趋势。2010年开始,北京市产业高端化指数开始出现明显上升的趋势,尤其是2013年以后,北京市产业高端化指数明显更加明显,到2018年该指数已经达到0.4左右,远高于同期上海(0.27)、深圳(0.24)和广州(0.17)等超大城市的产业结构高端化水平。

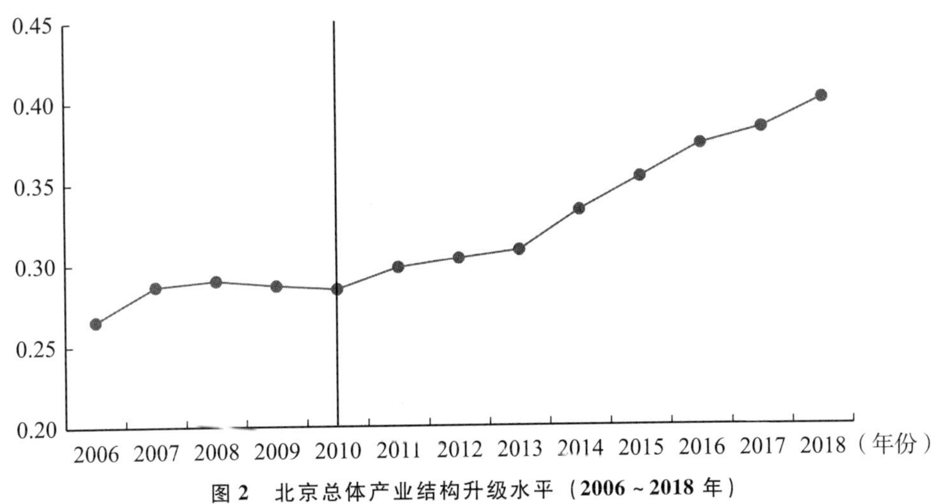

图 2 北京总体产业结构升级水平（2006 ~ 2018 年）

资料来源：历年《北京区域统计年鉴》。

三、北京市产业结构高端化升级对人口规模影响的理论与实证分析

（一）理论机制及路径分析

一般来说，第三产业内部结构变动离不开行业结构的变动，而不同行业由于就业弹性不一样，所以对劳动力的需求也有所不同。当第三产业内部结构处于较低水平的时候，往往以劳动密集型为主导产业，产业的发展就需要依赖大量劳动力投入，而对技术和资本的依赖程度低。此时，由于劳动生产率较低，产业发展对劳动力的技能要求也较低，那么行业就业弹性就相对较大，能提供较多的就业机会，进而能够吸纳大量劳动力和人口进入（方建国、尹丽波，2012；张浩然、衣保中，2011）。随着三次产业的内部结构升级，以资本或技术密集型行业逐渐占主导地位，此时，行业发展对劳动者技能要求较高，会逐渐淘汰一部分低技能劳动力，行业就业弹性相对较小，吸纳劳动力程度也较低，而就业机会的变化，往往使以就业为前提的劳动力的迁移流动发生相应的变化（刘毅、张宁，2015；王光栋、郑志敏，2014）。因为劳动力人口是人口构成中最重要的部分，也是最活跃的组成部分，因此，劳动力的流入是城市外来人口规模增长的直接原因。一般而言，外来人口中的老年人和青少年的迁移的流动大都是随着劳动力流动而派生或引致的，故总的来看，产业发展引起的就业机会的增减会对劳动力需求产生影响，引起城市外来人口的变动，进而影响城市人口规模（见图 3）。

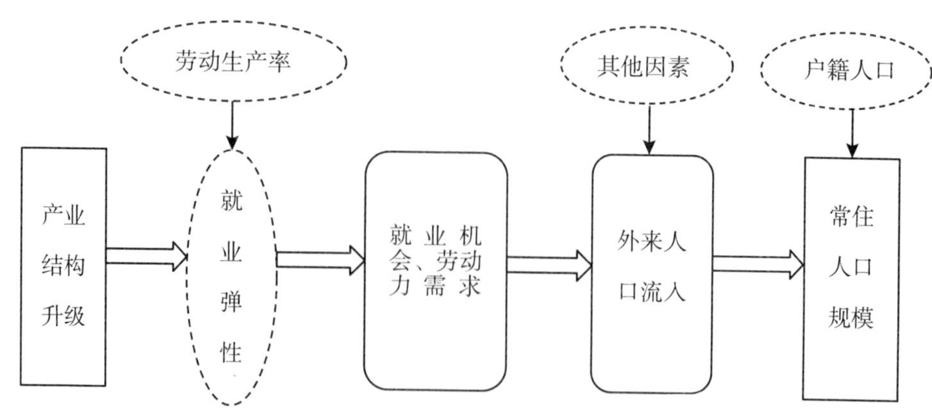

图 3　产业结构高端化升级对人口规模影响的路径

注：仅仅从产业结构升级角度，描绘了产业结构升级对北京市常住人口变化产生影响的一个路径，并不代表影响常住人口或外来人口变动的所有因素的影响机制和全部路径，后面实证分析中将会将其他因素分析并纳入模型中。

基于以上分析，本文提出以下研究假设：研究假设一：城市的产业结构高端化升级会对人口规模的变动存在显著影响。研究假设二：城市产业结构高端化升级过程与人口规模变动之间呈“倒 U 形”关系，即在第三产业高端化的早期阶段，会增加城市人口规模；但是随着第三产业内部不断高端化，即由传统服务业向高新技术发展时，会对城市人口规模产生抑制作用。

（二）方法的选择与模型的构建

1. 方法选择和模型构建

本文数据将采用北京市各区县 2006 ~ 2018 年的平衡短面板数据，因此用短面板多元回归模型方法比较合适。根据上文的研究假设，构建以下回归模型：

$$POP_{it} = \alpha_i + \beta_1 UIS_{it} + \beta_2 USI_{it}^2 + \sum \varphi_i CONTROL_{it} + \epsilon_{ii} \quad (2)$$

其中，POP_{it}为因变量，指北京 i 区 t 年的常住人口规模；α_i 为截距项，即消除个体效应的影响；$CONTROL_{it}$为控制变量，φ_i 为各个控制变量的系数；UIS_{it}为北京 i 区 t 年高端产业升级指标数，β_1 为其相应系数；USI_{it}^2 为北京 i 区 t 年的高端产业升级指标数平方项，β_2 为其相应系数；ϵ_{ii}为随机扰动项，即除上述变量外其他因素对因变量的影响。

2. 变量选择

因变量：本文主要考察产业结构升级对人口规模变动的影响，因此选取北京市 16 个区县 2006 ~ 2018 年常住人口规模（pop）数据衡量北京市人口规模状况。

核心自变量：本文选择第三产业内部高端化指数作为核心解释变量，具体计算见公式（2）。

控制变量：除了关键变量以外，本文参考前人（李国平、陈秀欣，2009；蔡之兵、张可云，2014；王莹莹、童玉芬，2015）关于影响超大城市人口变动的主要因素研究，选择了以下控制变量。

经济发展水平。本文用实际 GDP（经过通货膨胀处理的 GDP）的对数值，来衡量一个地区的经济发展水平。两地区之间存在的经济发展差距是人口迁移的主要原因之一，人们往往倾向从经济发展水平较弱的地区流向经济发展水平较高的地区。

工资水平。本文用城镇单位职工的平均工资来衡量该地区的工资水平，并且对其数值利用 GDP 缩减指数进行通货膨胀处理。一般而言一个地区的工资水平越高，越有利于改善自身生活条件，则人们迁移该地区的可能性越大。

就业机会。本文用城镇单位在岗职工数来衡量就业机会。如果两地区之间的就业机会差异越大，那么人们往往愿意离开就业机会少的地区，迁移到就业机会更多的地区发展。

政府支出。政府支出反映政府对医疗、教育等公共服务的投入，即一个社会的福利水平。政府支出越高，表明该地区的社会福利水平越高，人们的生活条件相对较好，往往较好的生存生活环境条件更能吸引人口迁移流动。同时，政府还是进行人调控的主要实施者，因此要考察北京市人口变动，必须将政府的力量纳入考虑。

城市开放程度。城市开放程度用实际利用外商投资水平对数值度量。实际利用外商直接投资金额能够弥补建设资金不足，实现经济增长目标；并且有利于扩大就业，进而增加了劳动力需求。

投资水平。本文用固定资产投资来衡量一个地区的投资水平。投资水平代表一个地区的城市活力，投资水平越高，地区经济越有活力，越能吸引外来人口。各变量的描述性统计如表 1 所示。

表 1　　变量统计描述

主要变量	观测值	平均数	标准差	最小值	最大值
常住人口数（万人）	208	124.48	99.26	27.90	395.50
产业结构升级指数	208	0.19	0.16	0.04	0.58
城镇单位职工平均工资（万元）	208	5.62	2.48	1.99	13.91
城镇单位在岗职工数（万人）	208	39.91	40.81	4.44	183.07
GDP 对数值	208	5.99	1.21	3.77	8.43
政府支出（亿元）	208	110.67	88.18	17.83	465.18
固定资产投资（亿元）	208	376.64	320.68	22.66	1 356.05
实际利用外商投资对数值	208	9.29	1.87	4.32	13.63

资料来源：历年《北京区域统计年鉴》。

（三）实证结果分析

本文采用的数据为短平衡面板数据，需要进一步判断是采用混合回归、固定效应还是随机效应模型。首先，经固定效应的 F 检验的 p 值为 0.00，故强烈拒绝原假设，即认为固定效应回归优于混合回归，且进一步通过 LSDV 法检验，大多数个体虚拟变量均很显著，故可放心拒绝“所有个体虚拟变量都为 0”的原假设，即认为存在个体效应，不应使用混合回归。其次，判断采用固定效应回归还是随机效应回归，经豪斯曼检验，结果 $Prob > chi^2 = 0.00$，拒绝原假设，因此应当使用固定效应模型，而非随机模型。通过以上检验发现固定效应模型相对合适，但还需进一步判断固定效应是否存在时间效应。表 2 的回归结果发现，所有年度虚拟变量的联合显著性，其结果接受“无时间效应”的原假设，在模型中无时间效应。因此，最终选取个体固定效应模型进行回归分析。

表 2　　时间效应检验结果

（1） year2 = 0	（8） year9 = 0
（2） year3 = 0	（9） year10 = 0
（3） year4 = 0	（10） year11 = 0
（4） year5 = 0	（11） year12 = 0
（5） year6 = 0	（12） year13 = 0
（6） year7 = 0	F （12，15） = 1.72
（7） year8 = 0	Prob > F = 0.16

在表 3 的回归结果中，高端产业升级指数的系数为 175.04，高端产业结构升级指数平方项的系数为 −455.55，而且通过显著性检验，产业结构升级对人口规模之间存在显著影响，且两者之间呈“倒 U 形”关系。经计算高端产业升级指数的拐点大约为 0.2，即当第三产业中高端产业发展指数小于 0.2 时，人口规模随着产业结构升级水平增加而增加，而当高端产业发展指数大于 0.2 时，第三产业的结构转型升级会抑制人口规模增长。模型中代表就业机会的在岗职工数在 1% 的水平下对人口规模产生显著正向影响，表明就业机会越多，该地区的人口规模越大。同时，模型中代表投资水平的固定资产投资在 1% 的水平对人口规模产生显著正向影响，表明一个地区的投资能力越强，越能吸引外来劳动力的流入，扩大该地区的人口规模。

表 3　　固定效应回归模型结果

变量	系数	稳健标准误
产业结构高端化升级指数	175.04*	86.19
产业结构高端化升级指数平方项	-455.55***	112.99
城镇单位职工平均工资	1.16	1.84
城镇单位在岗职工数	1.18***	0.13
GDP 对数值	4.64	11.19
政府支出	-0.07	0.07
固定资产投资	0.05***	0.011
实际利用外商投资对数值	1.15	0.88
常数项	14.21	64.52
观测值	208	—
r^2	0.73	—

注：*、**、*** 分别表示在 10%、5%、1% 的水平上显著。

（四）稳健性检验

本文为使得结论的可靠性，同时进一步解决内生性问题，采用动态面板回归中的差分 GMM 方法进行分析。当期人口数与其前一期人口数存在较强的相关关系，因此，本文把滞后一期人口数纳入解释变量，以解决内生性问题，因此，建立如下动态面板模型：

$$POP_{it} = \beta_1 UIS_{it} + \beta_2 POP_{it-1} + \beta_3 UIS_{it}^{\ 2} + \sum \delta_i CONTROL_{it} + \varepsilon_{it} \qquad (3)$$

其中，POP_{it}为解释变量，指北京 i 区 t 年的常住人口规模；β_1、β_2、β_3 与 δ_i 分别为产业结构升级指数、常住人口一阶滞后项、产业结构升级指数平方项及各个控制变量的系数；UIS_{it}为北京 i 区 t 年的高端产业结构升级指标数，ε_{it}为随机扰动项。

差分 GMM 回归通常需要检验两大问题：有无工具变量的过度识别；有无扰动项的差分序列自相关。本文通过 Hansen 检验和 Arellano - Bond 自相关检验，以确定模型的稳健性，在 5% 的显著性水平下，Hansen 检验结果拒绝了过度识别的原假设，工具变量对扰动项没有解释能力，工具变量选择合理；同时，Arellano - Bond 的一阶和二阶均不存在自相关性，模型结果有效。

模型估计的结果显示，产业结构升级对人口规模存在显著影响，且两者之间存在“倒 U 形”关系。经计算，“倒 U 形”曲线拐点为 0.3 左右，这表明当北京市高端产业发展水平小于 0.3 时，产业结构升级将会扩大人口规模，而当高端产业发展水平高于 0.3 时，随着产业结构的进一步转型升级，则会抑制人口规模的增长。

但是从固定效应模型和差分 GMM 模型的对比来看，两个模型的拐点有所差别。固定效应模型显示拐点大约在 0.2，而差分 GMM 回归结果的拐点在 0.3 左右。由于差分 GMM 模型一定程度上解决了内生性问题，因此估计结果理论上优于固定效应模型。而从北京市人口的实际发展来看，在 2011 年左右北京市产业结构高端化水平接近 0.3，而正是自 2011 年起，北京市人口规模的增量呈逐年下降趋势，差分 GMM 模型的估计结果与北京市人口发展的实际更加吻合。因此，本文将差分 GMM 模型的拐点结果为主要研究结果，北京市产业结构升级水平自 2012 年起超过 0.3，且在 2018 年北京市产业结构升级水平达到 0.4 左右，这表明北京市产业结构升级水平在 2012 年左右开始对城市人口规模开始产生抑制效应（见表 4）。

表 4　　差分 GMM 回归结果

变量	差分 GMM 模型	
	系数	稳健标准误差
常住人口一阶滞后	0.81***	0.24
产业结构升级指数	248.61**	124.20
产业结构升级指数平方项	-410.01**	186.11
城镇单位职工平均工资	-1.19	3.58
城镇单位在岗职工数	0.39	0.53
GDP 对数值	-0.16	24.58
政府支出	-0.02	0.08
固定资产投资	-0.01	0.01
实际利用外商投资对数	0.33	2.12
观测值	176	—

注：*、**、*** 分别表示在 10%、5%、1% 的水平上显著。

四、结论与政策建议

本文在理论分析的基础上，提出了北京市产业结构升级对人口规模影响的“倒 U 形”假设，并通过模型的实证检验，得出了几个有意义的结论：

（1）北京市的产业结构升级对人口的变化有显著的影响。人口规模的变化受到很多因素的影响，除了人口调控政策会产生影响，以及北京城市与其他省份之间在收入、就业机会、公共基础设施和社会发展方面的差异以外，本文发现城市产业结构的升级，尤其是第三产业内部结构的高端化升级也会对人口规模产生显著的影响。因此，通过产业结构升级，可以对特大城市人口产生内在的调节作用。

（2）产业结构高端化升级对人口规模的影响呈现“倒U形”关系。这意味着随着第三产业内部高端化的早期阶段，首先对城市人口规模起到了推动作用，但随着城市第三产业的进一步转型升级，不断推进高新技术产业等高端产业发展，城市产业转型升级对城市人口规模的扩张起到了抑制的作用。模型还进一步发现，北京市产业升级对人口起到不同作用的转折点在2011年左右，2011年以前，由于城市传统服务业比重较大，而高端服务业规模较小，发展较慢，城市产业的转型升级对城市人口扩张主要起到促进作用。但是2011年以后，随着高端服务业占比不断扩大，城市产业的转型升级对人口转变为抑制的作用。

总起来看，北京市当前传统三次产业的梯度转移已经基本完成，这也就意味着由此所带来的人口增长的势能也在逐渐消失，转而对人口产生内在的抑制作用。北京正努力推动的第三产业高端化升级，不断提高高端服务业在国民经济中的作用和地位，对第三产业内部结果进行调整和升级，这不仅有利于北京市创建科技创新中心，发挥科技在全国乃至世界的引领作用，而且还有利于缓解人口规模的无序扩张，减轻城市发展面临的人口压力。

同时，调控北京市人口规模必须遵循城市产业的发展规律，在不断调整和优化产业结构的同时，要以北京的核心功能定位来确定产业发展方向，做到产业发展“有所为，有所不为”，在产业结构的升级中实现人口的减量发展，提高人口素质和优化空间结构，以此推动北京市人口的可持续发展。

参考文献

1. 蔡之兵、张可云：《北京为什么越来越大?》，载《北京社会科学》2014年第3期。

2. 杜德斌：《上海建设全球科技创新中心的战略路径》，载《科学发展》2015年第1期。

3. 方建国、尹丽波：《技术创新对就业的影响：创造还是毁灭工作岗位——以福建省为例》，载《中国人口科学》2012年第6期。

4. 侯慧丽：《产业疏解能带动人口疏解吗？——基于北京市流动人口定居意愿的视角》，载《北京社会科学》2016年第7期。

5. 李超、张红宇、卢健、覃飙：《北京市人口调控与产业结构优化的互动关系》，载《城市问题》2013年第8期。

6. 李程骅：《国际城市转型的路径审视及对中国的启示》，载《华中师范大学学报：人文社会科学版》2014年第2期。

7. 李国平、陈秀欣：《京津冀都市圈人口增长特征及其解释》，载《地理研究》2009年第1期。

8. 李晓斌：《产业升级与城市增长的双向驱动——基于中国数据的理论和实证研究》，载《城市规划》2017年第5期。

9. 刘毅、张宁：《产业升级与就业扩张》，载《学术交流》2015年第6期。

10. 彭昱、周尹：《城市人口集聚与服务业发展》，载《财经问题研究》2016年第12期。

11. 乔晓楠、张欣：《美国产业结构变迁及其启示——反思配第—克拉克定律》，载《高校理论战线》2012年第12期。

12. 王光栋、郑志敏:《科技创新、产业升级与就业》,载《工业技术经济》2014 年第 3 期。

13. 王继源、陈璋、胡国良:《京津冀协同发展下北京市人口调控:产业疏解带动人口疏解》,载《中国人口·资源与环境》2015 年第 10 期。

14. 王莹莹、童玉芬:《产业集聚与结构高度化对北京人口规模的影响:膨胀还是收敛?》,载《人口学刊》2015 年第 6 期。

15. 张浩然、衣保中:《产业结构调整的就业效应:来自中国城市面板数据的证据》,载《产业经济研究》2011 年第 3 期。

16. 钟敏、许春慧:《产业集聚与结构高度化对人口规模的影响——以广西为例》,载《区域金融研究》2018 年第 6 期。

17. 周晓津:《人口新常态约束下特大城市的规模调控与转型升级》,载《西部论坛》2015 年第 2 期。

The Impact of Industrial Structure Upgrade in Beijing on the Changes in Population Size

Tong Yufen Zhou Mengjin Zhou Wen

Abstract: As China's mega-city and capital, what kind of impact the level and stage of its industrial upgrading have on the size of the urban population is a theoretical and practical issue that deserves attention. Beijing's industrial transformation has basically entered the stage of traditional industrial structure transformation dominated by the tertiary industry since the 1990s. After 2010, the overall upgrade of the tertiary industry reached a high level, and the transformation and upgrading of the high-end industry within the tertiary industry became an important feature. The theoretical analysis of this paper believes that after Beijing has completed the upgrading of traditional industries, as the urban industry moves towards a capital-intensive high-end service industry, it will have a significant impact on the population size. The empirical study in this paper finds that the upgrading of the industrial structure in Beijing is an important factor influencing the change in population size, and there is a significant correlation between the upgrading of the industrial structure and the change in population size. But this relationship is not a simple linear relationship, but an "inverted U" relationship. When the tertiary industry is dominated by traditional service industries and general modern service industries, the impact of the development of the tertiary industry on the size of the urban population has a positive role in promoting. However, as the urban industry continues to develop toward the high-end, the industrial upgrading of the city will inhibit the growth of the urban population.

Key words: *Beijing population industrial upgrading high-end service industry*

人工智能产业与就业匹配的时空演变及形成机理

——来自北京的调查数据

何勤 任媛 王琦*

摘　要：《新一代人工智能发展规划》推动了人工智能的快速发展以及与传统产业的深度融合，然而北京作为人工智能产业的重点区域，如何实现人工智能产业与就业的匹配发展以协同推动首都经济社会高质量发展，将成为亟待关注的问题。根据要素集聚效应理论，采用加权标准差椭圆统计学分析方法（SDE），研究2016～2018年北京市人工智能产业发展与就业数量、质量匹配的时空演变特征及形成机理。研究结果表明：北京市人工智能产业与就业的匹配程度总体呈现下降趋势。其中产业发展与就业数量的空间匹配程度在不断下降，产业发展与就业质量的空间匹配程度呈现先增加后下降趋势。从聚集程度看，北京市人工智能产业空间聚集程度高于就业聚集程度，产业集聚并没有带来相应的就业集聚。由此得出的结论及启示，希冀为北京市制定未来的人工智能产业和就业协同政策提供理论支持和参考建议。

关键词：人工智能产业　就业数量与就业质量　动态匹配

一、引言

2017年以来，《北京市加快科技创新培育人工智能产业的指导意见》《中关村国家自主创新示范区人工智能产业培育行动计划（2017～2020年）》等系列文件推动了北京人工智能产业发展及传统产业智能化升级。2020年国家着力布局“新基建”，人工智能作为七大领域之一将在未来发挥产业头雁效应。显然，人工智能产业发展及传统产业的智能化升级是面向高质量发展的需要，而高质量发展终究要服务于广大人民，高质量就业、劳动者增收是首都人民的核心需求之一。前三次技术

---

* 何勤，首都经济贸易大学劳动经济学院教授；任媛，中华女子学院育慧书院副教授，本文通讯作者，E－mail：renyuan200209@126.com；王琦，北京联合大学管理学院副教授。感谢国家社科基金重点项目“人工智能对劳动力市场的冲击及劳动者知识技能转换应对研究”（项目编号：19AGL025）、北京社科基金重大项目“动态匹配视角下人工智能对北京市就业的影响与应对研究”（项目编号：18ZDA09）、北京市属高校高水平教师队伍建设支持计划高水平创新团队建设计划项目“面向创新网络的小微企业公共服务体系构建研究”（项目编号：IDHT20180514）的资助。

革命的经验表明，技术发展与就业替代、就业结构变革同步而行，这意味着关注重点地区的人工智能产业发展与就业动态匹配特征有一定现实意义。北京是我国人工智能企业分布最集中也是就业岗位数量最多的城市，引领了我国人工智能科技创新发展方向。2019 年人工智能产业规模 850 亿元，位居全国第一。拥有本领域人才近 4 万人，占全国总量的 60%。然而，人工智能产业快速发展对传统就业岗位及劳动力市场的冲击逐渐开始显现。短期来看，人工智能技术有较强的就业替代效应。世界银行发布的《2019 年世界发展报告》预测我国 51% 的工作内容有智能化潜力（Brynjolfsson，2019）。但从长期来看，前几次技术革命最终都会带来就业机会和总量的增加（Alexopoulos and Cohen，2009），并且人工智能会通过生产率效应、资本积累、自动化深化以及创造新岗位等途径对劳动力市场产生较强的补偿效应（Acemoglu and Restrepo，2018）。然而一些现实问题值得思考，如现阶段北京的人工智能产业与就业的关系如何？如何通过产业与就业之间的匹配发展来凸显经济高质量发展对就业的拉动作用？这些将与北京市经济社会的良性发展紧密相关。

学术界对技术进步与就业关系的讨论由来已久，但人工智能不同于计算机、自动化等其他信息技术，具有自主性、学习性、主动性、群体性、进化性等类人智能特征，与劳动者的关系更加复杂，对产业和就业的影响更加复杂和深刻。产业是提供就业的载体，就业是产业发展的基础，两者相互影响形成一定的匹配和耦合效应（牟宇峰，2016；夏建红、矫卫红，2018）。一方面，现有研究主要针对人工智能产业发展对就业的单向影响效应开展了理论分析和经验检验，但人工智能产业规模扩大是增加就业数量与提高就业质量，还是减少就业数量与降低就业质量，并未取得一致性结论（杜传忠、许冰，2017）；另一方面，基于时空动态演化视角，对于某一城市或地区的人工智能产业与就业的互动关系和匹配效应的相关研究还有待展开。此外，北京的经济社会发展现实具有不同于发达国家及其他地区的趋势与特点，人工智能产业方式、应用场景、制度环境等也存在差异。北京建立全国科技创新中心、着力发展高精尖产业，在疏解人口等政策影响下，产业结构与劳动力结构不匹配矛盾凸显，而对北京人工智能产业发展与吸纳就业的匹配程度、变化趋势研究极为少见（单良、张涛，2018）。本文运用加权标准差椭圆空间统计方法，分析北京市人工智能产业与就业的时空演变特征及匹配程度，并提出人工智能产业水平与就业质量“双螺旋”提升的政策建议。

二、指标选择及测度方法

（一）研究区域

本文选择北京市各区为研究对象，具体包括东城、西城、朝阳、丰台、石景山、海淀、房山、通州、顺义、昌平、大兴、门头沟、怀柔、平谷、密云、延庆共16个区。之所以选择北京市为研究对象，主要基于以下两方面原因：第一，北京作为国家首都，吸纳和聚集了大量劳动力，目前已发展成为备受瞩目的世界级特大城市，面临的产业和就业问题更具有代表性和前瞻性。第二，北京是人工智能企业最集中也是就业数量最多的城市。因此研究北京市人工智能产业与就业的空间关系，对于促进北京市高精尖经济结构的形成及劳动者充分就业和提高就业质量具有重要的借鉴意义。

（二）测度方法及数据

本文使用空间统计分析标准差椭圆（SDE）分析方法，以北京各区（县）国土空间为参照标准，国土面积为基准分布要素，企业销售额、员工数量、工资水平为产业与就业的属性要素，分别计算产业和就业的空间分布标准差椭圆，从分布重心、空间展布范围、密集型、分布方向和形状等多重角度，揭示2016～2018年北京市产业和就业的空间分布及变动特征。在此基础上，进一步通过构建空间差异指数，分析北京市产业与就业分布的时空演变及动态匹配程度。主要参数的估计方法如下：

$$\text{平均重心：}\overline{X_w}=\frac{\sum_{i=1}^{n}w_ix_i}{\sum_{i=1}^{n}w_i};\ \overline{Y_w}=\frac{\sum_{i=1}^{n}w_iy_i}{\sum_{i=1}^{n}w_i} \tag{1}$$

$$\text{方位角：}\tan\theta=\frac{\left[\sum_{i=1}^{n}w_i^2\tilde{x}_i^2-\sum_{i=1}^{n}w_i^2\tilde{y}_i^2\right]+\sqrt{\left[\sum_{i=1}^{n}w_i^2\tilde{x}_i^2-\sum_{i=1}^{n}w_i^2\tilde{y}_i^2\right]^2+4\sum_{i=1}^{n}w_i^2\tilde{x}_i^2\tilde{y}_i^2}}{2\sum_{i=1}^{n}w_i^2\tilde{x}_i\tilde{y}_i} \tag{2}$$

$$x\text{ 轴标准差：}\delta_x=\sqrt{\frac{\sum_{i=1}^{n}(w_i\tilde{x}_i\cos\theta-w_i\tilde{y}_i\sin\theta)^2}{\sum_{i=1}^{n}w_i^2}} \tag{3}$$

$$y\text{ 轴标准差：}\delta_y=\sqrt{\frac{\sum_{i=1}^{n}(w_i\tilde{x}_i\sin\theta-w_i\tilde{y}_i\cos\theta)^2}{\sum_{i=1}^{n}w_i^2}} \tag{4}$$

其中，$(x_i,\ y_i)$ 表示研究对象的地理位置，w_i 表示权重，$(\overline{X_w},\ \overline{Y_w})$ 表示要素分布的平均中心和相对位置；θ 为方位角，表示椭圆沿正北方向顺时针旋转到长轴所形成的夹角，反映要素分布的主要方向，$\tilde{x}_i$、$\tilde{y}_i$ 分别表示各研究对象到平均中心的坐标偏差；δ_x、δ_y 分别表示沿 x 轴和 y 轴的标准差，长轴和短轴分别表示要素的空间分布范围，两者相比可以反映要素空间分布形状差异，即其在主要分布方向和次要分布方向上的空间差异。

$$空间聚集指数\ A = |1 - Area（要素分布椭圆）/Areat（基本分布椭圆）|$$

$$空间匹配指数\ SDI_{w,p} = 1 - \frac{Area(SDE_w \cap SDE_p)}{Area(SDE_w \cup SDE_p)}$$

SDE_w、SDE_p 分别为产业和就业的空间分布标准差椭圆，Area 代表相关区域的面积。$SDI_{p,m}$ 为产业和就业的空间匹配指数，取值范围在（0，1）之间。根据空间统计分析理论可知，匹配指数值越小，表明产业与就业两者的空间匹配程度越弱。

本文使用的人工智能产业和就业人口数据均来自项目组实地调查。根据 2019 年北京市工业和信息化局提供的 1 084 家各区（县）人工智能企业作为分层依据，在各层中随机抽取 100 家企业样本，样本量占北京市人工智能企业总量的 9%。进一步从被调查企业中随机抽 506 名员工进行问卷调查。在 95% 的置信水平下，企业样本和员工样本的抽样误差分别为 4.4% 和 4.6%，均小于 5%。为了剔除价格因素对产业和就业的影响，本文以 2016 年为基期，对 2017 年、2018 年数据进行居民消费价格指数折算。之所以将 2016 年作为时间起点，原因在于阿尔法狗的成功问世激起了人工智能发展的高潮，北京市反应迅速，于 2017 年出台《加快科技创新培育人工智能产业的指导意见》。同年，中关村科技园区管理委员会率先发布了北京首个人工智能政策——《中关村国家自主创新示范区人工智能产业培育行动计划（2017～2020 年）》。如果说 2016 年是世界人工智能元年，则 2017 年是北京市政府、企业园区针对人工智能产业发力的元年，此次调查在 2019 年进行，因此基于数据可得性限制，搜集到了 3 年的数据，后续研究还会扩展数据进行跟踪探索。

三、时空演变及动态匹配分析

如图 1（a）、图 1（b）所示，人工智能产业和就业的空间分布主体处于海淀和大兴区域，产业发展和就业数量分布中心均位于海淀区境内，就业质量分布中心位于朝阳区境内。产业和就业质量呈现先扩大再收缩的分布形态，就业数量则呈现不断扩大的分布形态。人工智能产业分布呈现向西北方向如昌平、怀柔等地区聚集的趋势，就业数量和质量的空间分布均呈现向东北方向如朝阳、顺义等地区聚集的特征。总之，北京市人工智能产业与就业匹配的时空演变特征较为明显。

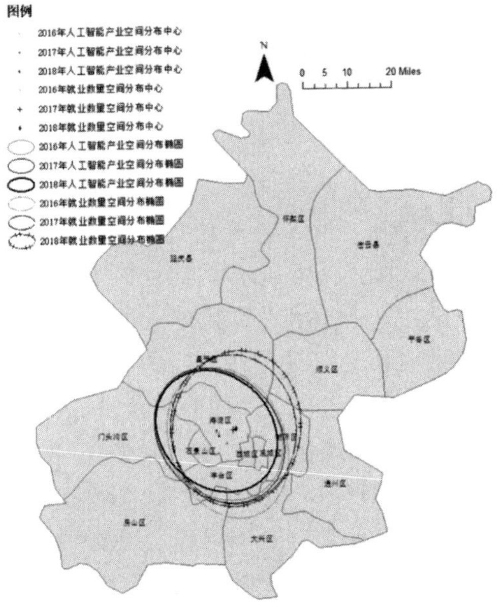

（a）2016～2018 年北京市人工智能产业与就业数量的空间分布

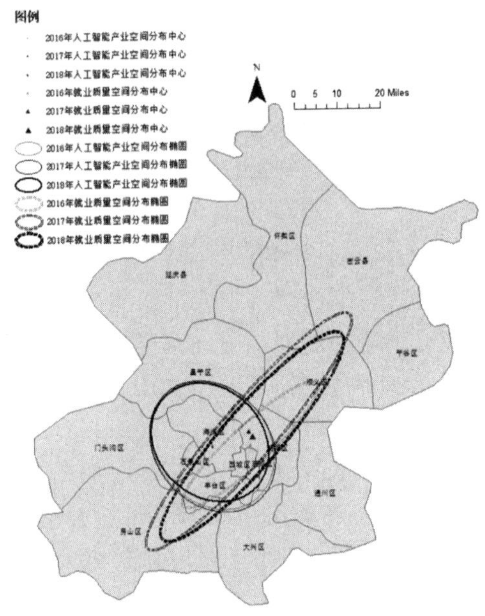

（b）2016～2018 年北京市人工智能产业与就业质量的空间分布

图 1

注：北京市行政区划图来自测绘地理信息部门的公益性地图，审图号：GS（2010）154。

（一）北京市人工智能产业与就业分布的时空演变

1. 空间分布重心

空间分布重心是衡量要素分布中心性和相对位置的重要指标。从图 1 可知，北京市人工智能产业分布中心变化较小，形成以海淀区为中心，呈现向东南和西北两个方向更替转移和扩散的趋势。具体由 2016 年（116°37′35″E，39°59′54″N）向东（略偏南）移动到 2017 年（116°15′8″E，39°57′15″N），之后又向西（略偏北）移动到 2018 年（116°13′58″E，39°59′7″N）。同时就业分布中心变化比较突出，以海淀区为中心，一直向东北方向移动。2016 年（116°16′40″E，39°56′49″N）向东（略偏北）移动到 2017 年的（116°18′20″E，39°59′28″N），之后又向东（略偏北）移动到 2018 年的（116°19′15″E，39°59′26″N）。其原因是目前全市范围内实施的“三城一区”人工智能产业规划战略初见成效，北京市西北方向的海淀区人工智能产业发展迅速，吸纳和安排了一定数量的劳动者就业。此外，以工资水平为代表的就业质量分布中心变化较小，形成以朝阳区为中心，呈现向东偏南和西偏北两个方向更替转移和扩散的趋势。具体由 2016 年（116°24′40″E，39°58′16″N）向西（略偏北）移动到 2017 年（116°24′39″E，40°0′49″N），之后又向东（略偏南）移动到 2018 年（116°25′22″E，39°59′46″N）。根据产业空间分布中心与就业数量、质量的空间分布中心的位置演变可知，产业与就业的空间匹配关系比较复杂，其程度大小及时空变化趋势需要接合其他空间特征加以判断分析。

2. 空间分布范围

加权标准差椭圆的长轴可以反映北京市人工智能产业发展、就业数量、就业质量的空间分布范围，加权标准差椭圆面积则刻画了人工智能产业发展和就业数量、质量分布的主体区域大小，具体如表 1 所示。2016～2018 年，北京市人工智能产业加权标准差椭圆的长轴由 25.64 千米缩小到 23.78 千米，就业数量由 27.67 千米减少到 23.22 千米；就业质量的长轴由 7.18 千米增加到 10.74 千米。与此同时，北京市人工智能产业加权标准差椭圆面积由 167.2 平方千米下降到 146.3 平方千米，而就业质量椭圆面积则由 180.5 平方千米增加到 202 平方千米。表明北京市人工智能产业和就业质量的空间分布范围呈现先扩张再收缩趋势，围绕分布中心呈现密集型集聚发展，就业数量的空间分布范围则由中心向外围区域不断扩张，这在很大程度上决定了北京市人工智能产业与就业的空间匹配情况。

表 1　　2016～2018 年北京市产业和就业的分布范围

年份	椭圆长轴产业发展（千米）	椭圆长轴就业数量（千米）	椭圆长轴就业质量（千米）	椭圆面积产业发展（平方千米）	椭圆面积就业数量（平方千米）	椭圆面积就业质量（平方千米）
2016	25.64	27.67	7.18	167.20	75.56	180.5
2017	26.20	26.52	10.19	173.60	182.4	189.3
2018	23.78	23.22	10.74	146.30	169.4	202.0

3. 空间分布方向及形态

椭圆长轴与短轴的夹角大小反映了空间分布方向，2016 年北京市人工智能产业、就业数量和质量空间分布方位角分别为 133.77°、154.3°、46.09°，2018 年方位角分别为 130.07°、4.83°、39.38°。2016～2018 年北京市人工智能产业和就业质量空间分布方向均发生了明显变化。人工智能产业空间分布呈现向西北方向如昌平、怀柔等地区聚集的趋势，就业数量和就业质量两者的空间分布，不断向东北方向如朝阳、顺义等地区聚集的特征，但就业数量的变动幅度更大些。这意味着，位于北京市西北方向如海淀、昌平两区的人工智能产业、就业数量和就业质量的空间分布变化比较突出，在一定程度上体现了人工智能产业战略在海淀中关村示范区和昌平未来科学城的实施效果。

椭圆形状指数由椭圆短轴与长轴两者的长度之比得到。其数值越接近于 1，椭圆的形状越接近于圆形，表明内部各种要素分布呈现比较均衡的扁平化趋势。2016～2018 年，北京市人工智能产业和就业数量的椭圆指数变化较小，基本维持在 0.8 左右，明显高于就业质量（围绕 0.2 上下波动）。这表明北京市人工智能产业发展、就业数量在主要方向和次要方向上的空间分布比较均衡，呈现扁平化趋势，表明分布在代表长轴方向的南—北方向上的人工智能产业和就业数量增长减缓，而分布在短轴方向上（东—西方向）上的增长则相对明显。与此同时，就业质量的空间分布在主要方向和次要方向上的差异则比较大，呈现橄榄型特征。这表明就业质量在长轴方向的增长较快，但在短轴方向，具体到北京市的东南区域增长则相对缓慢。

（二）北京市人工智能产业与就业分布的动态匹配

如表 2 所示，北京市人工智能产业的空间聚集程度显著提升，就业数量和质量的空间聚集程度则有所下降，结合人工智能产业和就业空间分布范围的差异，北京市人工智能产业发展更加集中，产业空间聚集程度高于就业聚集程度，而随着市场自发和宏观政策共同作用下的聚集程度会更加显著，产业集聚并没有产生相应的就业集聚，这也是产业与就业匹配程度变化的重要原因。尽管作为高科技行业，就业集聚不是就业质量表现良好的唯一指标，因为劳动密集型产业更容易产生就业集聚。然而北京市在产业发展初期没有发生就业集聚现象，至少说明两个问题。第一，岗位消失和岗位替代现象，这意味着解决结构性失业问题将在未来任重道远。第二，产业发展还不够成熟，因为任何一个新领域的诞生都会或多或少创造一定数量的就业岗位，尽管有可能新创造的岗位比摧毁的岗位要少，譬如机器大生产创造了无数制造业岗位，摧毁了大部分农业领域就业岗位，但换来的是劳动时间的大幅度下降和劳动收入的提升。因此，从就业分散到就业集聚再到基于岗位消失的人均劳动时间缩短、劳动收入上升的过程还没有完全呈现出来。如表 2 所示，2016 ~ 2018 年产业发展与就业数量的匹配程度降低，人工智能产业快速发展的同时，人工智能行业就业总量并没有同步或快速增加；产业发展与就业质量的匹配程度以 2017 年为拐点，呈先提高后降低趋势。人工智能产业发展初期，工资水平较高。伴随着人工智能产业的迅速发展，工资水平增速减缓。

表 2　2016 ~ 2018 年北京市人工智能产业与就业匹配程度

年份	产业空间聚集程度	就业数量聚集程度	就业质量聚集程度	产业与就业数量匹配程度	产业与就业质量匹配程度
2016	0. 707	0. 684	0. 868	0. 217	0. 838
2017	0. 696	0. 668	0. 680	0. 273	0. 759
2018	0. 744	0. 646	0. 703	0. 411	0. 761

四、形成机理研究

本文从集聚协同性角度探讨人工智能产业与劳动力匹配的形成机理，结合人工智能技术所具备的主要特点，针对产业与就业两者之间存在非协同集聚发展的事实，根据要素集聚效应理论，分析北京市人工智能产业与就业动态匹配的形成机理。

（一）人工智能技术的主要特点

《人工智能标准化白皮书 2018》界定了“人工智能”概念，即“利用数字计算机或者其控制的机器模拟、延伸和扩展人的智能，感知环境、获取知识并使用知识获得最佳结果的理论、方法、技术及应用系统”。与以往技术进步相比，人工智能具有以下明显特点：第一，自主性和主动性。人工智能技术可以根据算法以及与任务环境的互动产生特定的选择行为，如智能驾驶汽车的变道、超车、对行人发出信号等行为。同时也会主动塑造人类行为，影响人类并产生一系列社会效应，比如根据兴趣植入广告引导消费者购买特定产品，选择特定的电视节目、新闻内容推送等。第二，学习和进化能力。人工智能具备强大学习能力，既有建立在大量数据基础上的静态学习，又有通过与环境的动态学习以及在自己经验中的习得性学习。在学习过程中还可以不断更新进化，比如通过改进算法和提高精度，不断实现大量复制应用的目标。比如智能驾驶目标检测算法，可以传播到数百万其他汽车上。第三，群体聚集特征，比如人工智能不仅存在智能机器个体，还存在于智能机器群体等集体智能形式中，并强调机器之间的相互作用，混合人机体即人机交互更加强调机器与人类之间的相互作用。

(二) 北京市人工智能产业与就业匹配发展的理论基础：集聚效应

集聚效应是指各种产业和经济活动向特定空间集中产生的经济效果，是吸引经济活动或产业向空间集中的向心力。其中要素集聚是指各种生产要素通过生产活动聚集在特定区域产生集聚效应，形成增长极从而促进产业或地区发展。由于人工智能技术所具备的群体集聚特征，人工智能产业相应集聚了大量的劳动、资本、技术等生产要素。各种要素之间存在一定的比例关系，相互匹配状态时各种要素比例会处于相对合理的范围之内。因此推动产业与就业匹配发展有助于人工智能产业的集聚发展，而人工智能产业快速集聚又会加强产业与就业的动态匹配关系。当产业与就业两者中一个集聚规模及速度快于另一个，从而导致两者之间的不匹配程度有所扩大，出现“非协同集聚”的情形。一方面，产业发展会吸纳各种生产要素如资本和劳动力的流入，按一定比例的数量组合形成产业集聚；另一方面，劳动力集聚也会伴随产业发展和集聚的整个过程，产业和就业两者之间的比例处于不断变化之中。人工智能技术可以发挥自动和主动功能模拟或替代人的部分行为决策，并在重复学习过程中不断更新和进化，结果是以更少的劳动数量和更低的工资成本得到更高的产量水平，因此产业与就业两者之间的比例关系会发生变化，不匹配程度在原有基础上进一步扩大。

(三) 影响北京市人工智能产业与就业动态匹配的直接圈层

如图 2 所示，直接影响圈层包括人口结构的变化、资本的投资差异、技术的应用及扩散，是决定人工智能产业与就业动态匹配程度的核心因素。人口结构的变化是影响人工智能产业与就业匹配程度的重要原因。一方面，随着人口老龄化趋势的快速上升，劳动年龄人口的数量规模处于下降趋势，劳动力成本增加，企业为了降低经营成本，发展人工智能的主观愿望更为强烈，人工智能产业与就业的匹配程度也会有所变化；另一方面，受教育程度为标志的人口质量红利普遍提高，是技术创新的重要载体和核心力量，可以直接作用于生产、分配、交换、消费等领域。

特别是高科技人才在某一区域或范围内集中，更有助于人工智能产业的快速发展，也会加快人工智能产业与就业的动态匹配。目前北京人口结构变化呈现以下特点：（1）老龄化趋势快速上升。2016 年以来新增出生人口开始下降，老年人口规模显著增加，2018 年北京市人口平均预期寿命达到 82.2 岁，相比 2010 年增长 2.0 岁。（2）人口质量进一步提高。（3）2018 年北京市 6 岁及以上常住人口中，大专及以上教育程度人口占比达 38.88%，相比 2010 年增长 6.04 个百分点。随着高中教育的普及和高等教育的大众化，北京市借助其优质的医疗和教育等公共资源优势，人口红利成为北京市人工智能产业发展的重要支撑：高科技人才集中度高，伴随着百度、小米、京东、美团点评、字节跳动等全球人工智能百强企业在北京发展壮大，目前全市拥有人工智能相关人才近 4 万人，集中了全国近六成的高科技人才。这表明人口结构的变化会影响人工智能产业与就业之间的匹配程度，其中人口质量的提高、高科技人才的聚集可以加快人工智能产业与就业的动态匹配。

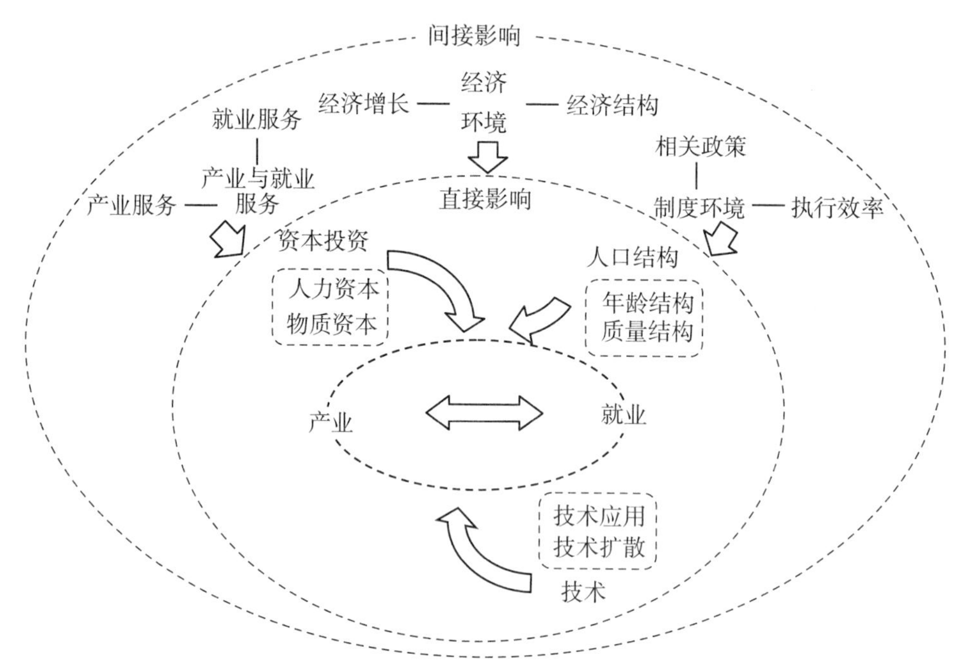

图 2　人工智能产业与就业的集聚效应

人力资本和物质资本的投资差异直接作用于产业与就业的匹配程度。在人工智能发展初期，大量的人力资本投资于产业内部。当人工智能产业发展到一定阶段后要素投资将发生显著变化，比如大量物质资本投资将替代人力资本投资，即总成本中工资成本或就业数量所占比例降低。因此这种替代投资将导致就业质量与数量受到负面影响。根据 2016～2018 年北京市人工智能产快速发展的同时，虽然就业数量与质量也有所增加，但产业与就业两者之间的匹配程度明显降低。以被调查企业为例，通过考察营业成本、工资水平及员工培训费用指标，分析物质资本和人力资本投资情况。2016 年、2017 年、2018 年工资水平占营业成本为 8.97%、8.03%、7.75%，员工培训支出占营业成本比重分别为 7.15%、5.96%、5.55%，表明与物质资本相比，人力资本投资呈现下降趋势。这意味着两者的投资差异扩大了人工智能产业与就业之间的不匹配程度，加强人力资本投资可以推动人工智能产业与就业的动态匹配。

人工智能技术的应用及扩散，可以吸纳一定数量的劳动者就业。从供给方来看，产业间的收入和就业机会差异会吸引劳动力流动。从需求方来看，人工智能产业要求劳动者具备较高的岗位技能，在一定程度上限制了劳动者流动的规模与速度，对在岗劳动者的工资收入产生一定影响。于是在其他条件不变的情况下，技术的应用与扩散加大了人工智能产业与就业数量之间不匹配的程度，因为劳动力在流向人工智能产业创造了更多的财富扩大了“分子”，而未相应带动就业数量的成比例增加，即“分母”未相应扩大。以上是从劳动力流动规模角度探讨不匹配程度扩大的原因，即人工智能技术应用与扩散的“劳动力流动规模效应”。

同时，人工智能技术的应用及扩散还通过“劳动力流动质量效应”影响产业与就业之间的匹配关系。由于劳动力流动具有选择性，就人工智能企业而言，人力资本技术水平较高的劳动者更容易流动，因为技术提高了吸纳劳动力流入的岗位“门槛”。即那些有更高劳动技能、更高受教育水平、更健康身体的劳动力，其流动性更强。某种程度上说，人工智能产业并未充分吸纳非人工智能产业的隐性失业人员，还通过“虹吸效应”，吸引了非人工智能产业中最具有生产能力和年龄优势的技术工人（陶秋燕、汪昕宇，2013；高向东，2020）。这部分劳动者流动为人工智能产业带来更高的劳动生产率，而对非人工智能产业则是劳动生产率的损失。因此伴随着技术水平提高，人工智能产业劳动投入与就业数量之间的不匹配程度就会扩大。同时，人工智能技术是产业变革的核心力量，其应用和扩散给工作任务的完成带来很大挑战，劳动者为满足岗位需求，需要知识技能方面转型升级，依赖于经过较长时间的调整和适应，将会出现工资水平增速减缓或相对较低情况，人工智能产业与就业质量的不匹配程度呈现先减少后增加的特征。

（四）影响北京市人工智能产业与就业动态匹配的间接圈层

间接圈层包括制度环境、经济环境、产业与就业服务，是影响产业与就业动态匹配程度的外部因素。制度环境是影响人工智能产业与就业匹配程度不可忽略的因素。企业在一定的制度环境背景下进行生产经营活动，产业的发展必然会受到制度环境的影响。其中，具体政策及执行效率是制度环境的主要内容。积极的制度环境是指政府机构针对某些产业，制订特殊优惠的财政政策、货币政策、转移支付、对口帮扶、政府采购、工业布局方案，综合采用行政手段、经济手段和法律手段保证较高的执行效率，实现产业结构转型与升级，促进经济发展和调整产业布局的目的。北京在优先落实创新制度的环境下，更容易集聚和配置大量的优质资源，促进人工智能等新兴产业发展壮大。未来还将不断完善就业制度环境，实现人工智能产业与就业的良性匹配和互动。

经济环境包括发展水平及未来趋势是影响产业与就业匹配程度的重要因素。当人工智能产业占经济总量比重处于不断递增时，吸纳了各种生产要素特别是先进的技术水平，显著提高了人工智能产业的集聚水平，其中产业与就业的匹配程度就会明显降低。根据2020年北京市政府工作报告，2019年地区生产总值同比增长为6.2%。北京市研发投入强度达到6%左右，技术合同成交额近5 700亿元。以北京市人工智能被调查企业为例，通过考察利润额指标，分析人工智能产业资本回报情况。2016年、2017年、2018年3个年份利润额分别为170 017亿元、213 839亿元、269 688亿元，人工智能产业资本回报都呈上升趋势，特别是2018年上升幅度为58.62%，主要围绕5G、半导体、新能源、车联网、区块链等技术，在金融、科技、互联网信息、专业服务等方面，初步实现制造业数字化、智能化、绿色化改造等经济结构任务。在人才创新配套政策还有待加强情况下，经济环境客观上强化了人工智能产业发展与就业质量、数量之间不匹配程度。

产业与就业服务是影响人工智能产业与就业匹配程度的重要因素。完善的产业服务可以为各种生产要素正常运转提供重要保障，形成真实的国民收入产出水平，有利于提高生产效率，推动实体经济和虚拟经济共同发展。北京市人工智能产业企业数量和产值居全国首位，且细分行业种类丰富，涵盖了智能驾驶、媒体应用、智慧出行、智能医疗、智能安防等领域。特别是北京市政府高度重视人工智能产业的发展，相继出台多项规划政策和服务，如2016年4月颁布《关于促进中关村智能机器人产业创新发展的若干措施》、2017年12月颁布《北京市加快科技创新培育人工智能产业的指导意见》、2018年11月实施“北京智源行动计划”等，并专门划分“三城一区”人工智能产业发展园区，从财政、融资、金融和税收等方面鼓励人工智能产业快速发展。2019年2月“北京国家新一代人工智能创新发展试验区”正式成立，科技部发布《关于支持北京建设国家新一代人工智能创新发展试验区的函》，将发挥北京在推动京津冀协同发展、示范带动全国人工智能创新发展方面的重要作用。未来还将加强顶层设计和统筹协调，聚焦服务国家重大科技战略任务，特别是围绕财政资金整合，提高对高精尖产业发展的服务水平。可以预见，北京市的人工智能产业将在当前及未来很长一段时间内，在强劲的产业环境下得到快速发展。相比之下，关于就业方面的服务与制度环境还有待加强，2019年全市高精尖产业发展人才中落户总数为3 500余人，与庞大的落户需求群体相比还有很大差距。未来还需要强化对人工智能就业者的落户、教育、医疗、住房等服务保障，关注城市运行保障与生活性服务业等方面的用人需求，促进科技创新人才集聚，吸引国际商务人才和“凤凰计划”人才，推动世界顶尖人才和团队创新创业。因此，加强产业与就业服务是缩小北京市人工智能产业与就业不匹配程度的重要方向。

五、结论与政策含义

本文研究发现：（1）2016～2018 年北京市人工智能产业和就业的空间分布处于海淀、大兴等区域，产业发展和就业数量分布中心均位于海淀区内，就业质量分布中心位于朝阳区内。产业和就业质量呈现先扩大再收缩的分布形态，就业数量则呈现不断扩大的分布形态。人工智能产业呈现向西北方向如昌平、怀柔等地区聚集的趋势，就业数量和质量的空间分布均呈现向东北方向如朝阳、顺义等地区聚集的特征。（2）北京市人工智能产业空间聚集程度高于就业聚集程度，产业集聚并没有带来相应的就业集聚；产业发展与就业数量的空间匹配程度在不断下降，产业发展与就业质量的空间匹配程度呈现先增加后下降趋势。（3）根据要素集聚效应理论，人工智能产业与就业动态的形成机理可以分成直接影响与间接影响两个圈层。直接圈层包括人口结构的变化、资本的投资差异、技术的应用及扩散，间接圈层包括制度环境、经济环境、产业与就业服务。研究结论为可视化识别产业与就业匹配问题提供了方法参考，并为科学制定人工智能产业发展的有效措施提供了决策依据。本文得出的政策启示如下：

首先，人工智能产业与就业的动态匹配发展是促进北京经济高质量发展的前提，要放在京津冀协同发展框架下以及北京城市发展战略定位和疏解非首都功能约束下进行人工智能产业与就业协同的政策设计。

其次，构建人工智能产业发展的核心区，带动高质量就业集聚。在人工智能技术发展的关键时期，要充分利用政府的主导作用，以“三城一区”为主，构建北京市人工智能产业发展的核心区，以人工智能产业集聚带动高质量就业集聚。

再次，在促进产业与就业动态匹配过程中，要注意人工智能产业与就业之间的数量、结构和质量合理比例关系，同时还要做好产业和就业的配套服务。一是要通过加大人力资本投资，增加人工智能人才存量，提高人才质量，尽快补齐人才缺口。二是要满足产业配套如物流、生产服务业、生活服务业等用工需求。三是要提供充分的公共就业服务，如重视智能化、人机协作、数字技能等新技能培训，切实落实就业者的落户、教育、医疗、住房等基本保障，有效促进要素流动。

参考文献

1. 牟宇峰：《产业转型背景下就业人口与产业发展关系研究综述》，载《人口与经济》2016 年第 3 期。

2. 夏建红、矫卫红：《产业与就业结构演变路径及耦合效应分析：以山东省为例》，载《经济问题》2018 年第 10 期。

3. 杜传忠、许冰：《技术进步与产业结构升级的就业效应——2000～2014年省级面板数据分析》，载《科技进步与对策》2017年第34期。

4. 单良、张涛：《中国产业结构与就业结构协调性时空演变研究》，载《中国人口科学》2018年第2期。

5. 陶秋燕、汪昕宇：《可持续发展框架下产业结构调整对就业结构的影响研究——以北京地区为例》，载《中国人口·资源与环境》2013年第2期。

6. 高向东、王新贤、王晶：《中国贫困残疾人口的空间分布研究》，载《人口与经济》2020年第2期。

7. Brynjolfsson E, Mcafee A. *The Second Machine Age: Work, Progress, and Prosperity in a Time of Brilliant Technologies*. New York Press, 2019.

8. Alexopoulos M, Cohen J. Uncertain times, uncertain measures. University of Toronto, Department of Economics Working Papers, 2008.

Research on Spatiotemporal Evolution and Formation Mechanism of Dynamic Match between Artificial Intelligence Industry and Employment

—Based Survey Data on the Beijing

He Qin　Ren Yuan　Wang Qi

Abstract: The development plan of new generation artificial promotes the rapid development of artificial intelligence and the deep integration with traditional industries. However, as the key area of artificial intelligence industry, how to realize the matching development of artificial intelligence industry and employment to promote the high-quality development of the capital's economy and society will become an urgent issue. According to the theory of factor agglomeration effect, using the method of weighted standard deviation ellipse statistical analysis (SDE), this paper studies the spatial-temporal evolution characteristics and formation mechanism of the development and employment quantity and quality matching of artificial intelligence industry in Beijing during – . The results show that the matching degree of artificial intelligence industry and employment in Beijing is on the decline. The spatial matching degree of industrial development and employment quantity is declining, and the spatial matching degree of industrial development and employment quality is increasing first and then declining. From the perspective of agglomeration degree, the spatial agglomeration degree of artificial intelligence industry in Beijing is higher than that of employment agglomeration, and industrial agglomeration does not bring corresponding employment agglomeration. The conclusion and enlightenment are expected to provide theoretical support and reference suggestions for Beijing to formulate future AI industrial policies and employment policies.

Key words: *artificial intelligence industry　quantity and quality of employment　dynamic matching*

移民如何影响产业结构升级?

——来自地级市的经验证据

陈怡安　邹　杰*

摘　要：20 世纪 80 年代开始，劳动力大规模跨地区迁移，成为影响产业升级的重要因素。本文利用 2000 年、2010 年全国人口普查数据和 2005 年 1% 人口抽样调查数据匹配城市经济社会指标，从产业结构变迁、资源配置效率、产业增加值率三个维度出发，研究移民对产业升级的作用。在控制了城市发展水平和产业建设成本等因素后，我们发现：第一，移民推动了产业结构由农业向非农业转变。第二，从资源配置效率角度出发，移民对第一产业作用不显著，对第二产业影响为负，对第三产业影响为正。第三，移民显著提升了第一产业和第三产业的增加值率，对第二产业的积极影响仅在非中心城市显著。进一步的异质性分析发现，移民对非中心城市的产业升级不存在负向作用，且正向作用效果远大于中心城市。机制检验结果表明，移民对产业升级的影响，主要是通过扩大本地市场规模、促进人力资本流动来实现的。

关键词：**移民　产业升级　产业结构　资源配置**

一、引言

21 世纪以来，我国面临着人口红利消失和国际环境复杂的双重压力。随着新一轮科技革命和产业变革孕育兴起，为争夺新一轮发展的制高点，世界各国都加快了产业结构的战略布局。中国城市的产业结构受制于人力资本和基础设施建设水平等因素，外来劳动力作为中国城市人力资本的重要组成部分，对城市产业升级的影响日益凸显。

然而，移民如何响应城市产业升级呢？在全球范围内，移民对产业升级的影响

* 陈怡安，西南政法大学经济学院副教授，E-mail：chenyian1984@126.com；邹杰，西南政法大学经济学院本科生。本文受国家自然科学基金项目“中国海外人才回流的国际知识溢出效应研究：理论与实证”（项目编号：71503217）、教育部人文社会科学研究基金“行业间人力资本错配的形成机理、经济后果与纠错策略研究”（项目编号：20YJC790016）、重庆市教委科技项目“双城经济圈建设中加速海外‘高精尖’人才回流知识溢出效应释放的制度环境优化研究”（项目编号：KJCX2020015）。感谢审稿人对本文的诸多建设性意见，文责自负。

一直是备受争议的问题。一部分学者认为移民会促进产业升级的主要理由是产业结构升级需要与人口结构相匹配，移民会带来人才流动和文化交流，进而通过人力资本的集聚效应推动产业升级（Pennock and Andrew，2014；Gilbert，2009；Fleisher et al.，2009；赵楠，2016；屈小博等，2017；曹芳芳等，2020）。相反的观点提出处于产业结构转型中的发展中国家正面临经济结构的调整，因为移民带来的工资黏性等问题难以从中引进高水平人才，抑制了产业结构升级。我国劳动力跨省流动规模在2016年达到2.45亿人，占总人口的17.7%，迁移劳动力以中青年为主，他们的劳动生产率和参与率非常高，可以为迁入地创造大量的经济收入，案例研究表明外来劳动力创造了北京、上海、广东等地区社会财富的1/6～1/3（孙自铎，2004），还有研究显示，外地移民显著提高了迁入地的市场规模和全要素生产率，并预测在2014～2020年，外地移民为迁入地创造的年均净收益可能超过1.2万亿人民币（都阳等，2014）。大量劳动力迁移到少数城市，将会带来持续增长的就业岗位需求，造成劳动力的供需不平衡。随着中国城镇化的进程不断加快，劳动力跨省流动的交通成本不断降低，未来迁移劳动力对产业升级的影响会不断增强。此外，21世纪以来，我国人口红利逐渐消失，依靠传统劳动密集型产业促进经济增长的方式不再适用。由于发达城市“虹吸现象”的形成（丁长发，2007），发达城市对迁移劳动力可能存在过度吸引，移民对产业升级的作用也会发生变化，移民人口较少的城市可能更需要移民推动人力资本流动和市场经济发展。中国迁移人口分布严重不均，跨省移民对不同城市产业升级的作用效果有何不同？这对于判断未来产业升级动力以及区域间的发展差异非常重要。

具体地，本文利用2000～2010年285个地级市的面板数据，从资源配置效率、增加值率、产业结构三个维度系统地评估外来移民对城市产业升级的影响及其作用机制。本文的分析结果表明：第一，移民更倾向于非农业的工作，显著推动了我国的产业结构由第一产业向第二、第三产业迁移，这一结论在考虑了识别假设条件和一系列其他可能干扰估计结果的因素后依然成立。第二，移民对第二产业的影响具有空间异质性，具体表现为移民整体降低了第二产业的资源配置效率且这种负向作用主要集中在中心城市，非中心城市的移民仍有利于城市的第二产业发展。第三，机制分析表明，移民主要通过扩大城市市场规模、促进经济增长和提升劳动力市场效率等途径对城市产业升级产生推动作用。

本文的边际贡献包含以下三个方面：第一，本文从多个维度系统评估移民对城市产业升级的影响，有助于更全面地揭示中国城市产业升级的驱动因素，进而在一定程度上丰富和拓展了有关的定量研究，同时对于评估移民的经济效应文献也有一定的贡献。第二，本文从城市的地理位置和人口密度两方面考察了移民对城市产业升级影响的异质性，有助于深化对移民与城市产业升级之间内在关系的理解。第三，本文发现城市移民和农村移民对产业升级并没有显著区别，这对未来改革歧视移民制度，助力迁入地的产业升级和经济发展具有重要的政策含义。

本文以下部分安排如下：第二部分是文献综述，第三部分介绍本文衡量城市产业升级的量化指标，以及数据和模型的说明，第四部分给出了移民如何影响产业升级的经验证据，第五部分进一步研究了不同城市移民对产业升级作用的异质性，第六部分分析移民影响产业升级的机制，最后是简要结论。

二、文献评述

现有文献对产业升级的研究主要关注贸易因素（Chenery et al.，1975；Kojima，2000；刘似臣，2005；张明志等，2011；唐东波，2013）、资本要素（Porter，1998；Ozawa，1991；Sinani et al.，2004；李逢春，2012；潘素坤等，2014）、产业政策（Cai et al.，2009；Aghionp et al.，2015；Alder et al.，2016；Rostow，1959），有关移民与产业升级的研究较少。

国外学者从多种角度研究了劳动力流动对于产业结构升级的影响，主要分为两种观点：一种是以彭诺克和安德鲁（Pennock and Andrew）为代表，认为劳动力流动促进产业结构升级，主要理由是产业结构升级需要与之匹配的人口结构，而劳动力流动会带来知识流动和技术创新，进而会通过人力资本积累效应促进产业结构升级（Pennock and Andrew，2014）。另一种观点是劳动力流动对产业结构升级具有抑制作用。吉尔伯特（Gilbert，2009）等使用经济均衡模型研究了劳动力的工资黏性、不完全流动的劳动力与产业结构升级之间的关系，指出工资黏性使劳动力的自由流动受到限制，反而限制了该地区经济的发展。弗莱舍（Fleisher，2009）等研究发现，处于产业结构转型中的发展中国家正面临经济结构的调整，由于不能引进高素质人才，抑制了产业结构升级。

国内学者关于劳动力流动的理论大多数是针对农村劳动力的流动情况。高波等（2012）利用2000～2009年中国35个大中城市数据分析发现，城市间相对房价的升高会导致劳动力流动，导致低技能产业的相对就业人数减少，并促使产业向高端价值链攀升，从而实现产业升级。刘新争（2012）认为劳动力流动的趋势反映了劳动力要素成本的比较优势在中国区域之间的动态转化，东部地区逐步丧失劳动力成本的比较优势，中、西部地区劳动力要素禀赋开始呈现显性优势，这导致东部地区产业的转移和升级。樊士德和姜德波（2014）认为劳动力外流后，无论是形成转移刚性（即不回流）还是回流，都会对区域间的企业转移行为和整个产业转移产生影响。赵楠（2016）利用省级面板数据分析了农村劳动力流动对产业结构升级的空间效应，研究发现劳动力流动显著促进了各地区的产业结构升级。程鹏（2014）基于省级面板数据研究了劳动力流动与产业结构调整的关系，指出劳动力流向非农业部门能促进第二、第三产业产值。戴翔（2016）等认为劳动力红利消失、劳动力技能和配置效率的提高都会促进产业结构转型升级。传统观点认为劳动力从农业部门流向非农业部门，必然会提高资源配置的效率，但国内的一些实证研究结果表明，这一积极作用正在逐渐消失，应该努力提高人力资本的存量和质量以满足产业结构优化的需求（屈小博等，2017）。此外，樊士德、姜德波通过对以往文献的研究和梳理，总结出劳动力流动可能会抑制产业转移。劳动力从中、西部地区流入到东部地区，会继续维持劳动力密集型产业的发展，不利于流入地的产业结构升级（樊士德等，2011）。

20 世纪 80 年代中期以来，我国有大量的农业劳动力从农村流入到城市中，但是随着城镇化进程的加快和劳动力素质的不断提升，更多的劳动力在跨区域流动，因此流动的劳动力不只来自农村，导致一些已有的理论不再适用当前的情况。在劳动力跨区域流动与产业结构升级的关系的研究上，很多学者是针对某个单独省份或某些地区进行分析，缺少以全国数据为基础的研究。并且对于劳动力流动影响产业结构升级的内在机理探讨的文章较少，因此本文从系统上深入分析劳动力流动对产业升级的作用效果，并且选用地级市面板数据进行实证检验，从城市层面和移民层面对样本进行了异质性分析，希望能为中国劳动力流动和产业升级提供一些有价值且可行的建议。

三、数据和模型

本文的数据来源于以下几个方面：第一，城市产业结构以及控制变量原始数据来自历年《中国城市统计年鉴》，该年鉴提供了 2000 ~ 2010 年各地级市产业从业人员占比和产业产出等数据，基于此数据可以计算出各地级市的产业升级指标。第二，移民原始数据来自中国人口普查 2000 年、2005 年和 2010 年微观调查数据库。我们剔除了在校生、职业或行为农业以及不处于工作年龄（工作年龄：女性 16 ~ 55 岁，男性 16 ~ 60 岁）的样本。

基于以上数据，本文采用如下面板模型来识别移民对城市产业升级的影响：

$$Y_{it} = \beta_0 + \beta_1 immigration\_rates_{it} + \beta_2 \chi_{it} + \varepsilon_{it}$$

其中，Y 代表产业升级，i 代表地区，t 代表时间。$immigration_rates_{it}$代表他市移民占城市总人口的比例，为本文的核心解释变量。χ_{it}代表城市层面的控制变量，ε_{it}为方程的残差项。

产业升级内涵不仅包括第二、第三产业在国民经济中所占比重的提高，还包括不同产业生产效率和资源配置效率的提升。因此，为全面反映产业升级的内涵，本文采用三个维度的指标来衡量产业升级：第一维度是产业的资源配置效率，利用产业产值占比与从业人员比例的比值即产业和就业的匹配度来表示（曹芳芳，2020）。若该比值大于1，表明该产业资源配置具有规模效应；若该比值小于1，则表明该产业吸收了过多的劳动力，资源配置不均。第二维度是产业的增加值率，通过产业产值当期与上期的差值除以上期产业产值得到。第三维度用于衡量产业结构变迁，包括产业结构升级系数和高附加值产业从业人员①在第三产业的占比。其中产业结构升级系数 $upgrade = \sum i \times q_i$，$q_i$ 为第 $i(i=1, 2, 3)$ 产业的产值占比（徐敏，2015）（见表 1）。

表 1　变量计算方法

变量名称	变量含义	计算方法
match1	第一产业匹配度	第一产业产值占比/第一产业从业人员比重
match2	第二产业匹配度	第二产业产值占比/第二产业从业人员比重
match3	第三产业匹配度	第三产业产值占比/第三产业从业人员比重
add1	第一产业增加值率	（第一产业当期产值－第一产业上期产值）/第一产业上期产值
add2	第二产业增加值率	（第二产业当期产值－第二产业上期产值）/第二产业上期产值
add3	第三产业增加值率	（第三产业当期产值－第三产业上期产值）/第三产业上期产值
upgrade	产业结构系数	1×第一产业产值占比＋2×第二产业产值占比＋3×第三产业产值占比
high_value	高附加值从业占比	高附加值行业从业人员/第三产业从业人员占比
immigration_rates	移民占比	他市移民/城市总人口

除移民占比外，本文还从产业建设成本、城市工作环境以及未来发展条件三个方面控制了城市特征对企业升级带来的影响。产业建设成本变量包括：外商投资、城市建成区面积和从业人数。外商投资带有技术溢出效应，能够提高企业的研发效率（朱有为，2006），城市建成区面积衡量了产业的用地成本，从业人数则作为产业人力资源的衡量。人力资源是产业升级的重要因素，对工作生活质量的管理是开发人力资源的重要手段（谢晋宇，1998）。地区生产总值代表城市的经济实力，社会消费品零售总额衡量当地的市场规模，财政支出作为政府对产业发展支持力度的代理指标，这三个变量共同控制城市未来发展条件对产业升级带来的影响。

本文的描述性统计如表 2 所示。

① 高附加值产业是指金融业、商业服务业、信息与计算机行业和科学研究行业。

表 2　描述性统计

变量分组	变量名称	变量含义	观测值	均值	标准差	最小值	最大值
被解释变量	match1	第一产业匹配度	787	14.795	24.030	0.125	283.000
	match2	第二产业匹配度	831	1.136	0.427	0.357	6.259
	match3	第三产业匹配度	830	0.869	0.276	0.193	2.690
	add1	第一产业增加值率	542	1.395	7.138	-0.807	157.401
	add2	第二产业增加值率	542	1.453	1.037	-0.867	13.845
	add3	第三产业增加值率	542	1.315	0.850	-0.742	12.991
	upgrade	产业结构系数	831	232.996	14.364	171.040	276.930
	high_value	高附加值从业占比	558	0.192	0.058	0.024	0.483
解释变量	immi ~ n rates	移民占比	836	0.098	0.170	0.001	2.876
控制变量	fdi	外商投资对数	753	8.290	2.129	1.099	13.922
	constructe ~ a	建成区面积对数	833	4.056	0.823	1.792	7.078
	Employed	从业人数	834	25.674	50.514	0.810	630.290
	doctor	医生数	834	3 601.655	5 510.935	184.000	62 533
	afforest	绿化覆盖率	832	33.701	17.352	0.600	386.640
	gdp	地区生产总值	831	14.422	1.259	11.749	18.950
	market	零售品总额	572	13.735	1.266	10.099	17.929
	finance	财政支出	572	757 822.2	2 197 291	14 345	32 200 000

从图 1 中可以看出，2005 年城市一级的移民占比和 2005 年的第二产业资源配置效率负相关，与第三产业资源配置效率、增加值率等产业升级指标均正相关。移民占比与第二产业资源配置效率的负相关时因为大量低技能移民进入工业企业，导致从业人数过多，而移民占比对其他产业资源配置效率、增加值率和产业结构变迁的正向作用，则可能是因为这其中包含了迁入地需求结构的改善和全要素胜率的增长（都阳等，2014；姚枝仲等，2004）。

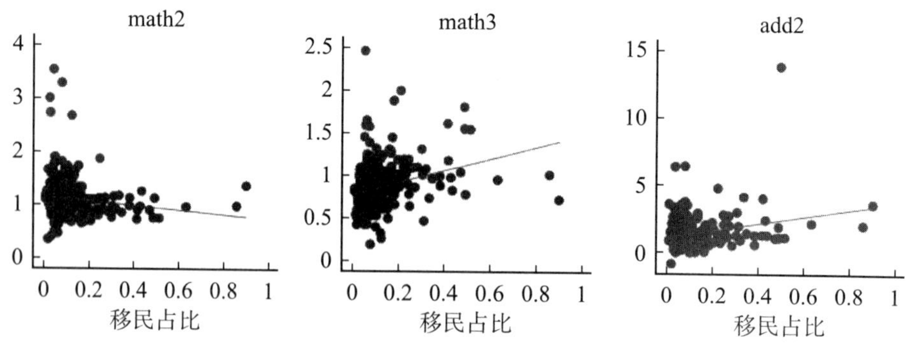

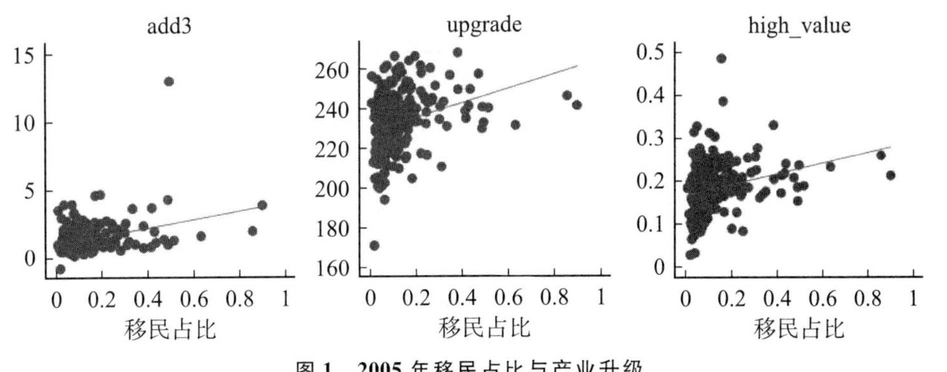

图 1　2005 年移民占比与产业升级

四、经验分析

（一）基准回归

表 3 和表 4 分别是无控制变量和有控制变量的回归结果。OLS 回归发现，在不控制城市特征的情况下，移民对第二产业资源配置效率系数为负，对第三产业的资源配置效率和增加值率起促进作用，同时也促进了产业结构向第二、第三产业变迁。当我们控制其他城市特征时，移民对第二、第三产业资源配置效率系数分别为 -0.3299 和 0.3100，产业结构变迁系数为 5.7659，显著性水平均在 0.05 及以下；对产业增加值率的影响和高附加值从业人数的影响均不显著。从回归结果来看，我国第二产业存在人力资源误置问题，移民占比越高的城市，第二产业劳动力供需不平衡也较严重，从而降低了资源配置效率。如我们所料，移民往往更倾向于非农业的工作，显著提升了迁入地的产业结构系数，但因为工资价格黏性等原因，降低了移民中的高质量人才自由流动，所以在其他条件不变的情况下，移民占比对增加值率和高附加值行业从业占比的影响均不显著。

表 3　　基准回归 1

解释变量	被解释变量							
	第一维度			第二维度			第三维度	
	match1	match2	match3	add1	add2	add3	upgrade	high_value
移民占比	-4.8508 (-1.5794)	-0.2843* (-1.8222)	0.2873** (2.1193)	2.8895 (0.8495)	0.0726 (0.2772)	0.5797* (1.8481)	8.4926*** (4.3348)	0.0125 (1.0726)
常数项	15.3515*** (13.0585)	1.1762*** (43.5322)	0.8367*** (49.5847)	1.1227*** (6.5670)	1.4479*** (35.6495)	1.2607*** (33.5099)	232.0712*** (299.4859)	0.1897*** (58.1801)

续表

解释变量	被解释变量							
	第一维度			第二维度			第三维度	
	match1	match2	match3	add1	add2	add3	upgrade	high_value
观测值	787	831	830	542	542	542	831	558
R^2	0.0018	0.0130	0.0519	0.0201	0.0127	0.0776	0.0747	0.0485

注：（1）括号中为 t 值。（2） *、**、*** 分别表示显著性水平为 10%、5% 和 1%。

表 4　　基准回归 2

解释变量	被解释变量							
	第一维度			第二维度			第三维度	
	match1	match2	match3	add1	add2	add3	upgrade	high_value
移民占比	-3.4484 (-0.6327)	-0.3299*** (-2.6823)	0.3100*** (2.8220)	5.6869 (0.9990)	0.1175 (0.2575)	0.6215 (1.3086)	5.7659** (2.1410)	-0.0159 (-1.2957)
对外开放程度	2.4938*** (2.8169)	-0.0067 (-0.5431)	0.0048 (0.3907)	-0.0107 (-0.1303)	0.0360 (1.0665)	0.0377 (1.3654)	0.2089 (0.6036)	-0.0014 (-0.7368)
建成区面积	-0.9256 (-0.2421)	-0.1849*** (-3.3866)	0.1646*** (3.5637)	-1.6035 (-0.9304)	-0.5018*** (-2.8979)	-0.4332*** (-2.7555)	1.6133 (1.0954)	-0.0180** (-2.4476)
就业人数	0.0137 (0.2346)	-0.0019** (-2.1301)	0.0015* (1.8878)	-0.0105 (-0.7370)	-0.0028 (-1.1434)	-0.0011 (-0.4389)	-0.0571 (-1.3833)	0.0000 (0.2820)
医生数	-0.0004 (-0.8481)	0.0000** (2.1425)	-0.0000* (-1.9266)	0.0001 (0.6280)	0.0000 (0.7598)	0.0000 (0.6183)	0.0011** (2.5010)	-0.0000 (-0.2485)
绿化覆盖率	0.0257 (0.4060)	0.0020* (1.6969)	-0.0013 (-1.3749)	-0.0580 (-1.0695)	-0.0040 (-0.8951)	-0.0054 (-1.2735)	-0.0363 (-1.1633)	0.0000 (0.1129)
地区生产总值	-5.8990 (-1.4482)	0.1455** (2.1083)	-0.1297*** (-3.4081)	2.0986 (1.2501)	0.6980*** (3.4677)	0.5003*** (3.0983)	-4.6711** (-2.0317)	0.0221*** (2.8605)
市场规模	2.6383 (1.1444)	-0.0633 (-1.0130)	0.0728** (2.3509)	-0.5006 (-1.3886)	-0.3565*** (-3.2241)	-0.1177 (-1.3282)	5.1079*** (2.7365)	0.0078 (1.3612)
财政支出	0.0000 (0.5263)	0.0000 (1.2428)	-0.0000 (-1.1296)	-0.0000 (-1.1423)	-0.0000 (-0.5887)	-0.0000 (-1.4546)	-0.0000 (-1.0695)	0.0000*** (3.6000)

续表

解释变量	被解释变量							
	第一维度			第二维度			第三维度	
	match1	match2	match3	add1	add2	add3	upgrade	high_value
常数项	53.0933* (1.7243)	0.6390* (1.8573)	1.0767*** (4.4502)	-14.1449 (-1.0608)	-2.0226 (-1.4853)	-2.8335** (-2.4988)	222.3605*** (19.6178)	-0.1570*** (-3.2734)
观测值	470	510	510	498	498	498	510	503
R^2	0.0363	0.0974	0.2358	0.0889	0.1009	0.1931	0.2895	0.1018

注：（1）括号中为 t 值。（2）*、**、*** 分别表示显著性水平为 10%、5% 和 1%。

（二）工具变量估计

根据新经济地理学的观点，在利润最大化原则下，由于企业内部的规模报酬递增、交通成本降低以及知识的溢出和外部性等因素，企业会选择在某个地区长期发展而不变动地理位置，进一步形成产业集聚，构成劳动力迁移与产业升级的内在联系（Audressch，1996；Krugamn，1998；Krugman，2009；Overman，2010）。有学者特别强调了劳动力流动和第三产业之间的关系，认为劳动力流动对服务业发展有重要作用，并且劳动力流动和第三产业发展可能是相互影响的，存在内生性关系（郭文杰、李泽红，2009）。城市产业升级与移民间的关系反映了移民会促进城市第二、第三产业的发展影响产业升级，产业的进一步优化和转移也会吸引更多的劳动力流入。

对于本文研究的反向因果问题，大多数文献采用其他移民国家的移民社会网络（Card，2001）、前期不同教育程度和经验分组的移民数量和比例（Borjas，2003）、迁出地的自然灾害数（刘学军，2009）、到最近交通枢纽的距离（曹芳芳，2020）等工具变量解决内生性问题。本文尝试使用滞后一期移民占比作为工具变量缓解联立内生性导致的估计偏误。

从工具变量回归结果来看（见表 5），移民占比仍显著降低了第二产业资源配置效率，移民占比每高出 10 个百分点，第二产业的资源配置效率就会降低 4.5%，并且移民占比对第二产业的增加值率也没有显著影响，进一步反映出我国第二产业存在的人力资源和物质资源存在误置的情况。移民占比降低第二产业发展的同时，对第一产业和第三产业有着更高的促进作用，移民占比增加 10%，第三产业的资源配置效率和增加值率会分别增加 7.6% 和 11.9%。这说明在不控制城市发展与移民的反向因果关系时，移民对产业升级的影响被低估。根据 H. 钱纳里、S. 鲁滨孙、M. 塞尔奎因发表的《工业化和经济增长的比较研究》一书的结论，随着经济的发展，收入的增加，消费结构的提升，会带动产业结构和其他经济结构的不断升级，促进经济发展。因此，劳动力作为消费需求和人力资本的载体，其流动必然关系到地区的经济发展和产业变迁。迁移劳动力会通过刺激迁入地消费结构的变动调整产业结构，促进服务业的高速发展。而且城市的建成区面积对产业升级有着显著的负向影响，移民选择进入对工作面积要求较低的第三产业能够降低城市发展对土地资源的需求，改善中国城市产业结构。

表 5 **工具变量回归**

解释变量	被解释变量							
	第一维度			第二维度			第三维度	
	match1	match2	match3	add1	add2	add3	upgrade	high_value
移民占比	-2.6671 (-0.1442)	-0.4575** (-2.3258)	0.7616*** (5.0246)	10.3279*** (3.2403)	0.6783 (1.6340)	1.1917*** (3.3930)	28.3412*** (3.2854)	0.0192 (0.5690)
对外开放程度	2.8567*** (2.6585)	-0.0041 (-0.3173)	0.0023 (0.2524)	-0.0082 (-0.0284)	0.0363 (0.9703)	0.0380 (1.1995)	0.0888 (0.2285)	-0.0022 (-1.1406)
建成区面积	-1.1613 (-0.2626)	-0.1806*** (-3.6334)	0.1303*** (3.6119)	-1.7938* (-1.7922)	-0.5248*** (-4.0259)	-0.4566*** (-4.1398)	-0.8044 (-0.4651)	-0.0221*** (-2.8301)
就业人数	0.0114 (0.1227)	-0.0017 (-1.4853)	0.0006 (0.7577)	-0.0214 (-0.8358)	-0.0041 (-1.2257)	-0.0025 (-0.8713)	-0.0948*** (-2.7208)	-0.0000 (-0.0509)
医生数	-0.0004 (-0.4784)	0.0000 (1.4643)	-0.0000 (-1.5850)	0.0002 (0.8202)	0.0000 (1.0127)	0.0000 (0.9177)	0.0012*** (4.2102)	-0.0000 (-0.1099)
绿化覆盖率	0.0121 (0.0797)	0.0027* (1.6751)	-0.0042*** (-3.3654)	-0.0862*** (-3.1542)	-0.0074** (-2.0869)	-0.0088*** (-2.9312)	-0.1915*** (-2.7939)	-0.0002 (-0.8251)
地区生产总值	-6.7940 (-1.6063)	0.1416*** (2.9089)	-0.1146*** (-3.2989)	1.9808* (1.9146)	0.6837*** (5.0744)	0.4858*** (4.2614)	-3.4076** (-2.1604)	0.0238*** (3.2091)
市场规模	2.7031 (0.7395)	-0.0736* (-1.7814)	0.0952*** (3.2359)	-0.4108 (-0.4561)	-0.3456*** (-2.9461)	-0.1067 (-1.0750)	6.6085*** (4.9914)	0.0111* (1.7628)
财政支出	0.0000 (0.1991)	0.0000 (1.2404)	-0.0000 (-1.5625)	-0.0000 (-1.1867)	-0.0000 (-0.6180)	-0.0000 (-1.5160)	-0.0000* (-1.7187)	0.0000 (1.4736)
常数项	63.9111** (2.0643)	0.7781** (2.1913)	0.7896*** (3.0719)	-12.2413 (-1.5501)	-1.7926* (-1.7430)	-2.5996*** (-2.9872)	198.5232*** (15.3615)	-0.1970*** (-3.5576)
观测值	461	501	501	498	498	498	501	495
R^2	0.0256	0.1101	0.2005	0.0837	0.1110	0.1908	0.2465	0.1062

注：(1) 括号中为 t 值。(2) *、**、*** 分别表示显著性水平为 10%、5% 和 1%。

(三) 稳健性检验

1. 遗漏变量偏误

在上一节的分析中，本文发现，从第一维度出发，移民占比越高的城市第二产业资源配置效率越低，第三产业的资源配置效率越高；从第二维度出发，移民显著提高了第一产业和第二产业的增加值率；从第三维度出发，移民对产业结构由农业向非农业的变迁有显著的推动作用。虽然工具变量可以缓解由于控制变量控制的不够完整而导致的遗漏变量偏误，但考虑到固定资产投资能推动产业结构演进和存进产能提升（耿修林，2010；孙巍等，2009），以及我国长期的低工资水平和低劳动力成本妨碍了技术进步和产业升级（罗来军等，2012）。因此，我们在回归中加入了固定资产投资总额和职工平均工资变量探求其是否会影响回归结果。

表6给出了回归结果，我们发现在控制外商投资、就业人数等产业发展变量后，固定资产投资对产业升级的作用效果并不显著。职工平均工资变量对第二、第三产业资源配置效率的系数显著为正，与我国长期的低工资水平和低劳动力成本妨碍了技术进步和产业升级结论一致，职工平均工资同样对产业结构由农业向非农业迁移起到正向作用。但职工平均工资水平越高，产业所负担劳动力成本也越高，因此职工平均工资并未对产业增加值率产生积极影响。

表6　遗漏变量

解释变量	被解释变量							
	第一维度			第二维度			第三维度	
	match1	match2	match3	add1	add2	add3	upgrade	high_value
移民占比	-2.9636 (-0.1697)	-0.3427** (-2.1210)	0.7719*** (6.0659)	10.9002*** (3.3076)	0.6420 (1.4909)	1.2013*** (3.2884)	27.9645*** (4.0561)	0.0325 (1.3826)
固定资产投资	0.0000 (0.1764)	-0.0000 (-0.4149)	0.0000 (1.0723)	0.0000 (0.3014)	0.0000 (1.3851)	0.0000 (0.8637)	-0.0000 (-0.5435)	-0.0000 (-1.1193)
职工平均工资	-0.0001 (-0.7372)	0.0000*** (3.1608)	0.0000*** (2.7153)	-0.0001*** (-2.6957)	-0.0000 (-1.3072)	-0.0000 (-1.1493)	0.0003*** (4.3370)	0.0000*** (7.3522)
控制变量	是	是	是	是	是	是	是	是
常数项	43.6149 (1.1046)	1.7492*** (3.9311)	1.5921*** (4.9379)	-24.4209** (-2.5250)	-2.1117* (-1.6709)	-2.9521*** (-2.7536)	253.2506*** (17.8662)	0.1265* (1.8637)
观测值	460	500	500	497	497	497	500	494
R^2	0.0483	0.1482	0.2016	0.0919	0.1150	0.1608	0.2798	0.2250

注：（1）括号中为t值。（2）*、**、***分别表示显著性水平为10%、5%和1%。

考虑固定资产投资和职工平均工资对产业升级的影响后，移民占比对第二产业资源配置效率的系数从 -0.4575 增加到 -0.3727，说明在城市固定资产投资和职工平均工资等变量不变的条件下，移民占比每增加 10%，第二产业的资源占比效率就会降低 3%。移民对第三产业的高促进作用略微提升，表现为移民占比增加 10%，第三产业的资源配置效率和增加值率会分别增加 7.7% 和 12%。

2. 删除直辖市样本

直辖市在中国具有明显的区位，经济、政治、贸易、交通、体育、医疗、科技、历史、科创、文化、教育、生态环境、配置资源、信息网络、物联网、互联网优势，在国内主要城市中经济、生态环境体量靠前，享受着优先扶持与优惠的政策。因此，我们在表 7 的回归中剔除了 4 个直辖市样本来检验结论是否稳健。

表 7　删除直辖市样本后检验结果

解释变量	被解释变量							
	第一维度			第二维度			第三维度	
	match1	match2	match3	add1	add2	add3	upgrade	high_value
移民占比	-4.8211 (-0.2200)	-0.3258* (-1.7429)	0.9392*** (6.6999)	15.1119*** (3.6348)	1.1928** (2.2075)	1.8994*** (4.1619)	31.1659*** (3.3570)	0.0433 (1.4389)
控制变量	是	是	是	是	是	是	是	是
常数项	35.1136 (0.8394)	1.7434*** (3.8138)	1.9230*** (5.8451)	-28.8341*** (-2.8318)	-3.0847** (-2.3308)	-3.8340*** (-3.4301)	256.1622*** (17.1937)	0.1303* (1.8268)
观测值	452	492	492	489	489	489	492	486
R^2	0.0492	0.1765	0.3004	0.1218	0.1454	0.2220	0.2784	0.1964

注：(1) 括号中为 t 值。(2) *、**、*** 分别表示显著性水平为 10%、5% 和 1%。

删除直辖市样本后，移民的系数降低到 -0.3258，match3 的系数从 0.7719 上升到 0.9392，第二维度下各产业的增加值率均有较大程度的提升，且第二产业增加值率变得在 0.05 的显著性水平上显著。产业结构变迁指标 upgrade 上升了 5 个百分点。回归结果既说明了本文研究结论的稳健性，也说明在平均发展程度低于直辖市的其他地级市，移民对产业升级的边际作用更强。

3. 删除计划单列市

国家在 20 世纪 80 年代设立了计划单列市，计划单列市具有雄厚工商业基础和科技力量，社会总产值 150 亿元以上，人口 100 万人以上，具有开放灵活的经济氛围，区域经济上有重要地位，在中国经济发展中有特别作用。国家计划单列市有五个，分别是大连、青岛、宁波、厦门和深圳，均享省一级的经济权限，虽然国家计划单列市同其他 10 个副省级城市同属一个级别，但概念上已有所区别，五个国家计划单列市的经济政治地位略微更高。同理，我们期望删除计划单列市来检验移民对产业升级效果的稳健性和可能存在的异质性。

由表 8 可知，移民占比在删除计划单列市的子样本中，对第二产业资源配置效率系数上升到了 -0.4。在计划单列市以外的地级市，移民占比每增加 10%，第三产业的资源配置效率会提升约 10%，相较于整体，移民占比的效果提升约 30%，对第二、第三产业的增加值率的促进效果分别提升 57% 和 45%。回归结果显示大量劳动力迁移到少数城市，持续增加的劳动力供给导致劳动力的供需不平衡，移民在直辖市和计划单列市以外的地级市对产业升级的作用效果更强。中心城市对迁移劳动力可能存在过度吸引，移民对产业升级的作用也发生了变化。下文我们进一步通过城市地理位置和人口密度探究移民在不同城市之间对产业升级的异质性。

表 8　删除计划单列市样本后检验结果

解释变量	被解释变量							
	第一维度			第二维度			第三维度	
	match1	match2	match3	add1	add2	add3	upgrade	high_value
移民占比	2.6121 (0.1328)	-0.4004** (-2.1373)	1.0049*** (7.6246)	15.4385*** (3.7384)	1.0157* (1.8723)	1.7390*** (3.8061)	29.0684*** (4.5913)	0.0444 (1.5250)
控制变量	是	是	是	是	是	是	是	是
常数项	30.5084 (0.7686)	1.8395*** (4.1803)	1.8092*** (5.8442)	-26.1094*** (-2.6868)	-2.2295* (-1.7466)	-3.1118*** (-2.8945)	281.4868*** (18.9279)	0.1212* (1.7758)
观测值	451	491	491	488	488	488	491	485
R^2	0.0595	0.1409	0.1660	0.1519	0.1324	0.2209	0.3884	0.2226

注：（1）括号中为 t 值。（2）*、**、*** 分别表示显著性水平为 10%、5% 和 1%。

五、异质性分析

（一）到省会城市的距离

这部分我们利用地级市到本省省会城市的距离作为门槛变量，从城市层面分析移民对产业升级作用的异质性。我们通过到省会城市距离的中位数将城市划分为中心城市和非中心城市两类样本。表 9 从第一维度探究移民占比在距离省会城市远和距离省会城市近的样本中对第二产业和第三产业资源配置效率有何不同。截至目前，我们发现移民占比高的城市，第二产业的资源配置效率越低，第三产业的资源配置效率越高。

表 9　　第一维度城市位置与产业升级

解释变量	被解释变量			
	中心城市		非中心城市	
	match2	match3	match2	match3
移民占比	-0.0823 (-0.1132)	0.9007** (2.2854)	-0.3972** (-2.0404)	0.6305*** (4.9612)
控制变量	是	是	是	是
常数项	1.3341 (1.4813)	3.2583*** (6.4656)	0.4560 (0.8616)	1.5356*** (3.3574)
观测值	242	242	258	258
R^2	0.1827	0.4190	0.1011	0.2509

注：(1) 括号中为 t 值。(2) *、**、*** 分别表示显著性水平为 10%、5% 和 1%。

回归结果显示，移民在非中心城市对第二产业的负向影响并不显著，而且系数仅为 -0.08。非中心城市有着较低的城市化水平，可以为第二产业的工业发展提供更低的人力成本，并且由于中心城市“虹吸现象”的存在，距离省会较远地级市的第二产业资源配置误置程度并不像距离省会近地级市一样严重。移民在距离省会远地级市对第三产业资源配置效率系数为 0.9，说明移民占比每上升 10%，第三产业的资源配置效率就能提高 9%，而在同样的条件下，移民在中心城市对第三产业资源配置效率的提升效果只能达到 6.3%。

表 10 中，我们从第二维度产业增加值率考察移民的作用效果。上文中，我们得到的结论是移民对整体第二产业增加值率的正向作用并不显著，但在删除直辖市和计划单列的子样本中，移民占比每上升 10%，第二产业的增加值率就能提升 10.1%～11.9%。基于第二产业与第三产业的发展特点，第二产业更多受到成本的牵制，而第三产业是由消费结构和消费需求推动发展，因此我们推测，移民在非中心城市对第二产业作用效果更强，但移民在中心城市形成的人力资本集聚更能推导第三产业的产业升级。

表 10　　第二维度城市位置与产业升级

解释变量	被解释变量			
	中心城市		非中心城市	
	add2	add3	add2	add3
移民占比	2.1936* (1.7516)	1.2047 (1.1544)	0.8673 (1.4819)	1.4709*** (2.9023)
控制变量	是	是	是	是
常数项	-4.9388*** (-2.8135)	-3.5148** (-2.4029)	-1.0026 (-0.4756)	-2.9807 (-1.6327)
观测值	240	240	257	257
R^2	0.2430	0.2480	0.1574	0.1860

注：(1) 括号中为 t 值。(2) *、**、*** 分别表示显著性水平为 10%、5% 和 1%。

表 10 的回归结果中，移民占比对非中心城市的第二产业增加值率产生了显著的积极影响，且系数达到了 2.19，作用效果大约是删除直辖市和计划单列市子样本的 2 倍，再次证实，移民在非中心城市对第二产业升级的推动效果远高于中心城市。如我们所推断的结果，第三产业的发展更需要人力资本集聚推动消费结构升级，移民占比非中心城市作用效果虽然为正，但并不显著。移民占比对第三产业的作用在中心城市显著为正，表现为移民占比每增加 10%，迁入地的第三产业增加值率就会提高约 14.7%。

第三维度的产业升级衡量了产业结构由农业向非农业和高附加值行业的产业结构变迁，上文的经验结果显示，移民占比在任何地级市都会推动产业结构向第二产业和第三产业迁移，但其对高附加行业从业人员却并没有显著的影响。移民占比在非计划单列市和直辖市的子样本中同样表现出更高的正向影响。

表 11 的回归结果显示，移民占比在距离省会远地级市的系数为 42.93，与距离省会近地级市 18.04 的系数有着约 2.4 倍的差距。但无论在哪一类城市，移民对高附加值行业从业人员占比均为产生显著影响。

表 11　　第三维度城市位置与产业升级

解释变量	被解释变量			
	中心城市		非中心城市	
	upgrade	high_value	upgrade	high_value
移民占比	42.9331* (1.7569)	0.0663 (0.5408)	18.0461*** (2.9323)	0.0223 (0.8026)

续表

解释变量	被解释变量			
	中心城市		非中心城市	
	upgrade	high_value	upgrade	high_value
控制变量	是	是	是	是
常数项	289.8082*** (11.2795)	0.0531 (0.3958)	255.2803*** (11.5260)	0.1028 (1.0307)
观测值	242	240	258	254
R^2	0.2247	0.0768	0.4919	0.3366

注：(1) 括号中为 t 值。(2) *、**、*** 分别表示显著性水平为 10%、5% 和 1%。

三个维度的产业升级指标在中心城市和非中心城市表现出：第一，对于受资源成本限制程度更高的第二产业，移民在非中心城市有着更高的推动作用；第二，移民在中心城市形成了人力资源集聚效应，在距离省会近的城市，移民更能有效推动第三产业的产业升级；第三，移民对产业结构由非农业向农业变迁的作用效果同样表现为在非中心城市有更高的正向作用。

图 2 展示了移民占比在不同地级市对 match2，match3，add2，add3，upgrade 指

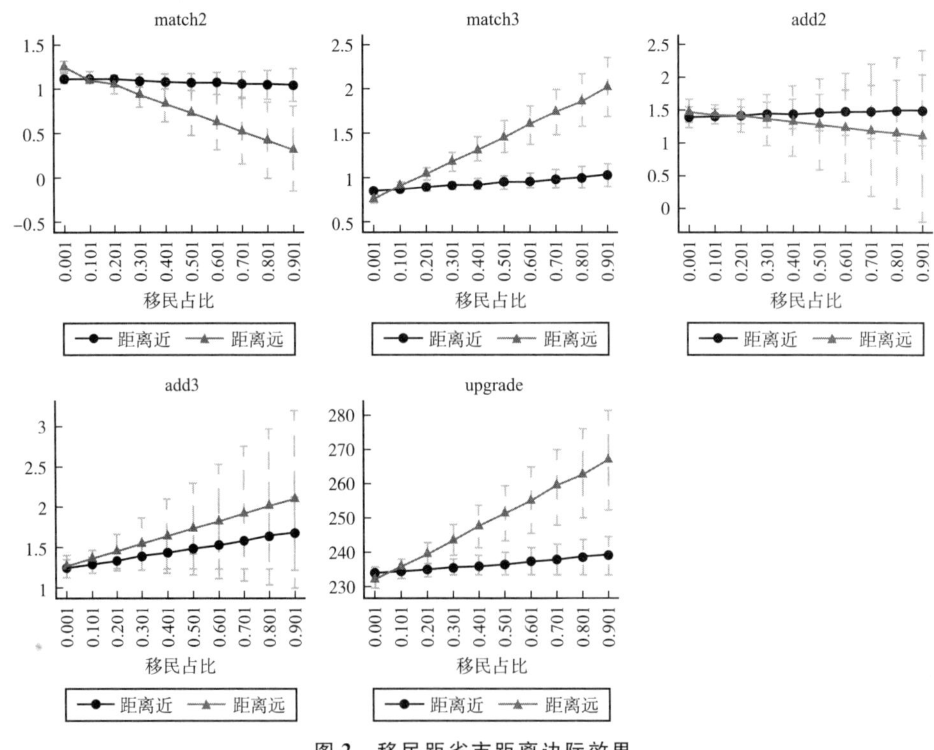

图 2　移民距省市距离边际效果

标的边际效果，我们可以观察到，随着移民占比的增加，移民在非中心城市的边际效果逐渐增加，再次验证了本文得到的结论，移民在非中心城市对产业升级的作用效果远大于中心城市。

（二）人口密度

这部分我们利用城市人口密度作为门槛变量，从另一个城市层面分析移民对产业升级作用的异质性。我们通过城市人口密度的中位数将城市划分为人口密度低和人口密度高两类样本。按照我们上文的推论，因为我国第二产业存在较严重的人力资源和物质资源误置，所以移民占比在人口密度高降低了第二产业的资源配置效率，对人口密度低的城市表现为不显著。移民对第三产业的资源配置效率应与上文的结论相同，在人口密度低的城市正向系数大于人口密度高的城市。

表 12 的回归结果证实了我们的推论以及本文结论的稳健性。移民占比在人口密度低的城市对第二产业的资源配置效率不显著，在人口密度高的地级市显著为负，表现为移民占比每增加 10%，第二产业的资源配置效率就会降低 3.17%。移民占比在人口密度低的城市对第三产业资源配置效率的系数为 0.92，在人口密度高的地级市系数为 0.41，效果相差了 1.24 倍。

表 12　　第一维度人口密度与产业升级

解释变量	被解释变量			
	人口密度低		人口密度高	
	match2	match3	match2	match3
移民占比	-0.3190 (-0.8109)	0.9251*** (4.0579)	-0.3171** (-2.1070)	0.4177*** (2.9228)
控制变量	是	是	是	是
常数项	2.4249*** (2.7557)	1.9886*** (3.9226)	0.9059* (1.8742)	1.6311*** (3.6715)
观测值	234	234	266	266
R^2	0.1707	0.3547	0.0937	0.1555

注：(1) 括号中为 t 值。(2) *、**、*** 分别表示显著性水平为 10%、5% 和 1%。

对于第二维度产业增加值率，移民占比在低人口密度城市对第二产业增加值率表现得不显著，对高人口密度城市的第二产业增加值率显著为正。第三产业增加值率在人口密度低城市受到移民的影响要高于人口密度高的城市。

表 13 的结果显示，在人口密度低的城市，移民占比每上升 10%，第二产业增

加值率受到的影响不显著，第三产业增加值率会提高 16%；在人口密度高的城市，移民占比每上升 10%，第二产业增加值率会提高 11%，第三产业增加值率会上升 10.7%。

表 13　　第二维度人口密度与产业升级

解释变量	被解释变量			
	人口密度低		人口密度高	
	add2	add3	add2	add3
移民占比	-0.3118 (-0.4036)	1.6129** (2.3575)	1.1042** (1.9853)	1.0746** (2.2897)
控制变量	是	是	是	是
常数项	-0.3104 (-0.1780)	-2.6518* (-1.7107)	-2.5087 (-1.2750)	-3.4713** (-2.0906)
观测值	231	231	266	266
R^2	0.1547	0.1518	0.2403	0.2852
解释变量	被解释变量			
	人口密度低		人口密度高	
	upgrade	high_value	upgrade	high_value
移民占比	43.5605*** (3.7276)	0.0492 (0.9287)	13.3683** (2.1201)	0.0479 (1.6370)
控制变量	是	是	是	是
常数项	251.9046*** (10.2397)	0.0407 (0.3551)	281.3117*** (15.6282)	0.2613*** (2.7583)
观测值	234	229	266	265
R^2	0.2439	0.2036	0.4089	0.2275

注：(1) 括号中为 t 值。(2) *、**、*** 分别表示显著性水平为 10%、5% 和 1%。

与上文结论相同，移民在人口密度低城市对产业结构由农业向非农业迁移的作用显著为正，且远高于移民在人口密度高城市对产业结构带来的影响。在区分城市的人口密度后，移民对城市高附加值行业从业人员比重的作用依然不显著。

回归结果显示，移民在人口密度低城市对产业迁移的系数为 43.56，在人口密度高的城市系数仅为 13.36。图 3 对移民在不同人口密度城市对产业升级的边际作用作为参考。

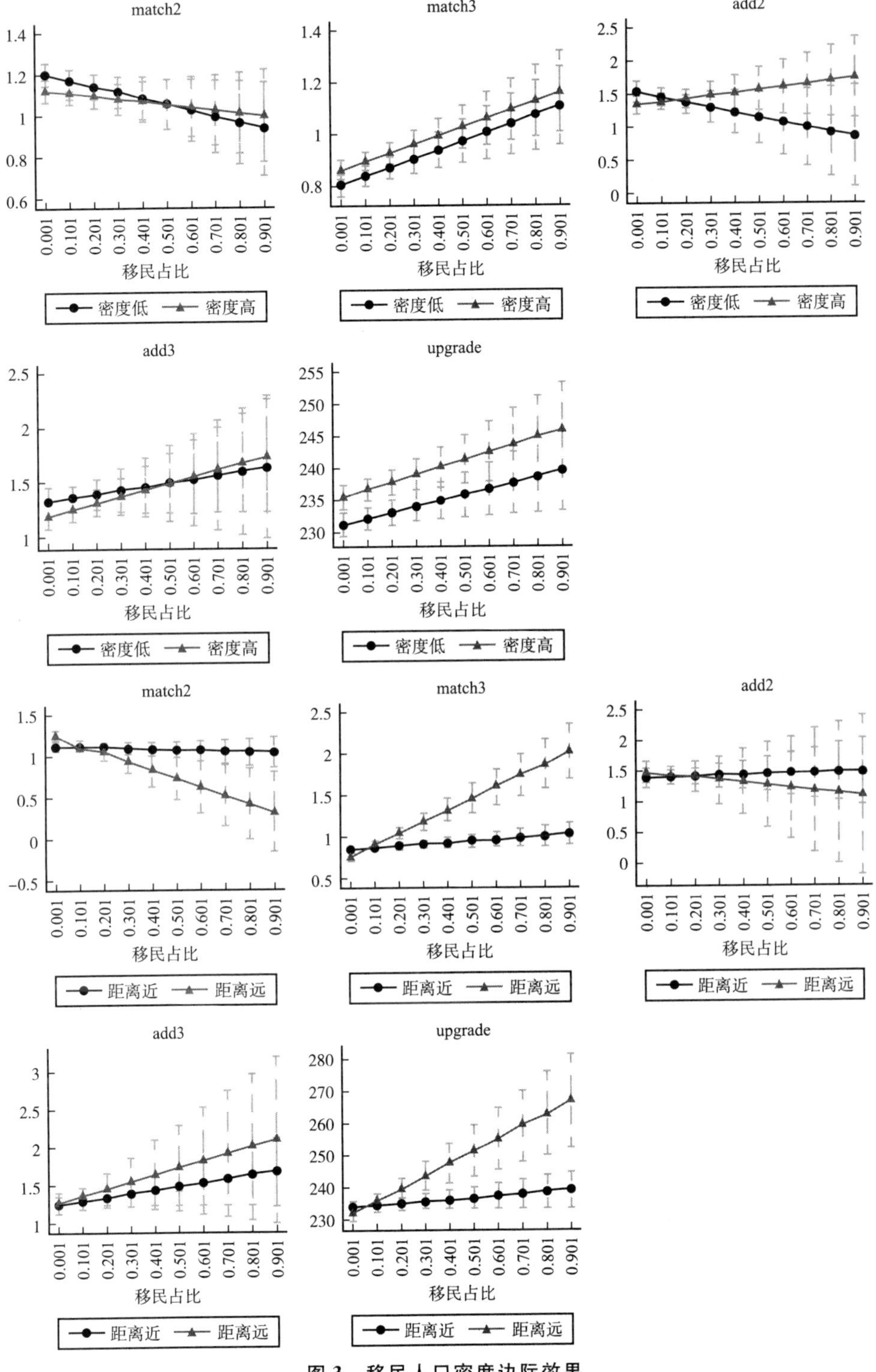

图 3　移民人口密度边际效果

（三）农村移民与城市移民

上文从城市产业发展探究了移民对不同城市作用的异质性，但是，在以户籍制度为核心的城乡分割政策下，移民对城市产业升级造成的影响相同吗？表 14 展示了农村移民和城市移民对产业升级的回归结果：

表 14 **农村移民**

解释变量	被解释变量							
	第一维度			第二维度			第三维度	
	match1	match2	match3	add1	add2	add3	upgrade	high_value
农村移民占比	-1.1803 (-0.0368)	-0.2284 (-1.2133)	1.3931*** (4.7563)	43.9489 (1.0580)	3.0615 (0.9769)	4.6511 (1.5348)	30.5934*** (3.4790)	0.0221 (0.4932)
控制变量	是	是	是	是	是	是	是	是
常数项	23.3684 (0.4293)	1.2851* (1.9292)	2.0632*** (3.4044)	-40.2514 (-1.6281)	-3.8265 (-1.4797)	-2.4146 (-1.0750)	272.3004*** (10.3815)	0.0910 (0.7904)
观测值	232	238	238	238	238	238	238	237
R^2	0.0393	0.1511	0.3117	0.1129	0.2175	0.2244	0.3080	0.1963

注：(1) 括号中为 t 值。(2) *、**、*** 分别表示显著性水平为 10%、5% 和 1%。

我们发现，农村移民仅对第三产业资源配置效率和产业结构变迁有显著的正向作用，对产业的增加值率均不显著。原因是农村移民质量较低，不足以推动产业增加值进步吗？我们继续观察城市移民的回归结果（见表 15）。

表 15 **城市移民**

解释变量	被解释变量							
	第一维度			第二维度			第三维度	
	match1	match2	match3	add1	add2	add3	upgrade	high_value
城市移民占比	-4.1e+02** (-1.9832)	-0.2429 (-0.1378)	2.2637 (1.2837)	98.4736 (0.9457)	11.9280 (1.2439)	12.7306 (1.3644)	199.8032** (2.4879)	0.6111* (1.6967)
控制变量	是	是	是	是	是	是	是	是

续表

解释变量	被解释变量							
	第一维度			第二维度			第三维度	
	match1	match2	match3	add1	add2	add3	upgrade	high_value
常数项	6.9964 (0.1261)	1.4146** (2.1242)	1.3079** (2.2595)	-62.8650 (-1.3718)	-5.1742 (-1.3257)	-4.7041 (-1.3021)	262.4527*** (10.6482)	0.1048 (0.9917)
观测值	232	238	238	238	238	238	238	237
R^2	0.0615	0.1418	0.2139	0.0633	0.1493	0.1363	0.3245	0.1784

注：(1) 括号中为t值。(2) *、**、*** 分别表示显著性水平为10%、5%和1%。

回归结果显示，城市移民同样未对三大产业增加值率造成显著影响，且对第二、第三产业的资源配置效率也不显著，但城市移民对产业结构变迁和高附加值行业从业人员占比均高于农村移民。

我国有大量的农业劳动力从农村流入城市中，但是随着城镇化进程的加快和劳动力素质的不断提升，更多的劳动力在跨区域流动，因此流动的劳动力不只来自农村，导致一些已有的理论不再适用当前的情况。农村移民与城市移民对产业升级的影响存在不同，但回归结果表明在农村移民和城市移民的共同作用下才能对城市产业升级起到显著正向作用。

六、机制分析

（一）地方经济发展

由于高低技能劳动者之间的互补性，在高技能者向人力资本水平高的城市集聚的过程中，也带来大量低技能劳动力的需求，从而加强了城市规模的扩张（Eckhoutset et al.，2014；梁文泉和陆铭，2015；Diamond，2016），主导产业扩散理论表明，主导产业通过前向、后向和旁侧效应带动一系列相关产业的需求，从而促进产业的扩张和升级。在互联网出现之前，产业的发展和升级主要由生产者需求和消费者需求驱动（Gereffi，2001）。我们在回归中移民与地区生产总值和市场规模的交乘项，结果如表16所示。

表 16　　地区生产总值和市场规模

解释变量	被解释变量				
	地区生产总值		市场规模		
	match3	upgrade	match3	add3	upgrade
地区生产总值×移民占比	0.0885*** (4.4068)	2.7942*** (3.4995)			
市场规模×移民占比			0.0815*** (3.8879)	0.2053** (2.3132)	2.5590*** (3.0510)
移民占比	-0.6377** (-2.3085)	-23.1831* (-1.9055)	-0.4361 (-1.6283)	-1.4272 (-1.3646)	-15.3583 (-1.3035)
控制变量	是	是	是	是	是
常数项	1.9095*** (5.4910)	268.3048*** (17.4424)	1.8499*** (5.4879)	-2.6968** (-2.4799)	265.7325*** (17.7387)
观测值	500	500	500	497	500
R^2	0.2973	0.3412	0.3193	0.1538	0.3591

注：(1) 括号中为 t 值。(2) *、**、*** 分别表示显著性水平为 10%、5% 和 1%。

表 16 说明移民通过促进迁入地经济发展，进一步影响了第三产业的资源配置相率和产业结构变迁。移民的增加带来城市市场规模的扩大，吸引更多的企业和人才进入。在市场规模机制的作用下，城市第三产业的资源配置效率和增加值率均受到显著的促进作用。

（二）失业率与外商投资

随着社会分工水平的提高和交易费用的降低，知识和人力资本会通过创新使产业从劳动密集型向资本技术密集型发展（刘志彪，2000），从而推动地区产业升级和经济增长。经验分析表明，虽然产出中资本积累的作用非常关键，但劳动力的质量则直接影响产出的增长（Galor，2008）。外来移民提高了本地劳动力市场的竞争性，保证了劳动力市场的活力和效率。移民能够带来多元化的市场，进一步吸引外资带来管理技术与生产技术推动产业升级。本文用失业率作为劳动力市场竞争程度的代理变量，加入失业率与外商投资的交乘项来探究其是否能够促进产业升级（见表 17）。

表 17　劳动力竞争与外商投资

解释变量	被解释变量				
	劳动力竞争			外商投资	
	add2	add3	upgrade	match3	upgrade
劳动力竞争×移民占比	23.4185** (2.4020)	20.7812** (2.5205)	382.1342*** (3.4037)		
外商投资×移民占比				0.1444*** (3.9561)	4.2298*** (2.7954)
移民占比	0.0633 (0.1362)	0.6954* (1.7701)	13.8729*** (2.5852)	-1.3399*** (-2.6843)	-46.0427* (-1.8656)
控制变量	是	是	是	是	是
常数项	-2.1717* (-1.7294)	-2.9785*** (-2.8046)	280.4206*** (19.3558)	2.0522*** (5.0915)	275.1106*** (14.9095)
观测值	494	494	497	500	500
R^2	0.1245	0.1838	0.4090	0.2025	0.2565

注：(1) 括号中为 t 值。(2) *、**、*** 分别表示显著性水平为 10%、5% 和 1%。

第二产业资源配置效率、第三产业资源配置效率、产业结构变迁系数都受到移民通过促进当地劳动力市场竞争带来的显著正向作用。移民也通过吸引外资投入加强第三产业资源配置效率和产业结构向高产业转移。

(三) 科研支出与教育支出

人才是产业升级的核心动力，高质量移民的进入会通过增加政府的科研支出与教育支出为未来产业升级提供原动力。人力资本投资和经济增长有密切关系，经济增长取决于技术和科学知识的进步，而科学技术的发展则有赖于人力资本的积累（Barnard et al.，2008）。人力资本集聚越高的地区，生产率水平也越高（Fujita，2003）（见表 18）。

表 18　科研支出与教育支出

解释变量	被解释变量						
	科研支出				教育支出		
	match3	add2	add3	upgrade	match3	add3	upgrade
科研支出×移民占比	0.2169** (2.3827)	0.9293** (2.1672)	1.2859*** (2.9433)	8.7752** (2.2839)			

续表

解释变量	被解释变量						
	科研支出				教育支出		
	match3	add2	add3	upgrade	match3	add3	upgrade
教育支出×移民占比					0.1153*** (4.1255)	0.2793** (2.4483)	4.3284*** (3.7568)
移民占比	-1.2801 (-1.6166)	-6.7602** (-2.0822)	-9.0411*** (-2.7333)	-67.4506* (-1.7924)	-0.5826** (-2.0832)	-1.6073 (-1.5319)	-30.2598** (-2.3919)
控制变量	是	是	是	是	是	是	是
常数项	2.0267*** (4.5838)	-1.2985 (-0.8516)	-1.8268 (-1.1760)	279.2556*** (12.6195)	1.8932*** (5.4631)	-2.6594** (-2.4334)	270.2787*** (17.0719)
观测值	500	497	497	500	499	496	499
R^2	0.2232	0.0212	0.0123	0.1893	0.3022	0.1472	0.3166

注：（1）括号中为 t 值。（2）*、**、*** 分别表示显著性水平为 10%、5% 和 1%。

机制分析结果表明迁移劳动力向城市集聚时，由于劳动力自身存在的互补性扩大了城市的市场规模，并且带动城市产业前后的一系列消费需求，促进了迁入地的经济发展，进一步推动产业升级。移民进入迁入地劳动力市场会增强劳动力之间的竞争效应，为产业发展提供更高质量的劳动力和更低的人力成本，保证了产业升级所需劳动力市场的活力和效率。移民在迁入地带来的人力资本积累还增加了迁入地科研和教育的投入，发展科学技术和高水平人才为未来产业升级提供原动力。

七、结论与启示

在经济全球化的背景下，有效调控移民的空间分布对于城市产业升级和经济发展至关重要。本文基于 2000～2010 年 285 个地级市的面板数据，从资源配置效率、增加值率、产业结构三个维度量化分析了移民对城市产业升级的影响及其机制。研究的主要结论如下：（1）移民更倾向于非农业的工作，显著推动了我国的产业结构由第一产业向第二、第三产业迁移，这一结论在考虑了识别假设条件和一系列其他可能干扰估计结果的因素后依然成立。（2）移民对第二产业的影响具有空间异质性，具体表现为移民整体降低了第二产业的资源配置效率且这种负向作用主要集中在中心城市，非中心城市的移民仍有利于城市的第二产业发展。（3）移民可以提升第三产业的资源配置效率和增加值率推动我国第三产业升级，表现为移民占比每提升 10%，第三产业的资源配置效率和增加值率会分别增加 7.7% 和 12.0%。

（4）机制分析表明，移民主要通过扩大城市市场规模、促进经济增长和提升劳动力市场效率等途径对城市产业升级产生推动作用。

本文研究表明，移民是中国城市产业升级的重要动力。移民对产业增加值率和产业结构迁移的正向作用加速了迁入地的产业升级，但我国第二产业普遍存在过量的劳动力密集企业抑制了产业升级。针对本文的结论，笔者提出三点建议：第一，进一步深化和开放现有的移民制度，取缔滋生在政策和舆论上歧视移民的制度基础，助力迁入地的产业升级和经济发展。第二，调控第二产业劳动力在空间上的配置效率，推动产业发展由规模速度型粗放增长向质量型集约增长的转型。第三，注重优化各地区产业升级的差异化路径，针对第二产业与第三产业的发展需求不同合理分配人力资本。

本文目前主要评估了外来劳动力对城市产业升级的影响，而劳动力的大量迁出是否导致了迁入地与迁出地的不均衡发展？地区的不均衡分布对城市产业升级的影响究竟如何？对此进行深入研究将有助于更全面地评估移民对中国城市产业的影响，本文将其作为未来研究的方向。

参考文献

1. 程鹏：《农村劳动力流动、产业结构调整与经济增长——基于 1993 ~ 2012 年省际面板数据的实证研究》，载《产经评论》2014 年第 6 期。

2. 曹芳芳、程杰、武拉平、李先德：《劳动力流动推进了中国产业升级吗？——来自地级市的经验证据》，载《产业经济研究》2020 年第 1 期。

3. 丁长发：《海峡西岸城市群研究》，载《经济研究参考》2007 年第 1 期。

4. 戴翔、刘梦、任志成：《劳动力演化如何影响中国工业发展：转移还是转型》，载《中国工业经济》2016 年第 9 期。

5. 都阳、蔡昉、屈小博、程杰：《延续中国奇迹：从户籍制度改革中收获红利》，载《经济研究》2014 年第 8 期。

6. 樊士德、姜德波：《劳动力流动、产业转移与区域协调发展——基于文献研究的视角》，载《产业经济研究》2014 年第 4 期。

7. 郭文杰、李泽红：《Labor Mobility，Service Growth and Economic Structural Change：An Empirical Study Based on China's Inter－provincial Panel Data》，载《数量经济技术经济研究》2009 年第 11 期。

8. 高波、陈健、邹琳华：《区域房价差异、劳动力流动与产业升级》，载《经济研究》2012 年第 1 期。

9. 耿修林：《固定资产投资对产业结构变动的影响分析》，载《数理统计与管理》2010 年第 6 期。

10. 刘志彪：《产业升级的发展效应及其动因分析》，载《南京师大学报（社会科学版）》2000 年第 2 期。

11. 刘新争：《比较优势、劳动力流动与产业转移》，载《经济学家》2012 年第 2 期。

12. 刘似臣：《我国加工贸易的产业升级效应研究》，载《统计研究》2005 年第 2 期。

13. 李逢春：《对外直接投资的母国产业升级效应——来自中国省际面板的实证研究》，载《国际贸易问题》2012 年第 6 期。

14. 梁文泉、陆铭：《城市人力资本的分化：探索不同技能劳动者的互补和空间集聚》，载《经济社会体制比较》2015 年第 3 期。

15. 刘学军、赵耀辉：《劳动力流动对城市劳动力市场的影响》，载《经济学（季刊）》2009 年第 8 期。

16. 罗来军、史蕊、陈衍泰、罗雨泽：《工资水平、劳动力成本与我国产业升级》，载《当代经济研究》2012 年第 5 期。

17. 潘素昆、袁然：《不同投资动机 OFDI 促进产业升级的理论与实证研究》，载《经济学家》2014 年第 9 期。

18. 屈小博、程杰：《劳动力供给转变与资源配置效率的关联度》，载《改革》2017 年第 3 期。

19. 钱纳里、鲁滨孙、塞尔奎因：《工业化和经济增长的比较研究》，上海人民出版社 1995 年版。

20. 孙自铎：《农民跨省务工对区域经济发展的影响研究》，载《中国农村经济》2004 年第 3 期。

21. 孙巍、李何、王文成：《产能利用与固定资产投资关系的面板数据协整研究》，载《经济管理》2009 年第 3 期。

22. 唐东波：《贸易开放、垂直专业化分工与产业升级》，载《世界经济》2013 年第 4 期。

23. 徐敏、姜勇：《中国产业结构升级能缩小城乡消费差距吗?》，载《数量经济技术经济研究》2015 年第 3 期。

24. 谢晋宇、翁涛：《工作生活质量运动与企业人力资源开发管理》，载《外国经济与管理》1998 年第 9 期。

25. 姚枝仲、周素芳：《劳动力流动与地区差距》，载《世界经济》2004 年第 4 期。

26. 张明志、李敏：《国际垂直专业化分工下的中国制造业产业升级及实证分析》，载《国际贸易问题》2011 年第 1 期。

27. 赵楠：《劳动力流动与产业结构调整的空间效应研究》，载《统计研究》2016 年第 2 期。

28. 朱有为、徐康宁：《中国高技术产业研发效率的实证研究》，载《中国工业经济》2006 年第 11 期。

29. Audretsch D B, Feldman M P. R&D spillovers and the geography of innovation and production. American Economic Review, 1996, 86 (3): 630 - 640.

30. Aghion P, Cai J, Dewatripont M, Du L, Harrison A, Legros P. Industrial policy and competition. American Economic Journal: Macroeconomics, 2015, 7 (4): 1 - 32.

31. Alder S, Shao L, Zilibotti F. Economic reforms and industrial policy in a panel of Chinese cities. Journal of Economic Growth, 2013, 21 (4): 1 - 45.

32. Borjas G J. The labor demand curve is downward sloping: Reexamining the impact of immigration on the labor market. The Quarterly Journal of Economics, 2003, 118 (4): 1335 - 1374.

33. Barnard H. Do firms from emerging markets have to invest abroad? Outward FDI and the competitiveness of firms. The Rise of Transnational Corporations From Emerging Markets: Threat or Opportunity, 2008: 55 - 85.

34. Cai H, Liu Q. Competition and corporate tax avoidance: Evidence from Chinese industrial firms. The Economic Journal, 2009, 119 (537): 764 - 795.

35. Card D. Immigrant inflows, native outflows, and the local labor market impacts of higher immigration. Journal of Labor Economics, 2001, 19 (1): 22 - 64.

36. Chenery H B, Syrquin M. Patterns of development, 1950 - 1970. Published for the World Bank by Oxford University Press, 1975.

37. Diamond R. The determinants and welfare implications of US workers' diverging location choices by skill: 1980 - 2000. American Economic Review, 2016, 106 (3): 479 - 524.

38. Eeckhout J, Pinheiro R, Schmidheiny K. Spatial sorting. Journal of Political Economy, 2014, 122 (3): 554 - 620.

39. Fleisher B, Li H, Zhao M Q. Human capital, economic growth, and regional inequality in China. Journal of Development Economics, 2010, 92 (2): 215 - 231.

40. Fujita M, Thisse J F. Does geographical agglomeration foster economic growth? And who gains and loses from it? . The Japanese Economic Review, 2003, 54 (2): 121 - 145.

41. Galor O, Mountford A. Trading population for productivity: theory and evidence. The Review of Economic Studies, 2008, 75 (4): 1143 - 1179.

42. Gilbert J, Oladi R. Capital specificity, imperfect labor mobility and growth in developing economies. International Review of Economics & Finance, 2009, 18 (1): 113 - 122.

43. Gereffi, G. Beyond the producer-driven/buyer-driven dichotomy the evolution of global value chains in the internet era. IDS Bulletin, 2001, 32 (3): 30 - 40.

44. Krugman P. Space: the final frontier. Journal of Economic Perspectives, 1998, 12 (2): 161 - 174.

45. Kojima K. The "flying geese" model of Asian economic development: origin, theoretical extensions, and regional policy implications. Journal of Asian Economics, 2000, 11 (4): 375 - 401.

46. Krugman P. The increasing returns revolution in trade and geography. American Economic Review, 2009, 99 (3): 561 - 571.

47. Ozawa T. Japan in a new phase of multinationalism and industrial upgrading: functional integration of trade, growth and FDI. Journal of World Trade, 1991, 25 (1): 43 - 60.

48. Overman H G, Rice P, Venables A J. Economic linkages across space. Regional Studies, 2010, 44 (1): 17 - 33.

49. Pennock, Andrew. The political economy of domestic labor mobility: specific factors, landowners, and education. Economics & Politics, 2014, 26 (1): 38 - 55.

50. Porter M E. Competitive advantage of nations: creating and sustaining superior performance. Simon and Schuster, 2011.

51. Rostow W W. The stages of economic growth: a non-communist manifesto. American Anthropologist, 2010, 63 (2): 397 - 400.

52. Sinani E, Meyer K E. Spillovers of technology transfer from FDI: The case of Estonia. Journal of Comparative Economics, 2004, 32 (3): 445 - 466.

How Does Immigration Affect Industrial Upgrading

—Empirical Evidence from Prefecture-level Cities in China

Chen Yian　Zou Jie

Abstract: Since the 1980s, the large-scale migration of labor across regions has become an important factor affecting industrial upgrading. Using the 2000 and 2010 national census data and the 2005 1% population sample survey data by matching urban economic and social indicators, this paper study the impact of immigration on industrial upgrading effect starting from the three dimensions: industrial structure change, resource allocation efficiency, and industrial value-added rate. After controlling the level of urban development and the cost of industrial construction, we find that: First, immigration promoted the transformation of the industrial structure from agriculture to non-agriculture. Second, from the perspective of resource allocation efficiency, immigration has no significant effect on the primary industry, but has a negative impact on the secondary industry, and has a positive impact on the tertiary industry. Third, immigration significantly increases the value-added rate of the primary and tertiary industries, and the positive impact on the secondary industry only significant in non-central cities. Heterogeneity analysis find that immigrants have no negative effect on the industrial upgrading of non-central cities, and the positive effect is far greater than that of central cities. The mechanism test shows that the impact of immigration on industrial upgrading is mainly realized by expanding the scale of the local market and promoting the flow of human capital.

Key words: *immigration*　*industrial upgrading*　*industrial structure*　*resource allocation*

企业高级主管权力与创新投资关系研究

郭凯仪　张　超*

摘　要：近年来，学术界持续关注创新问题研究，企业层面的研究多从公司治理结构的角度解释公司的创新现象，从管理层视角的研究则相对不足。CEO 作为公司的高级主管，其权力结构既是构建创新治理机制的组成因素，又是公司实施创新战略以及获得创新绩效的执行主体。本文基于公司治理理论和行为代理理论，以中国制造业上市公司数据为样本，实证检验 CEO 权力与公司创新投资的关系。结果显示：公司决策权越集中于高级主管，越显示出较强的创新投资；首席执行官与董事长的双重角色有利于创新投资；分组数据结果显示，高级主管的任期越长公司的创新投入越多，非国有企业比国有企业越有可能进行创新投资。

关键词：高级主管权力　权力集中　创新投资

一、引言

在中国，近年来对创新的关注持续上升，政府也采取了一系列鼓励创新的政策（布莱兹尼茨和默弗里，2011）。夏皮罗等（2015）认为，在国与国之间激烈的竞争背景下，创新对于新兴经济体提高生产力和收入尤为重要。另外，克莱森斯和法恩（2002）、吉布森（2003）、奥斯特胡特（2009）、奥斯特胡特和卡内（2012）提出，新兴经济体在借鉴西方发达国家的治理机制以促进创新方面，仍然存在诸多困难。西方国家很早就进行了企业创新方面的研究，罗默（1987；1990）认为，企业创新是开发新技术、新实践、新策略以增加企业价值的过程，是企业长期竞争力和可持续性的关键，亚当斯（1990）提出，越来越多的公司把创新作为一种竞争手段，尤其在复杂的经济环境下，选择创新是企业能否长期稳定发展的重要决策。肖万和赫歇尔（1993）进一步提出，企业的创新投入也是增加企业无形资产的重要力量。道林和麦基（1994）指出，创新是一家企业快速持续发展的动力。实证结果显示，研发投入方面较高的公司在市场份额、总销售额、利润等方面的表现要比在研发投入方面较低的公司更为显著。然而，曼索（2011）认为，一方面，

* 郭凯仪，山东大学商学院博士研究生，E-mail：gky939@163.com；张超，金沂蒙集团董事长。

投资于创新是有风险的和费时的，因为它涉及探索新的和未经测试的方法，存在失败的可能。这使得高级主管的选择动机与企业的长期利益并不一致；另一方面，基于公司的战略决策，包括创新决策的重要性，高级主管被学者持续重视。普遍认为，高级主管负责公司的战略决策、资源配置、组织协调等日常管理工作，对企业经营管理具有最高决策权。在现代公司治理结构中，高级主管处于企业层级结构的顶层，这决定了高级主管在业务过程中的核心影响力。汉布里克（1984）提出高层梯队理论，高层管理者的特质影响着管理者的战略选择，进而影响企业的绩效。巴克和米勒（2002）、西姆西可（2007）研究显示，高级主管和相关管理人员的权力对创新投资产生显著影响。

尽管学术界对公司创新中的各类治理机制问题均有涉猎，但仍然需要深入研究公司治理中的 CEO 角色，需要探索 CEO 权力与公司创新的内在联系。同时，鉴于中国经济制度背景、市场背景和公司治理现状，探究高级主管权力与公司创新的具体表现，并解释其中的内在成因是本文力图回答的问题。本文采用非平衡面板数据，以中国上市公司 2013 ~2018 年制造业企业为样本，试图揭示高级主管权力结构如何影响公司的创新投资。

二、文献分析与研究假设

企业创新首先是组织创新行为及其结果。企业创新的结果是企业借助有效的创新治理机制，并通过创新者执行主体——管理层的创新行为来实现。可见有效的创新治理机制包括治理机制中的“制度”因素——公司治理机制，也包括治理机制中的“人”——管理层。管理层的决策动机直接影响组织创新的结果和绩效，而管理层的创新动机一方面是创新机制的组成部分，另一方面受到创新治理机制的影响，高级管理层基于行为代理假设，将这种影响转化为自身风险偏好函数，从而形成高级主管的创新动机，进而这些创新动机通过公司发展战略得以实施，这就是公司创新的逻辑。

现有文献在揭示公司创新方面，主要集中于构建有效的治理结构以克服代理问题，或者如何从机制上平衡代理人的代理风险和创新激励。同时，有效的治理机制还包括外部治理环境的影响，其中，创新的执行者团队——管理层如何受到市场竞争和监督的影响。

较早时期，亚当·斯密就在《国富论》中已经提到，伴随股份公司的出现必然引发所谓的代理问题，即所有者任命他人为其财富管家的后果问题。斯密的论述预示着代理理论的发展。夏皮罗（2005）认为，代理理论代表了一种“新时代精神”和“公司治理的主导制度逻辑”。丹（2007）认为，现代公司可以通过构建三种机制，来降低股份制公司的代理问题，即独立性、股权和公司控制市场。

其实，有关“独立性”“股权”“公司控制市场”较早时期就有论述。“独立性”是指独立于管理部门的董事会可以监督管理人员，以确保管理者的利益不会和所有者利益有实质性分歧（法马，1980；法马和约翰逊，1983；约翰逊和梅克林，1976；西伊和钱德勒，1977）。“股权”指拥有公司股权的代理人更可能维护其他持有者的共同利益（法马和约翰逊，1983；约翰逊和麦克林，1976）。“公司控制市场”是指公司可以通过市场运作约束那些不适当利用其代理优势的管理人员（法马和约翰逊，1983；约翰逊和鲁巴克，1983；曼勒，1965）。丹（2007）概括上述三种机制认为，虽然这三种公司治理方法在原则上是合理的，但这些方法在实践中的有效性仍然存在争议。“独立性”的目的是保证公司治理监督职能的实现，“公司控制市场”则是借助公司外部间接性机制，来实现“监督”作用，而“所有权”期望代理人与委托人的动机一致，即所谓的“共同所有权”利益。

上述机制设计思路并没有考虑引入高级主管（CEO）角色的复杂情况。第一，CEO 与董事会和股东经济利益一致性状况。一致性在某种程度上是相对的，如果 CEO 只是拥有较小的利益在公司中，比如有较小的股权激励[①]，则 CEO 的“共同所有权”动机较少，相反，如果 CEO 拥有公司较大的股权，甚至是公司的董事会成员，进一步是公司的董事长，则这种一致性则最强。同时还需要考虑代理人——CEO 是拥有什么样类型的股权，是否是内部人股权[②]。公司倾向于协调内部人士的利益，而不是分散的外部股东的利益，因为内部人士比外部人士（尤其是个人投资者）更了解公司的实际情况。第二，如何看待 CEO 的权力结构。董事会既是股东的监督机构，同时也是其权力机关，则 CEO 在董事会的权力地位影响董事会的监督职能。第三，如何看待 CEO 的决策动机，尤其是创新的决策动机。在给定的董事会与 CEO 的权力关系情况下，在给定 CEO 拥有公司股权的类型和程度的情况下，CEO 的决策动机是否还有别的内在影响因素？可见，有效的治理机制，存在“独立性”“股权”“公司控制市场”之间的某种平衡，而 CEO 权力的介入正是这种平衡关系的一种结果。赖特（2005）认为，在快速变化的环境中，有效的企业取决于所有权、控制和监控机制之间的适当配合。

芬克尔斯坦（1992）最早提出了高级主管（CEO）权力的四种类型。即高级主管的所有权、结构权、专家权以及威望权。结构权是指与企业正式组织结构相关的地位影响。所有权是指将权力集中在高级主管（CEO）身上，并由个人代表整个管理层和股东的能力（廷，2013）。专家权是指高级主管（CEO）通过自身的学习经验和专业知识，对市场不确定性进行有效管理（哈莫里和科云库，2015）。威望权是指高级主管在市场上的权威，代表着别人对他的看法。普费弗（1992）进

① 这里，用于激励 CEO（包括其他管理团队成员）的股权，通常情况下相对于公司整体股权的比例较小。另外，股权激励也不能等同于“共同所有权”。

② 内部人所有权是指公司股权由与公司管理层密切相关的个人持有，这些个人拥有排他性投票权。内部股东包括公司创始人及其家族、附属公司、经理、执行董事和员工。

一步概括为，CEO 权力来自正式的和非正式的来源行使他们的影响力。以上“结构权”和“所有权”属于制度层面 CEO 的影响力，而“专家权”和“威望权”则是 CEO 的软实力。结构权和所有权反映公司赋予高级主管（CEO）的权力属性，即 CEO 多大程度上能够动用公司资源，借助公司发展战略实施创新目标的可能。

最能体现 CEO 制度层面的影响力当属“二职合一”。芬克尔斯坦和阿维尼（1994）认为，二元性是一把“双刃剑”。因为，一方面，二元性有利于高级主管的统一指挥和一体化领导；另一方面，可能会牺牲董事会的监督职能。道尔顿和希特（2007）提出，二元性是最广泛的公司治理现象之一。相关的实证研究结果不尽相同。约翰逊（1993）认为，代理问题是公司治理实践中最常见的框架，建议董事会应独立于管理层，而管理层与之是矛盾的。持该观点的还包括洛尔施和麦基弗（1989）。芬克尔斯坦等（2009）认为，二元性结构将使得董事会监督能力的减少高级主管权力增加，相反，非二元性结构使得董事会监督能力增加而高级主管的权力削弱。实证结果显示：二性对公司绩效有显著的负向影响，独立董事会对公司绩效有显著的正向调整作用。克劳斯和坎内拉（2013）实证结果显示，角色分离对一家正在盈利的公司未来表现有负面影响，相同的结论还包括杜鲁（2016）的研究。

相反，部分学者纳入组织理论为基础的范式，如管理理论（唐纳森和戴维斯，1991）和资源依赖理论（博伊德，1995），研究认为二元性促进了领导的统一，促进了组织的有效性。巴林杰和马塞尔（2010）研究了 CEO 二元性对临时 CEO 继任的影响，这有助于将 CEO 二元性研究置于特定情境中。在强调临时继任的负面影响的同时，他们假设，如果临时 CEO 同时担任董事会主席，这些影响将会减弱。他们认为，在这种背景下，公司面临的相关风险不是管理层的固守，而是高层管理团队的解散，而双重首席执行官主席应该能够更好地促进高层管理的团结。从标准普尔 500 指数企业样本得出的结果支持了这一预测。科劳斯等（2013）在一项针对标普 1500 家公司的研究发现，当过去公司业绩较弱时，两者分离对公司业绩有积极影响，当过去公司业绩较强时，则二元性产生负面影响。

给定制度性给予 CEO 的权力配置，高级主管（CEO）决策动机（包括创新动机）如何？贝希特和安德森（2010）认为，公司代理理论的中心议题是股东与首席执行官之间的潜在利益冲突。首席执行官更喜欢不太理想的投资项目，这些项目在长期内不可能产生正的净现值回报。相反，这些选择只是反映了一种倾向，即倾向于支持管理职业和企业声誉的过于安全的项目。霍普和托马斯（2008）研究显示，首席执行官们会选择投资那些能让他们扩大控制和统治但收益较低的投资。同样，阿克斯等（2014）研究发现，美国的 CEO 们似乎投资眼光短浅，这使得他们不愿进行长期的增值投资。而拥有自由裁决的决策权的 CEO，其决策动机和行为未必与股东的长远利益一致（克洛谢，2010）。高级主管的权力行使涉及广泛的战略决策，而这些决策对公司有不同的影响（亚当斯，2005）。在缺乏有效代理规避机制的情况下，文献证明了 CEO 决策与公司股东价值最大化相背离的广泛性（贝希特，2004；贝克和安德森，2010）。

另一类文献考虑CEO的权力背景，面临不确定性环境，研究高级主管的风险偏好的不同。这就是基于行为代理理论的相关研究。行为代理理论被广泛用于解释高级主管的风险偏好问题和相关的组织结果（戈麦斯和怀斯曼，2013）。研究表明："根据这一理论的核心原则，高级主管的风险偏好可能会根据他们所面临的具体监控环境发生变化。"其中，由于首席执行官的职位，他们会认识到这些决策的影响。公司经理决定将资源投资于探索性或发展性创新，而执行人员则评估风险以及他们是否能够承担这些风险。此外，由于首席执行官职位的特殊性，权力越大的首席执行官越容易受到这种资源配置决策的影响。这一理论强调，高管们更喜欢追求有风险和有回报的投资。首席执行官作为公司的高级主管，更感兴趣的是这种高风险高回报的投资。安娜和迈克尔（2017）的研究表明，由强势的高级主管领导的公司倾向于积极探索，包括追求有风险的公司决策，甚至是高风险的探索性创新。另外，当高级主管是一个局外人时，高级主管的权力实际上与低风险创新呈正相关。同样，谢赫（Sheikh，2018）提出强有力的高级主管可以促进更多的专利和引用。然而，高级主管的权力与创新之间的关系，受到了来自产品市场竞争驱动的，因为有证据显示，高级主管的权力只在竞争激烈的市场中对创新产生显著的正向影响。

根据上述的文献分析，CEO的权力类型（尤其是结构权和所有权）综合考虑了治理机制的监督职能和激励职能。因而，在给定公司赋予CEO足够权力时，CEO的决策动机可能与公司的利益是违背的，也可能是一致的。但如果加上CEO基于行为代理理论的风险动机因素，强势的CEO倾向于实施创新。因而本文有如下研究假设：

假设：CEO权力与公司创新投资正向相关。

CEO权力的具体类型不同，即根据公司赋予CEO权力的大小，CEO的权力越大则创新动机越强，否则相反。

三、研究设计与研究方法

本文认为，创新的代理问题由来已久，但构建有效的创新治理机制包括诸多影响因素。这里，通常用于表示公司治理结构的因素是其一，而CEO权力因为与董事会和"共同所有权"关系，也是重要的影响因素，另外，考虑CEO给定权力条件下，本文也倾向于假设CEO的创新动机的增加。下面依据上述思路进行模型设定和变量定义。

关于创新变量的选择，瓦伦西亚（2018）用专利申请数量衡量创新。由于专利申请本质上是计数数据，它不仅测量创新倾向，而且也测量创新活动的结果。但与其他任何衡量标准一样，专利申请的使用也有相应的弊端，不是所有的创新成果都会导致专利申请。因此可运用研发支出占上一年主营收入之比衡量创新。这个度量本质上总结了投入到创新中的占比资源，尽管这不一定会导致创新结果。

关于控制变量中表示公司治理的相关变量，瓦伦西亚（2018）通过衡量股权的集中程度、股权激励和监督 CEO 的能力来描述。我们用独立董事在董事会中的比例来表示独立董事的作用，董事会的规模用董事会的自然对数来表示，而用第一大股东对第二大股东的持股比例来表示大股东的相互制约作用。根据国内外相关研究，CEO 的任期也是一个重要影响因素。用国有非国有来表示不同性质的公司。另外，企业的基本面指标用公司主要收入相对于上年的增长速度、公司成立时间对数、资产负债率、资产收益率和总资产的自然对数等（见表 1）。

表 1　　变量定义

变量名	变量符号	变量定义
解释变量	randdexp	研发支出占上一年主营收入之比
解释变量	ceopower	高级主管权力，作为一个综合变量：高级主管非董事且不持股则值为 0；持股但非董事则值为 1；持股且为董事则值为 2；兼任副董事长则值为 3；兼任董事长则值为 4
控制变量	indep	独立董事在董事会中的比例
	lnboards	董事会中董事人数的自然对数
	ftos1	第一大股东对第二大股东的持股比例
	tenure	高级主管的任期
	nature	国有或非国有
	growthrate	公司的主要收入相对于上年的增长速度
	lnfirmage	公司成立以来时间的对数
	debt rate	资产负债率
	ROA	资产收益率
	lnsize	总资产的自然对数

基于以上分析以及变量选择的原则，本文对回归模型进行了如下定义。

由于被解释变量的取值范围为［0，1］，因此回归采用 Tobit 模型。在回归中，对连续变量进行了（1%，99%）剔除极值处理。具体模型如下：

$$randdexp = \beta_1 ceopower + \beta_2 growthrate + \beta_3 lnfirmage + \beta_4 debtrate + \beta_5 roa + \beta_6 lnsize + \beta_7 indep + \beta_8 ftos1 + \beta_9 lnboards + \sum year + \varepsilon$$

本文采用万德数据库提供的，关于 A 股上市的制造业企业 2013 ~ 2018 年的相关数据，剔除部分不完整样本，最终确定 6 000 多家公司为研究样本。数据为非平衡面板数据，以下是软件回归结果和相应的平稳性检验。

四、实证结果与分析

（一）描述性统计

表 2 显示了模型中主要变量的描述性统计。可以看出，企业创新的衡量指标研发投入占比 randdexp 的均值为 0.052，标准差为 0.057，表明大部分企业在研发投入方面并不高，而且数据波动也比较明显；最小值为 0，最大值为 0.384，说明不同企业之间的研发投入占比存在较大的个体差异。CEO 权力衡量指标 ceopower 的均值为 2.545，最小值为 0，最大值为 4，表明大部分企业的 CEO 权力较高；标准差为 1.088，说明 CEO 权力的数据波动较明显。企业成长性 growthrate 的均值为 0.171，最小值为 -0.449，说明部分企业的主营业务收入出现下降的趋势。资产负债率 debtrate 的均值为 0.398，接近 0.4，说明大部分企业的负债水平比较高。资产收益率 roa 的均值为 0.035，表明大部分企业的盈利水平不是很高。独立董事比例 indep 的均值为 0.372。

表 2　描述性统计

变量	Obs	Mean	Std. Dev.	Min	Max
randdexp	6 062	0.052	0.057	0.000	0.384
ceopower	6 062	2.545	1.088	0.000	4.000
growthrate	6 062	0.171	0.356	-0.449	2.075
lnfirmage	6 062	2.329	0.531	1.099	3.367
debtrate	6 062	0.398	0.191	0.054	0.873
roa	6 062	0.035	0.056	-0.216	0.186
lnsize	6 062	21.912	1.050	19.862	25.100
indep	6 062	0.372	0.052	0.333	0.571
ftos1	6 062	0.236	0.147	0.011	0.499
lnboards	6 061	2.134	0.192	1.386	2.890

为了检验变量之间是否存在多重共线性，本文采用 Pearson 相关检验。结果如表 3 所示。检验结果表明，自变量之间不存在严重的多重共线性。

（二）相关性分析

由表 3 的结果可以看出，被解释变量 randdexp 与解释变量 ceopower 的相关系

表 3 变量间的相关系数

变量	randdexp	ceopower	growthrate	lnfirm	debtra	roa	lnsize	indep	ftos1	lnboards
randdexp	1.00									
ceopower	0.06***	1.00								
growthrate	0.20***	0.01	1.00							
lnfirmage	−0.13***	−0.13***	−0.09***	1.00						
debtrate	−0.08***	−0.08***	0.01	0.37***	1.00					
roa	0.03**	0.05***	0.24***	−0.10***	−0.34***	1.00				
lnsize	0.03**	−0.05***	0.03**	0.36***	0.47***	0.04***	1.00			
indep	0.07***	0.05***	−0.01	−0.09***	−0.03**	−0.04***	−0.02	1.00		
ftos1	0.05***	0.03***	0.05***	−0.19***	−0.09***	−0.03**	−0.06***	0.01	1.00	
lnboards	−0.08***	−0.09***	−0.00	0.22***	0.19***	0.03***	0.28**	−0.54***	−0.00	1.00

注：* $p<0.1$，** $p<0.05$，*** $p<0.01$。

数为 0.06，通过了 1% 的显著性水平检验，并显著为正，表明企业创新与 CEO 权力之间呈正相关关系，即 CEO 权力越大，研发投入也就越大。但是相关分析只是一个简单的初步分析，是建立在没有加入其他变量控制的基础上，具体 CEO 权力对企业创新的影响在后文的回归分析中进一步分析。被解释变量与控制变量 growthrate、roa、lnsize、indep、ftos1 之间均呈显著的正相关关系，与 lnfirmage、debtrate、lnboards 之间均呈显著的负相关关系。

CEO 权力与公司创新主回归：

本文使用面板数据。样本为中国 A 股上市公司制造业企业，通过样本剔除最后确定合适的样本公司。对 2013～2018 年共 6 年的样本数据，采用混合回归方法进行回归，回归结果如下：CEOPOWER 与创新投入呈正相关。权力越大，研发投入就越大（见表 4）。［注：（1）只控制年份虚拟变量结果；（2）仅控制变量结果；（3）整体结果。］

表 4　　CEO 权力与公司 CEO 创新的相关性分析

变量	(1) randdexp	(2) randdexp	(3) randdexp
ceopower	0.0030*** (4.38)		0.0018*** (2.68)
2014. year	0.0054** (2.14)	0.0070*** (2.86)	0.0070*** (2.84)
2015. year	0.0092*** (3.62)	0.0121*** (4.87)	0.0120*** (4.84)
2016. year	0.0111*** (4.38)	0.0129*** (5.08)	0.0127*** (5.01)
2017. year	0.0130*** (5.12)	0.0133*** (5.12)	0.0131*** (5.04)
2018. year	0.0141*** (5.55)	0.0174*** (6.73)	0.0172*** (6.66)
growthrate		0.0332*** (15.78)	0.0333*** (15.83)
lnfirmage		-0.0142*** (-8.89)	-0.0138*** (-8.58)
debtrate		-0.0331*** (-6.85)	-0.0329*** (-6.82)

续表

变量	(1) randdexp	(2) randdexp	(3) randdexp
roa		−0.0672*** (−4.64)	−0.0686*** (−4.73)
lnsize		0.0062*** (7.44)	0.0062*** (7.43)
indep		0.0379** (2.31)	0.0374** (2.28)
ftos1		0.0034 (0.69)	0.0033 (0.66)
lnboards		−0.0104** (−2.22)	−0.0099** (−2.11)
_cons	0.0357*** (14.32)	−0.0451** (−2.33)	−0.0512*** (−2.63)
N	6 062	6 061	6 061
Prob > chi^2	0.0000	0.0000	0.0000
LR chi^2 (6)	62.05	519.80	526.97

注：* p<0.1，** p<0.05，*** p<0.01。

表4汇报了企业创新与CEO权力的回归结果，各模型的LR统计量分别为62.05、519.80和526.97，伴随概率均为0.000，均通过了1%的显著性水平检验，说明各模型都拒绝了所有变量的回归系数为0的原假设，表明各模型整体的显著性均较强。

从表4（1）可以看出，在只控制年份，没有加入其他控制变量的情况下，CEO权力的回归系数为0.0030，检验t值为4.38，通过了1%的显著性水平检验，表明CEO权力与企业创新之间存在明显的正相关关系。表4（2）展示了控制变量与企业创新的回归结果，可以发现，除了个别变量不显著外，其余大部分变量均通过了显著性水平检验，说明所选变量是合适的。表4（3）是将解释变量与控制变量一起放入模型进行回归，并且控制了年份虚拟变量，可以发现，各变量的回归系数符号均与前面的模型保持一致，显著性也没有发生改变，说明结果是比较可靠的。CEO权力的回归系数在1%的显著性水平下仍显著为正，表明了CEO权力的提高能够显著促进企业创新的提升。

（三）稳健性检验

用二元性替代 ceopower，观察二元性对创新投入的影响效应。

从表 5 稳健性检验结果可以看出，通过了 1% 的显著性水平检验。可以发现，两职合一 dual 的回归系数在 1% 的显著性水平下仍显著为正，说明了相对于没有两职合一的企业，进行两职合一的企业，其企业创新能力更高，即随着 CEO 权力的提升，企业创新也会明显上升。得到的实证结论与前文保持一致，说明本文的实证结果是稳健可信的。另外，控制变量的回归系数符号也与前文保持一致，显著性也没有发生明显的变化。可以发现 ceopower 对非国有控股公司的研发具有显著的影响。

表 5　　CEO 权力与公司 CEO 创新的稳健性检验

变量	(1) randdexp	(2) randdexp
dual	0.0105*** (6.33)	0.0065*** (3.93)
2014. year	0.0055** (2.16)	0.0070*** (2.83)
2015. year	0.0093*** (3.67)	0.0120*** (4.83)
2016. year	0.0113*** (4.44)	0.0126*** (4.98)
2017. year	0.0131*** (5.16)	0.0129*** (4.99)
2018. year	0.0140*** (5.51)	0.0169*** (6.54)
growthrate		0.0333*** (15.84)
lnfirmage		-0.0134*** (-8.32)
debtrate		-0.0332*** (-6.89)
roa		-0.0691*** (-4.78)

续表

变量	(1) randdexp	(2) randdexp
lnsize		0.0064*** (7.60)
indep		0.0366** (2.23)
ftos1		0.0031 (0.63)
lnboards		-0.0082* (-1.74)
_cons	0.0403*** (21.75)	-0.0555*** (-2.85)
N	6 062	6 061
Adj. R^2	0.0000	0.0000
F	82.92	535.22

注：* $p<0.1$，** $p<0.05$，*** $p<0.01$。

为了检验 CEO 权力对企业创新的影响在不同的企业控股性质下是否存在一定的差异，本文将所有样本分为国有控股样本组和非国有控股样本组进行回归，回归之后发现，在以 ceopower 为解释变量的回归模型中，ceopower 对国有控股的企业创新影响虽为正，但并不明显；对非国有控股的企业创新影响为正，并且通过了 1% 的显著性水平检验，说明相对于国有控股企业而言，CEO 权力对非国有控股企业创新的促进作用更明显。在以 dual 为解释变量的回归模型中，dual 对国有控股的企业创新存在不明显的正向影响；对非国有控股的企业创新存在显著的促进作用，说明 CEO 权力对非国有控股企业创新的促进作用强于对国有企业的促进作用。从分组回归中可以看出，不管是以 ceopower 还是以 dual 衡量 CEO 权力，得到的结果均保持一致，说明了本文实证结论的可靠性（见表 6）。

表 6　　不同控股性质下 CEO 权力与公司创新的相关性结果和稳健性检验

变量	(1) 国有控股 randdexp	(2) 非国有控股 randdexp	(3) 国有控股 randdexp	(4) 非国有控股 randdexp
ceopower	0.0010 (0.71)	0.0025*** (3.47)		

续表

变量	(1) 国有控股 randdexp	(2) 非国有控股 randdexp	(3) 国有控股 randdexp	(4) 非国有控股 randdexp
dual			0. 0038 (0. 84)	0. 0084*** (4. 73)
growthrate	0. 0280*** (7. 27)	0. 0364*** (14. 72)	0. 0281*** (7. 28)	0. 0364*** (14. 74)
lnfirmage	-0. 0307*** (-8. 97)	-0. 0097*** (-4. 63)	-0. 0307*** (-8. 98)	-0. 0095*** (-4. 52)
debtrate	0. 0019 (0. 22)	-0. 0536*** (-9. 24)	0. 0017 (0. 20)	-0. 0541*** (-9. 33)
roa	-0. 0036 (-0. 13)	-0. 0922*** (-5. 49)	-0. 0035 (-0. 12)	-0. 0931*** (-5. 55)
lnsize	0. 0039*** (3. 02)	0. 0073*** (6. 36)	0. 0039*** (3. 07)	0. 0075*** (6. 56)
indep	0. 0147 (0. 53)	0. 0489** (2. 34)	0. 0146 (0. 53)	0. 0481** (2. 31)
ftos1	-0. 0063 (-0. 70)	0. 0080 (1. 36)	-0. 0065 (-0. 72)	0. 0081 (1. 38)
lnboards	-0. 0140* (-1. 76)	-0. 0091 (-1. 50)	-0. 0137* (-1. 72)	-0. 0065 (-1. 08)
	0. 0000 (.)	0. 0000 (.)	0. 0000 (.)	0. 0000 (.)
2014. year	-0. 0106** (-2. 35)	0. 0155*** (5. 37)	-0. 0106** (-2. 36)	0. 0156*** (5. 39)
2015. year	-0. 0086* (-1. 87)	0. 0225*** (7. 65)	-0. 0085* (-1. 87)	0. 0226*** (7. 67)
2016. year	-0. 0050 (-1. 08)	0. 0217*** (7. 15)	-0. 0049 (-1. 07)	0. 0216*** (7. 14)
2017. year	-0. 0070 (-1. 51)	0. 0234*** (7. 49)	-0. 0070 (-1. 51)	0. 0233*** (7. 46)
2018. year	0. 0006 (0. 13)	0. 0260*** (8. 29)	0. 0005 (0. 12)	0. 0257*** (8. 20)

续表

变量	(1) 国有控股 randdexp	(2) 非国有控股 randdexp	(3) 国有控股 randdexp	(4) 非国有控股 randdexp
_cons	0.0679** (2.16)	-0.0928*** (-3.32)	0.0684** (2.18)	-0.0992*** (-3.55)
N	1 912	4 149	1 912	4 149
Adj. R^2	0.0000	0.0000	0.0000	0.0000
F	166.32	456.56	166.51	466.82

根据平均任期分为长期组和短期组。因此，任期越长，权力越大，对创新投资的影响也越显著。

为了检验 CEO 权力对企业创新的影响在不同的任期下是否存在一定的差异，本文以平均任职周期为临界点，将所有样本分为任职周期短样本组和任职周期长样本组进行分组回归，由分组回归结果可以看出，在任职周期短的样本组中，ceopower 和 dual 对企业创新的影响均不明显，在任职周期长的样本组中，ceopower 和 dual 对企业创新均具有显著的正向效应，并且都通过了 1% 的显著性水平检验。通过两组回归结果对比可以知道，随着任职周期的延长，CEO 权力对企业创新的促进作用就越强（见表 7）。

表 7　在不同任期下 CEO 权力与公司创新的相关性结果和稳健性检验

变量	(1) 任职周期短 randdexp	(2) 任职周期长 randdexp	(3) 任职周期短 randdexp	(4) 任职周期长 randdexp
ceopower	-0.0008 (-0.82)	0.0043*** (4.45)		
dual			0.0012 (0.44)	0.0093*** (4.41)
growthrate	0.0338*** (12.06)	0.0327*** (10.25)	0.0338*** (12.06)	0.0325*** (10.18)
lnfirmage	-0.0142*** (-6.24)	-0.0125*** (-5.44)	-0.0140*** (-6.16)	-0.0124*** (-5.40)
debtrate	-0.0227*** (-3.41)	-0.0473*** (-6.69)	-0.0224*** (-3.38)	-0.0473*** (-6.70)
roa	-0.0629*** (-3.18)	-0.0835*** (-3.86)	-0.0627*** (-3.18)	-0.0837*** (-3.86)

续表

变量	（1）任职周期短 randdexp	（2）任职周期长 randdexp	（3）任职周期短 randdexp	（4）任职周期长 randdexp
lnsize	0.0070 *** (6.02)	0.0056 *** (4.59)	0.0070 *** (6.01)	0.0058 *** (4.72)
indep	0.0180 (0.76)	0.0544 ** (2.40)	0.0182 (0.77)	0.0541 ** (2.38)
ftos1	0.0040 (0.56)	0.0030 (0.44)	0.0039 (0.54)	0.0030 (0.44)
lnboards	-0.0114 * (-1.69)	-0.0063 (-0.96)	-0.0110 (-1.62)	-0.0051 (-0.78)
2013. year	0.0000 (.)	0.0000 (.)	0.0000 (.)	0.0000 (.)
2014. year	0.0064 * (1.79)	0.0067 ** (1.99)	0.0065 * (1.83)	0.0067 ** (1.98)
2015. year	0.0108 *** (2.99)	0.0124 *** (3.64)	0.0109 *** (3.02)	0.0124 *** (3.64)
2016. year	0.0125 *** (3.42)	0.0122 *** (3.46)	0.0125 *** (3.43)	0.0121 *** (3.44)
2017. year	0.0136 *** (3.66)	0.0121 *** (3.35)	0.0136 *** (3.66)	0.0120 *** (3.32)
2018. year	0.0167 *** (4.41)	0.0176 *** (5.00)	0.0167 *** (4.40)	0.0172 *** (4.88)
_cons	-0.0549 ** (-2.01)	-0.0544 * (-1.95)	-0.0581 ** (-2.11)	-0.0518 * (-1.86)
N	3 026	3 035	3 026	3 035
Adj. R^2	0.0000	0.0000	0.0000	0.0000
F	257.66	288.00	257.19	287.69

注：* $p<0.1$，** $p<0.05$，*** $p<0.01$。

五、研究结论与讨论

以上实证检验结果总结如下：检验结果支持本文的研究假设。第一，随着CEO权力的增强，公司往往会进行创新。这一结论暗示了CEO的权力对公司的创新有显著的影响。也就是说，在一定条件下，董事会赋予 CEO 更多的权力，这对公司创新价值的提升具有重要意义。第二，对董事会中大股东制衡的假设是不成立的。比率回归结果表明，第一大股东和第二大股东（fto）并不重要，因此可以认为董事会更倾向于支持首席执行官的创新决策时，首席执行官在董事会拥有更多的力量，这需要提供进一步的证据。第三，对分组数据的回归结果显示，非国有控股条件下，CEO 权力的提升有利于企业创新，反之则不利于企业创新。第四，分组数据的回归结果表明，CEO 任期可能影响 CEO 权力对公司创新的增加。

本文研究结果与研究假设一致。CEO 权力的价值越大，公司越倾向于创新，即 CEO 权力与公司创新呈正相关。本文的主要贡献在于揭示了对 CEO 权力的分析，并分析了不同层次的权力与企业创新之间的关系。印证了行为代理的假设，说明了公司赋予高级主管权力的重要意义。此外，本文的实证研究结果也表明了 CEO 的二元性。CEO 同时也是董事会主席，根据数据测试——在双重性 CEO 的情况下，创新能力更强。当角色分离时，创新能力就会减弱。与不担任两个职位的 CEO 相比，虽然对 CEO 的监督机制被削弱，但在企业战略决策方面，CEO 同时担任董事长，管理者的权力得到显著改善，将产生积极影响，从而影响创新。

回归结果通过分组显示：非国有企业 CEO 权力对企业研发投资具有显著的促进作用，而国有企业 CEO 权力的影响不显著。本文对结果的解释如下：从公司自身特点来看，对于非国有企业来说，其规模相对较小，面临的融资约束更为突出。在同样的条件下，为了公司的发展和自身的利益，CEO 需要通过研发新技术、新产品来提高公司的竞争力，从而占领市场份额。研发投资是提高企业竞争力最直接、最可靠的途径。相比之下，国有企业没有像非国有企业那样的压力，其经营往往得到国家和政府的支持，所以他们的研发创新积极性不高。在经营目标方面，非国有企业的经营目标是盈利，不需要承担太多的其他责任。除了盈利目标外，国有企业还必须承担非国有企业不需要承担的社会责任。

分组数据回归结果显示：任期是衡量管理者权力的重要指标。只有当 CEO 拥有强大的能力和权力，他才能享有更长的任期。彭（2017）在其研究中发现，任期较短的 CEO 在职业生涯早期试图向董事会展示自己的能力时，有机会削减研发支出。研究表明，CEO 在职时间越长，越有可能进行创新。CEO 任期越长，越有可能从研发投资中获得长期利益，越有动力推动企业创新过程。可能的原因是，在 CEO 的前提下，有很长的任期内，很长一段时间后，首席执行官更有可能形成一个类似的任期内结构与团队的其他成员，提高团队凝聚力和效率，也有利于形成一个共识研发投资决策。此外，较长的任期更有利于 CEO 掌握组织的内外部情况，可以考虑进行长期的投资决策，进而愿意对研发和基础设施进行投资。

从宏观上看，企业研发投资对国家经济发展和综合国力具有重要意义。从微观上看，企业可以通过加强研发投入力度来提高产品和技术创新，从而获得竞争优势，提升企业价值。CEO 的权力作为企业战略决策的核心，也会影响企业的研发创新决策。实证结果表明，CEO 权力的大小对公司的研发投入具有显著的正向影响。权力越大，CEO 对企业的研发投入强度越高，对 CEO 的控制力越强，对企业的研发创新活动有显著的推动作用。这主要是由于随着 CEO 权力的增加，CEO 更倾向于关注研发投资的预期收益，而不是潜在的风险，这增加了公司进行创新投资的意愿。此外，CEO 的权力越大，对应的能力就越高，也就越有能力解决研发创新活动的挑战和不确定性，更强势的 CEO 可以促进企业的研发和创新投资，这是本文数据形成的基本结论，因此关注公司 CEO 的特点，特别是正确处理 CEO 与公司董事会和所有权关系是影响公司创新的最终重要因素。

参考文献

1. Antia M, Pantzalis C, Park J C. CEO decision horizon and firm performance: An empirical investigation. *Journal of Corporate Finance*, 2010, 16 (3): 288 - 301.

2. Breznitz D, Murphree M. *Run of the Red Queen: Government, Innovation, Globalization, and Economic Growth in China*. Yale University Press, 2011.

3. Cannella B, Finkelstein S, Hambrick D C. *Strategic Leadership: Theory and Research on Executives, Top Management Teams, and boards*. Oxford University Press, 2008.

4. Chen G, Farh J L, Campbell - Bush E M, et al. Teams as innovative systems: Multilevel motivational antecedents of innovation in R&D teams. *Journal of Applied Psychology*, 2013, 98 (6): 1018.

5. Choi S B, Lee S H, Williams C. Ownership and firm innovation in a transition economy: Evidence from China. *Research Policy*, 2011, 40 (3): 441 - 452.

6. Chow I H S, Liu S S. Business strategy, organizational culture, and performance outcomes in China's technology industry. *People and Strategy*, 2007, 30 (2): 47.

7. Dalton D R, Hitt M A, Certo S T, et al. The fundamental agency problem and its mitigation: independence, equity, and the market for corporate control. *Academy of Management Annals*, 2007, 1 (1): 1 - 64.

8. Duru A, Iyengar R J, Zampelli E M. The dynamic relationship between CEO duality and firm performance: The moderating role of board independence. *Journal of Business Research*, 2016, 69 (10): 4269 - 4277.

9. Finkelstein S, D'aveni R A. CEO duality as a double-edged sword: How boards of directors balance entrenchment avoidance and unity of command. *Academy of Management Journal*, 1994, 37 (5): 1079 - 1108.

10. Finkelstein S. Power in top management teams: Dimensions, measurement, and validation. *Academy of Management Journal*, 1992, 35 (3): 505 - 538.

11. Hamori M, Koyuncu B. Experience matters? The impact of prior CEO experience on firm performance. *Human Resource Management*, 2015, 54 (1): 23 - 44.

12. Hill C W L, Snell S A. External control, corporate strategy, and firm performance in research? Intensive industries. *Strategic Management Journal*, 1988, 9 (6): 577 - 590.

13. Kor Y Y. Direct and interaction effects of top management team and board compositions on R&D investment strategy. *Strategic Management Journal*, 2006, 27 (11): 1081 - 1099.

14. Lacetera N. Corporate governance and the governance of innovation: The case of pharmaceutical industry. *Journal of Management and Governance*, 2001, 5 (1): 29 - 59.

15. Li W, Zhang R. Corporate social responsibility, ownership structure, and political interference: Evidence from China. *Journal of Business Ethics*, 2010, 96 (4): 631 - 645.

16. Martin G P, Gomez - Mejia L R, Wiseman R M. Executive stock options as mixed gambles: Revisiting the behavioral agency model. *Academy of Management Journal*, 2013, 56 (2): 451 - 472.

17. Sariol A M, Abebe M A. The influence of CEO power on explorative and exploitative organizational innovation. *Journal of Business Research*, 2017, 73: 38 - 45.

18. Shapiro D, Tang Y, Wang M, et al. The effects of corporate governance and ownership on the innovation performance of Chinese SMEs. *Journal of Chinese Economic and Business Studies*, 2015, 13 (4): 311 - 335.

19. Sheikh S. The impact of market competition on the relation between CEO power and firm innovation. *Journal of Multinational Financial Management*, 2018, 44: 36 - 50.

20. Ting H I. CEO turnover and shareholder wealth: Evidence from CEO power in Taiwan. *Journal of Business Research*, 2013, 66 (12): 2466 - 2472.

Senior Executive Power and Corporate Innovation Investment

Guo Kaiyi　Zhang Chao

Abstract: In recent years, academia has continued to pay attention to innovative research. From the perspective of enterprise, most of the existing researches explain the innovation phenomenon from the perspective of corporate governance structure, in comparison, research from the management perspective is relatively insufficient. As the company's senior executive, the CEO's power structure is not only a component of the construction of an innovation governance mechanism, but also the executive body for the company to implement innovation strategies and obtain innovation performance. Based on the theory of corporate governance and behavioral agency theory, this paper uses the data of listed manufacturing companies in China as a sample to empirically test the relationship between CEO power and corporate innovation investment. The results show that the more the decision-making power of the company is concentrated in senior executives, the stronger the innovation investment is shown; the dual roles of CEO and chairman are conducive to innovation investment; the results of grouped data show that the longer the tenure of senior executives, the more companies will invest in innovation, and non-state-owned enterprises are more likely to invest in innovation than state-owned enterprises.

Key words: *senior executive power　power concentration　innovation investment*

中国文化价值观对创造力、职业能力影响作用研究

孔海燕　袁　悦　纪秀超*

摘　要：本文旨在研究中国文化价值观对大五人格、创造力、职业能力的影响作用。在市场调研的基础上收集有效数据596份，并运用结构方程检验各变量的关系。研究结果表明，中国文化价值观对大五人格、职业能力有显著影响作用，但是，对创造力影响作用不显著。大五人格不仅与职业能力正相关，也在中国文化价值观与职业能力之间起中介作用。论文同时分析了研究的理论与实践贡献，以及研究局限与未来研究建议。

关键词：**中国文化价值观　大五人格　创造力　职业能力　影响作用**

一、研究背景

中国正在迈向文化强国的历史进程中，在文化强国战略背景下，文化对当代人的影响作用应引起学者的充分关注和深入研究。在博大精深的中华文明中，儒家文化对中国人的思维理念以及行为方式影响最为深远，而儒家文化与现代管理理论、实践管理如何融合的研究还没有充分展开，尤其是针对新生代员工的研究尤为匮乏。新生代员工是我国劳动力市场的主力军，他们具有独特的性格特征和价值观，重视自身的职业生涯发展，充满激情富于创新。新生力量既提高了企业的人才竞争力，也带来了新的管理难题。

---

* 孔海燕，山东大学商学院教授、博士生导师；袁悦，山东大学商学院博士研究生，本文通讯作者，E-mail：yuanyue0424@163. com；纪秀超，山东大学商学院硕士研究生。本文受山东省社科规划研究项目“儒家文化与现代人才管理理论融合研究”（项目编号：20CGLJ31），以及国家社科基金一般项目“人工智能对文旅产业人才变革的影响及应对策略研究”（项目编号：20BGL159）的资助。

价值观与员工的能力与行为密切相关。因此，本文研究儒家文化价值对青年人才性格、创造力、职业能力的影响，并探讨如何将儒家文化与现代管理理论有机融合。研究结果将有助于从中国文化中吸取精华，并运用中国文化的精髓解决实践问题。

二、文献分析与理论模型提出

（一）中国文化价值观与大五人格关系分析

大五人格（Big Five）包括五个方面，分别是开放性、责任心、外倾性、宜人性、情绪稳定性。不同文化价值观对个体的外倾性、责任感、宜人性人格特质有较好的预测作用（杜鹃，2010）。正直宽容维度有利于营造和谐的同事关系，工作成果能得到他人认可（Kong et al.，2020；Matthews，2000），与大五人格中的“宜人性”正向相关。管理者的情绪稳定性与家族价值观正相关，与市场价值观负相关（Giberson，2009）。儒家性格维度有利于激发员工内在工作动力，体现出强烈的工作主动性和目标性（London，1993），与大五人格中的开放性与责任感存在正向相关关系。忠诚仁爱维度有助于个体不断地自我学习、自我提高（Bandura，1982；Yu et al.，2020；刘云、石金涛，2008），正向影响大五人格中的责任感维度。道德自律维度使员工能够准确地自我定位与自我评价，提高员工的专业精神（李红菊等，2007），加强职业道德自律是从业人员理想人格完善的一种方式。因此，本研究提出假设1：

H1：中国文化价值观对大五人格有正向影响作用。

（二）中国文化价值观与创造力关系分析

中国文化价值观是指产生于诸子百家时代、中华民族在长期历史发展中不断创造的、至今仍对中国人的行为具有重要影响的核心价值观念，是以儒家经典为主体，融合佛、道等诸家思想的具有稳定性、持久性和动力性的观念体系（张萍平，2009）。创造力是指组织内的个体或者群体提出新颖、合适而且有用的想法的能力（Amabile，1996）。内在价值观系统和创新力水平关系紧密，对创新力水平有积极影响（Kyvik，2012）。中国文化价值观所提倡的耐力、谦虚等良好品德，促使个体勤于反思，积极向他人学习，从而提高创造力（Feist，1998）。儒家思想中所提倡的温故而知新，激发员工的学习动机，促进员工努力提高专业知识，这些都为提高创造力奠定了良好的基础（Shalley，1991；Sun et al.，2019；郭德俊等，2000）。

因此，本研究提出假设2：

H2：中国文化价值观对员工创造力有正向影响作用。

（三）中国文化价值观与职业能力关系分析

职业能力包括三方面："知道为什么""知道谁""知道如何做"（Arthur，1995）。中国文化价值观的儒家性格维度，如工作动力、耐心稳重等有利于员工正确地分析自身的优缺点，树立科学的职业生涯发展目标（London，1993），并且坚持目标，永不动摇（Kong et al.，2016）。这些特质有利于提高"知道为什么"职业能力。中国文化价值观对员工的组织公民行为有正向影响作用，能激发员工的责任心，有利于营造和谐的工作环境（孔丽媛等，2019），提高"知道谁"职业能力。中国文化价值观要求温故知新，这有利于帮助员工建立更好的自我认知，进行更深入的探索，更有效地提高"知道怎么做"能力（Kong et al.，2019）。因此，本研究提出假设3：

H3：中国文化价值观对职业能力有正向影响作用。

（四）大五人格与创造力关系分析

有关大五人格和创造力的研究，结果表明个体的开放性与创造力呈现显著的正相关，宜人性与创造力负相关（陈少华，2003）。青年人的创造力倾向与人格特征的关系密切，内外向对创造力总分以及创造力各维度均有显著的正向预测作用，神经质能正向预测想象力；精神质可以负向预测好奇性和挑战性（侯日霞，2010）。人格中的神经质、外倾性、开放性和责任心维度与创造力倾向各维度以及总分关系密切，开放性与创造力倾向各维度及总分均呈极其显著正相关，且能正向预测创造力倾向各维度及总分，外倾性、责任心与冒险性、好奇心、挑战性及创造力倾向总分呈极其显著正相关（吴安莲，2016；颜麒等，2016）。概念性行为作为衡量创造力的一个指标与大五人格中的开放性和责任心密切相关，开放性与责任心能够对概念性行为产生正向影响（Batey，2010）。因此，本研究提出假设4：

H4：大五人格对创造力有正向影响作用。

（五）大五人格与职业能力关系分析

大五人格中的责任心维度正向影响团队的工作绩效（Barrick and Mount，1991）。具有外向性人格特征的个体对待工作雄心勃勃，渴望得到认可与赞誉（Kong，2008），这有利于提高"知道为什么"的能力。相对于低宜人性的个体而言，高宜人性的个体与他人维持积极的关系，并且他们更倾向于参与社会活动，促进亲密关系的发展（布乃鹏等，2020；王艳净，2016），最终提高“知道谁”职业能力。人格特质的外倾性、宜人性、尽责性和开放性维度对适应性绩效有显著的正向影响，即促使员工不断学习新技术新方法，运用创造性思维解决问题（陈晓暾，2017；Kong et al.，2021），提高“知道如何做”职业能力的提高。因此，本研究提出假设5：

H5：大五人格对职业能力有正向影响作用。

（六）大五人格中介作用分析

中国文化价值观是个体衡量工作行为与结果优劣及其重要性的内心尺度，是个体对待工作的一种信念。在中国文化价值观的影响下，个体对待人、对待事以及对待工作要忠厚诚实、宽容大度、尽职尽责（郑苗，2008），从而对大五人格产生正向影响。给予一个人原始创新的勇气和耐力的正是其独立、坚强的人格（徐旭东，2014）。因此，中国文化价值观可以通过大五人格的中介作用影响员工的创造力。

集体性、公德观、个人美德、进取性、协调性道德价值观维度和活跃、坚韧、严谨、重情、随和人格维度呈正相关（姚敏等，2015）。拥有中国价值观的个体善于自我分析，拥有耐心和毅力，一旦目标确定就会坚持到底（Kong et al.，2016）。这些特质不仅与大五人格正向相关，也有利于通过大五人格提高职业能力。

因此，本研究提出假设6、假设7：

H6：大五人格在中国文化价值观与创造力之间起中介作用。

H7：大五人格在中国文化价值观与职业能力之间起中介作用。

理论模型如图1所示。

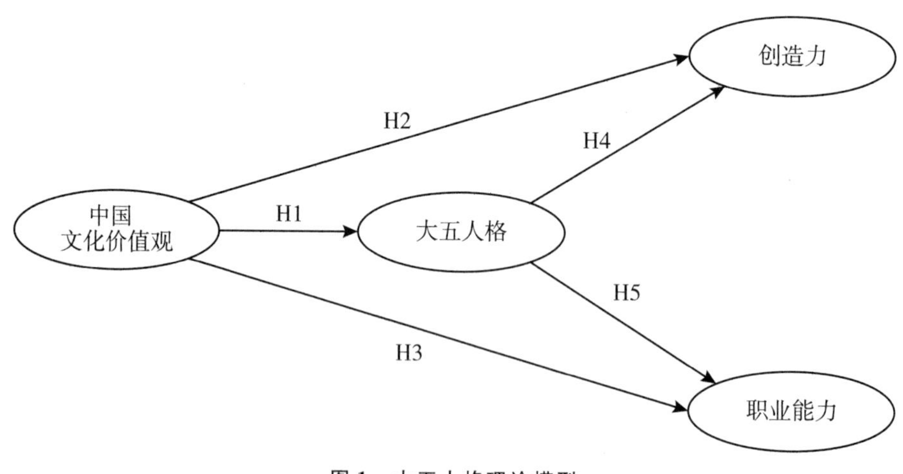

图1 大五人格理论模型

三、研究方法

（一）研究设计

本研究主要采用定量研究方法，调查对象为企事业单位的青年员工。在理论研究的基础上提出理论模型，在市场调查的基础上收集有效数据，最后运用结构方程检验各变量之间的关系，并以此提出科学的人才管理策略。首先，将分析中国文化价值观对大五人格、创造力、职业能力的影响作用；其次，将进一步检验大五人格与创造力、职业能力之间的关系；最后，将检验大五人格的中介作用。

（二）测量项目

中国文化价值观采用的是中国文化联系小组（Chinese Culture Connection）主编，并由迈克·彭参与编制的《中国人价值观调查》量表，包含40个测量项目。该量表自开发以来已被广泛应用，被证明具有较好的信度和效度。样本测量项目包括：我是爱国的、我重视礼尚往来等。

大五人格包括情绪稳定性、外向性、开放性、随和性、责任心五个方面，每个方面有12个测量项目，共计60个测量项目。情绪稳定性的测量项目包括：我非常喜欢大部分我遇见的人等。外向性的测量项目包括：我不是一个充满烦恼的人等。开放性的测量项目包括：我不喜欢浪费时间做白日梦等。随和性的测量项目包括：我对于我遇到的人都谦虚有礼等。责任心的测量项目包括：我会保持我的物品整齐和清洁等。

创造力采用8个题项来测量，测量项目包括：遇到困难时，我常常能够想到别的方法来解决它；我更加倾向于创造新事物而不仅仅是改良原有事物；看待老问题时，我常常有新视角；我能够同时处理几个新的想法和问题；我总是帮助别人产生新的创意；我有许多新的想法；我需要频繁变化的刺激；我更喜欢事情逐步的变化。

关于职业能力的测量项目，孔海燕通过在中国境内的调查与分析，提炼了量表。量表包括“知道为什么”“知道谁”“知道如何做”三个维度（孔海燕等，2019）。所有变量均按里克特（Likert）七级量表测量（1＝非常不同意，7＝非常同意）。

（三）数据收集及分析方法

本研究以新生代员工为调查对象，采用线上线下两种方式在全国范围内开展调查，共收集有效问卷596份。数据收集后，按照以下步骤进行分析：（1）数据筛选与描述性分析；（2）信度分析；（3）个体测量模型检验，将数据随机分成相等的两部分，采用一部分进行探索性因子分析（EFA），采用另一部分进行验证性因子分析（CFA）；（4）用全部数据检验总体测量模型；（5）用全部数据检验结构模型。其中描述性分析、信度检验和探索性因子分析用SPSS21.0分析，确定性因子分析和结构方程运用AMOS21.0软件分析。

四、研究结果

（一）被访者情况

在所有的调查者中，女性比例略大于男性，37.200%被调查者是男性，62.880%是女性。婚姻状况中单身和已婚的比例相当，各占到一半。被访者们都接受过良好的教育，超过77.100%完成大专以上教育，其中本科及研究生占比将近40%。因为参与调查的都是新生代员工，大多数人比较年轻，不到30岁，青年一代是主要调查对象。

（二）中国文化价值观个体测量模型

1. 中国文化价值观探索性因子分析

首先，通过KMO值、巴特勒球形检验和克朗巴哈系数（α值）进行信度分析；其次，在进行因子分析时，设置两个数值标准：一是特征值>1的因子才会被提取；二是因子负荷的最小值为0.400，并剔除因子负荷小于0.400及同时属于多个因子测量项目。

分别依据上述分析步骤及评定标准，首先对中国文化价值观量表进行探索性因子分析。KMO值为0.907，巴特勒球形值显著。通过最大方差正交旋转及提取主成分因子，发现“我重视贞洁”因子负荷（-0.503）为负值，故删除该题项。其余题项因子负荷均分布在0.412~0.851，满足必须大于0.400的限定值，故保留40个题项，并依据主成分因子的划分结果，将40个题项提炼成七个维度，分别命名为“道德自律、传统保守、和谐适应、忠义仁爱、传统中庸、随和宽容与团结谨慎”，特征值如表1所示，均大于1。此外，七个维度各自的方差解释量分别为17.610%、10.320%、9.490%、9.140%、8.890%、7.540%和6.260%，累积解释方差百分比为69.230%。各个维度的α系数均在0.750以上，满足不低于0.700

的限值设定，证明中国文化价值观的七个维度都具有很好的信度。

表 1　　中国文化价值观探索性因子分析结果

因子	题项	因子负荷	特征值	方差解释量	α 系数
道德自律	我重视修养	0.714	7.040	17.610%	0.937
	我有礼貌	0.710			
	我是诚恳的	0.704			
	我重视廉洁	0.668			
	我重视环境保护	0.665			
	我重视学识（教育）	0.613			
	我是勤劳的	0.576			
	我善于适应环境	0.570			
	我重视知己之交	0.528			
	我是谦虚的	0.489			
	我有耐心	0.476			
传统保守	我思想保守	0.801	4.130	10.320%	0.875
	我是爱国的	0.698			
	我是孝顺的	0.595			
	我注重尊卑有序	0.562			
	我注重礼尚往来	0.530			
	我有耐力（毅力）	0.455			
和谐适应	我讲究报恩与报仇	0.790	3.790	9.490%	0.840
	我有文化优越感	0.733			
	我重视财富	0.703			
	我主张天人合一	0.604			
	我尊重自然规律	0.537			
忠义仁爱	我是知耻的	0.773	3.660	9.140%	0.883
	我忠于上司	0.669			
	我讲仁爱（恕，人情）	0.590			
	我讲礼仪	0.487			
	我有正义感	0.465			

续表

因子	题项	因子负荷	特征值	方差解释量	α 系数
传统中庸	我是稳重的	0.620	3.560	8.890%	0.847
	我重视中庸之道	0.613			
	我讲究节俭	0.571			
	我注重要面子	0.547			
	我恩威并施	0.439			
	我尊敬传统	0.412			
随和宽容	我是随和的	0.851	3.010	7.540%	0.849
	我是能容忍的	0.772			
	我是不注重竞争的	0.721			
团结谨慎	我是安分守己的	0.774	2.500	6.260%	0.780
	我是注重团结的	0.655			
	我是讲信用的	0.557			
	我处事小心（谨慎）	0.444			

2. 中国文化价值观确定性因子分析

用另一部分数据进行验证性因子分析。根据探索性因子分析结果，中国文化价值观所有题项可提炼成七个维度，故单体模型可划分为两层潜变量，应分别进行一阶和二阶验证性因子分析，即分别验证七个维度与各自所包含的题项之间关系，以及七个维度与中国文化价值观这一变量因素的关系。

因为中国文化价值观是一个多维度的结构，进行二级确定性因子分析，模型拟合指标（$\chi^2=22.376$，df = 12，CFI = 0.983，GFI = 0.956，RMSEA = 0.078）显示数据与模型拟合较好。AVE 大于 0.50 并高于相关系数，说明聚合效度和区别效度达到满意水平（见表 2）。

表 2　　中国文化价值观维度相关性、AVE 及相关描述性分析结果

项目	团结谨慎	随和宽容	传统中庸	忠义仁爱	和谐适应	传统保守	道德自律
团结谨慎	1.000						
随和宽容	0.520 （0.270）	1.000					
传统中庸	0.501 （0.251）	0.564 （0.318）	1.000				

续表

项目	团结谨慎	随和宽容	传统中庸	忠义仁爱	和谐适应	传统保守	道德自律
忠义仁爱	0.687 (0.471)	0.416 (0.173)	0.400 (0.160)	1.000			
和谐适应	0.693 (0.480)	0.449 (0.202)	0.432 (0.187)	0.690 (0.476)	1.000		
传统保守	0.581 (0.338)	0.302 (0.091)	0.291 (0.085)	0.464 (0.215)	0.501 (0.251)	1.000	
道德自律	0.618 (0.382)	0.321 (0.103)	0.309 (0.095)	0.494 (0.244)	0.533 (0.284)	0.350 (0.129)	1.000
信度	0.780	0.849	0.847	0.883	0.840	0.875	0.937
AVE	0.539	0.567	0.512	0.506	0.503	0.575	0.532
平均值	5.717	5.704	5.569	5.891	5.301	5.919	5.868
标准差	0.778	0.914	0.719	0.709	0.868	0.759	0.658

（三）大五人格个体测量模型

1. 大五人格探索性因子分析

大五人格共提取 5 个因子，分别命名为“情绪稳定性、外向性、开放性、随和性和责任心”，特征值均大于 1。此外，五个维度的各自的方差解释量分别为 14.696%、14.540%、13.687%、9.870% 和 8.522%，累积解释方差百分比为 61.315%。各维度的 α 系数均在 0.750 以上，证明大五人格的五个维度都具有很好的信度。

2. 大五人格确定性因子分析

因为大五人格是一个多维度的结构，分别进行一级、二级确定性因子分析，最终得出模型拟合指标（$\chi^2=8.016$，df = 5，CFI = 0.988，GFI = 0.979，RMSEA = 0.065）显示数据与模型拟合较好（见表 3）。

表 3　　大五人格二级确定性因子分析结果

项目路径	非标准化参数估计	t 值（C. R.）	标准化参数估计
随和性	1.000		0.599
外向性	1.371	7.012	0.844

续表

项目路径	非标准化参数估计	t值（C. R.）	标准化参数估计
情绪稳定性	1.465	6.644	0.734
责任心	0.902	5.325	0.536
开放性	1.341	6.682	0.758

（四）创造力个体测量模型

1. 创造力探索性因子分析

创造力探索性因子分析中KMO值为0.882，巴特勒球形检验显著，证明各项目的相关性相对稳定并能产生可信的维度。创造力变量各项目的信度值介于0.700与0.870之间，并且总体信度α值为0.876，超过信度最小标准值0.700。证明这些构成创造力结构的项目具有很好的内部一致性和稳定性。

2. 创造力确定性因子分析

用确定性因子分析对创造力模型进行进一步检验，得到结果：$\chi^2=30.467$，df = 18，CFI = 0.979，GFI = 0.942，RMSEA = 0.070。同时显著性水平（t）均大于1.960，可以确定创造力最终的模型拟合度较高（见表4）。

表4　创造力确定性因子分析结果

项目路径	非标准化参数估计	t值（C. R.）	标准化参数估计
遇到困难时，我常常能够想到别的方法来解决它	1.000		0.755
我更加倾向于创造新事物而不仅仅是改良原有事物	1.143	9.036	0.750
看待老问题时，我常常有新视角	0.999	8.658	0.716
我能够同时处理几个新的想法和问题	1.161	9.682	0.791
我总是帮助别人产生新的创意	1.436	10.729	0.882
我有许多新的想法	1.346	9.981	0.827
我需要频繁变化的刺激	0.885	5.936	0.505
我更喜欢事情逐步的变化	0.319	2.457	0.214

研究结果显示，平均提取方差值（AVE）为0.504，大于0.500且大于相关系

数的平方，因此创造力的聚合效度和区别效度都达到满意程度（见表5）。

表5　相关系数（系数平方）、信度、AVE及平均值

项目	CA1	CA2	CA3	CA4	CA5	CA6	CA7	CA8
CA1	1.000							
CA2	0.566 (0.320)	1.000						
CA3	0.540 (0.292)	0.705 (0.497)	1.000					
CA4	0.597 (0.356)	0.593 (0.352)	0.566 (0.320)	1.000				
CA5	0.666 (0.444)	0.662 (0.438)	0.631 (0.398)	0.697 (0.486)	1.000			
CA6	0.624 (0.389)	0.621 (0.386)	0.592 (0.350)	0.654 (0.428)	0.370 (0.136)	1.000		
CA7	0.381 (0.145)	0.379 (0.144)	0.361 (0.130)	0.399 (0.159)	0.455 (0.207)	0.417 (0.174)	1.000	
CA8	0.162 (0.026)	0.161 (0.026)	0.153 (0.023)	0.169 (0.029)	0.189 (0.036)	0.177 (0.031)	0.359 (0.129)	1.000
信度	0.876							
AVE	0.504							
平均值	5.110	4.800	4.970	4.750	4.850	4.940	4.760	5.380
标准差	1.035	1.190	1.090	1.147	1.272	1.271	1.370	1.162

（五）职业能力个体测量模型

通过最大方差正交旋转方法对职业能力的所有题项适合进行探索性因子分析，提取主成分因子。因子负荷均分布在0.492～0.888，满足大于0.400的限定值，故保留10个题项，并依据主成分因子的划分结果，将10个题项提炼成3个维度，特征值均大于1。KMO值为0.809，巴特勒球形检验显著。“知道为什么”“知道如何做”“知道谁”三个维度的特征值分别为4.173、1.184、1.087，各自的方差解释量分别为26.079%、21.343%和17.047%，累积解释方差百分比为64.440%。三个维度的限度α值分别为0.774、0.733、0.775，满足大于0.700的最小标准。因此得出结论，这些构成职业能力结构的项目具有很好的内部一致性和稳定性。

职业能力二级确定性因子分析结果显示模型的拟合优度指标良好（χ^2 =

298.850，df=69，CFI=0.921，GFI=0.920，RMSEA=0.080）。AVE 大于 0.500 并且大于各变量相关系数平方，说明聚合效度和区别效度都令人满意（见表6）。

表 6　　职业能力确定性因子分析结果

项目	非标准化参数估计值	t 值（C. R.）	标准化参数估计值	SMC
职业能力				
职业能力→知道为什么	1.000		0.779	0.607
职业能力→知道如何做	1.019	9.836	0.717	0.544
职业能力→知道谁	1.007	9.128	0.646	0.517

（六）总体测量模型

在个体测量检验模型之后，本研究运用数据进行总体测量模型检验。检验结果如下：$\chi^2=4.843$，df=2，CFI=0.974，GFI=0.983，RMSEA=0.080（见表7）。

表 7　　相关系数（相关系数平方）、信度、AVE 及平均值

结构	创造力	职业能力	中国文化价值观	大五人格
创造力	1.000			
职业能力	0.497 (0.247)	1.000		
中国文化价值观	0.468 (0.219)	0.384 (0.147)	1.000	
大五人格	0.387 (0.150)	0.317 (0.100)	0.299 (0.089)	1.000
信度	0.876	0.838	0.928	0.921
AVE	0.504	0.521	0.541	0.549
平均值	4.985	5.233	4.497	5.710
标准差	0.855	0.771	0.589	0.584

（七）结构模型

如图 2 所示，中国文化价值观是外生变量，大五人格是中国文化价值观的内生变量，同时也是创造力与职业满意度的外生变量。运用 AMOS 软件对结构模型进行检验。在进行假设检验之前先评估整个模型的拟合指数。结果显示，结构模型的拟合指数理想：$\chi^2 = 498.379$，df = 222，CFI = 0.912，GFI = 0.983，RMSEA = 0.065，得出结论模型与数据充分拟合。

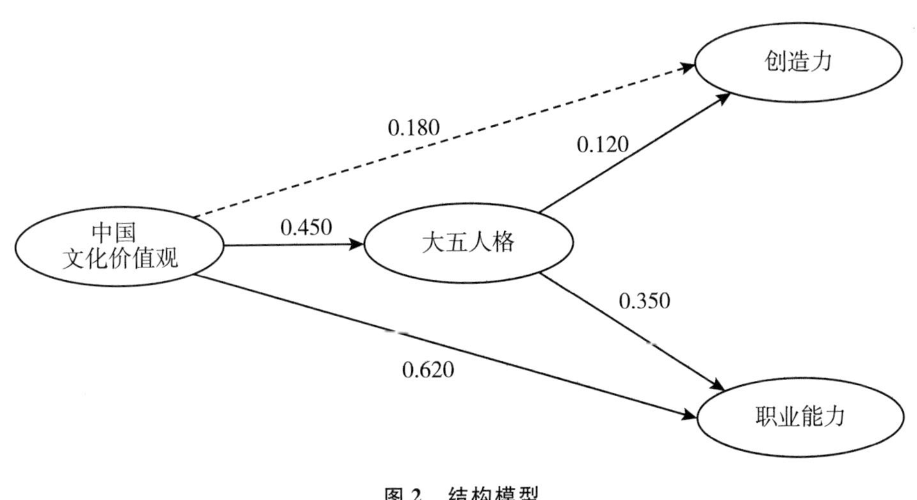

图 2　结构模型

（八）假设检验

假设 1：中国文化价值观对大五人格有正向影响作用。表 8 显示从中国文化价值观到大五人格之间的路径系数为 0.450，C. R. 值为 6.240（大于 1.960），说明显著。路径系数和显著水平联合说明中国文化价值观对职业能力产生显著的正向影响作用，因此假设 1 成立。

表 8　　结构方程结果及检验

假设/路径	路径系数	T 值	结果
H1，中国文化价值观→大五人格	0.450	6.240***	成立
H2，中国文化价值观→创造力	0.180	1.050	不成立
H3，中国文化价值观→职业能力	0.620	5.840***	成立
H4，大五人格→创造力	0.120	0.720	不成立
H5，大五人格→职业能力	0.350	3.620***	成立
H6，大五人格在中国文化价值观与创造力之间起中介作用	0.050	0.720	不成立
H7，大五人格在中国文化价值观与职业能力之间起中介作用	0.160	3.130**	成立

假设 2：中国文化价值观对创造力有正向影响作用。表 8 显示中国文化价值观到创造力之间的路径系数为 0.180，C. R. 值为 1.050（小于 1.960），说明不显著，因此假设 2 不成立。

假设 3：中国文化价值观对职业能力有正向影响作用。中国文化价值观到职业能力的路径系数为 0.620，C. R. 值为 5.840（大于 1.960），说明显著。假设 3 成立。

假设 4：大五人格对创造力有正向影响作用。大五人格到创造力之间的路径系数为 0.120，C. R. 值为 0.720（小于 1.960），说明不显著，因此假设 4 不成立。

假设 5：大五人格对职业能力有正向影响作用。大五人格到职业能力之间的路径系数为 0.350，C. R. 值为 3.620（大于 1.960），说明不显著，因此假设 5 成立。

假设 6：大五人格在中国文化价值观与创造力之间起中介作用。中介作用系数 =0.050，t - value =1.980，p - value =0.720（大于 0.050），因此可以得出结论假设 6 不成立。

假设 7：大五人格在中国文化价值观与职业能力之间起中介作用。中介作用系数 =0.160，t - value =3.130，p - value =0.002（小于 0.050）。因为中介作用系数是肯定并显著的，假设 7 成立。

五、理论意义及实践意义

（一）理论意义

第一，分析了中国文化价值观的影响效果，研究结果将丰富中国文化价值观理论。研究数据表明，中国文化价值观对大五人格、职业能力都有正向影响作用。这充分说明文化对员工的性格、能力都有很大促进作用，为后续研究提供了科学数据支持。第二，研究结果显示中国文化价值观、大五人格对创造力的影响作用不显著，这说明大五人格中的某个个性，比如随和性，可能不利于创造力的发挥。文化价值观中的传统中庸及保守思想也会限制创造力的产生。这些发现都为后续研究提供了更大的研究空间，以期从不同的角度进行深度分析。第三，研究表明大五人格对职业能力有影响作用，这充分说明人的性格在职业生涯发展中的重要作用，开朗的性格、高度的责任心、适度的随和性都有助于一个人提高职业能力，最终取得职业成功。研究结果为后续性格与职业的研究奠定了良好基础。第四，大五人格中介作用的分析，表明文化价值观有利于青年人大五人格的培养及形成，也由此影响职业能力，这为管理理论提供了有价值的新发现。

（二）实践意义

第一，该项目有利于管理者制定科学的文化与管理融合策略。研究结果表明中国文化价值观、大五人格、职业能力之间存在正向影响关系，这充分说明儒家文化在组织管理中的重要性。因此，管理者应从中国文化中汲取智慧，将仁爱、忠诚、诚实守信等管理理念渗透于管理之中，将中国文化价值观与现代管理有机融合，提升员工的综合能力。第二，研究结果提出了大五人格的重要性。大五人格正向影响职业能力，这值得管理者引起重视，并且需要分析员工人格与创造力之间的关系，从而改进管理机制，提高人才能力。第三，研究结果有利于探索提升创造力的新途径。中国文化价值观、大五人格对创造力的影响作用不显著，需要收集全面有代表性的数据进行再次验证分析，同时也需要思考能提高创造力的新方法。因此，该项目结果有利于进行管理创新与改革，探索新思路，制定新政策。

六、研究局限及未来研究建议

论文的研究局限之一是采用了便利性抽样，调查对象不能很好地全面反映样本实际情况。后续研究可采用配额抽样等方法，尽量收集到全面的、具有广泛代表性的样本数据。

本研究探索了中国文化价值观对创造力的影响作用，并总结出科学有效的研究结果。因为中国文化价值观有多个因子，后续研究可在此基础上做进一步分析。仔细检验中国文化价值观的各个因子对创造力的影响，同时进行比较研究，研究结果将会有很多有意义的新发现，也会为实践管理提供很多启示。

此外，大五人格正向影响职业能力并在中国文化价值观与职业能力之间起中介作用，建议未来研究可以对大五人格中的不同人格进行逐个分析，探索究竟哪种人格对职业能力、创造力影响作用明显。研究结果将有利于管理者制定科学的管理方法，有效提高员工创造力。

参考文献

1. 布乃鹏、孔海燕、易顺：《中国非正规就业女性化趋势分析》，载《劳动经济评论》2020年第3期。

2. 陈少华、曾毅：《人格特质和创造性及其与学业成绩的关系》，载《教育研究与实验》2003年第4期。

3. 陈晓暾、熊娟：《职场排斥对知识型员工适应性绩效的影响：人格特质的调节作用》，载《领导科学》2017年第32期。

4. 郭德俊、马庆霞、赵凤贞、袁惠萱、林海波：《〈arcs兴趣问卷〉的编制》，载《心理发展与教育》2000 年第 2 期。

5. 侯日霞：《大学生创造力倾向与人格特征的关系研究》，载《济宁医学院学报》2010 年第 2 期。

6. 孔海燕：《导游员工作认知及职业生涯发展研究》，载《山东社会科学》2008 年第 12 期。

7. 孔海燕、孔丽媛、布乃鹏、袁悦：《智能型职业能力测量维度开发与验证》，载《劳动经济评论》2019 年第 12 期。

8. 孔丽媛、孔海燕、布乃鹏：《职业生涯管理与职业满意度：职业期望的中介作用研究》，载《现代管理》2019 年第 9 期。

9. 李红菊、许燕、张宏宇：《情绪劳动研究的回顾与展望》，载《中国临床心理学杂志》2007 年第 4 期。

10. 石金涛、刘云：《工作沉迷现象研究》，载《中国人力资源开发》2008 年第 7 期。

11. 吴安莲：《英语专业本科生大五人格与创造力倾向研究》，载《江西科技学院学报》2016 年第 11 期。

12. 王艳净、耿晓伟：《大五人格宜人性与社会支持的现状》，载《中国健康心理学杂志》2016 年第 12 期。

13. 颜麒、吴耀宇、杨蕴、孔海燕：《华东线导游员情绪劳动的探索研究及实证启示》，载《旅游学刊》2012 年第 27 期。

14. 姚敏、周生江、于海涛：《道德价值观对大学生道德行为的影响：人格的中介作用》，载《中国特殊教育》2015 年第 9 期。

15. Amabile T M, Conti R, Coon H, Lazenby J, Herron M. Assessing the work environment for creativity. *Academy of Management Journal*, 1996, 39 (5): 1154 - 1184.

16. Arthur M B, Claman P H, DeFillippi R J. Intelligent enterprise, intelligent careers. *Academy of Management Executive*, 1995, 9 (4): 7 - 20.

17. Barrick M R, Mount M K. The big five personality dimensions and job performance: a meta-analysis. *Personnel Psychology*, 1991, 44 (1): 1 - 26.

18. Bandura A. Self-efficacy mechanism human agency, 1982.

19. Eby L T, Butts M, Lockwood A. Predictors of success in the era of the boundaryless career. *Journal of Organizational Behavior*, 2003, 24 (6): 689 - 708.

20. Feist G J. A meta-analysis of personality in scientific and artistic creativity. *Personality and Social Psychology Review*, 1998, 2 (4): 290 - 309.

21. Giberson T R, Resick C J, Dickson M W, Mitchelson J K, Randall K R, Clark M A. Leadership and organizational culture: Linking CEO characteristics to cultural values. *Journal of Business and Psychology*, 2009, 24 (2): 123 - 137.

22. Kong H, Okumus F, Bu N. Linking organizational career management with Generation Y employees' organizational identity: The mediating effect of meeting career expectations. *Journal of Hospitality Marketing and Management*, 2009, 29 (2): 164 - 181.

23. Kong H, Bu N, Yuan Y. The influence of perceived internal marketing on employees' organizational behaviors. *Journal of Management and Strategy*, 2020, 11 (3): 1 - 13.

24. Kong H, Yuan Y, Baruch Y, Bu N, Jiang X, Wang K. Influences of artificial intelligence (AI) awareness on career competency and job burnout. *International Journal of Contemporary Hospitality*

Management, 2021, 33 (2): 717 - 734.

25. Kyvik O, Zhang Y, Romero - Martinez A M. Value dimensions and creativity: an international comparative study. *International Journal of Manpower*, 2012.

26. London M. Relationships between career motivation, empowerment and support for career development. *Journal of Occupational & Organizational Psychology*, 1993, 66 (1): 55 - 69.

27. Matthews B M. The Chinese Value Survey: an interpretation of value scales and consideration of some preliminary results, 2000.

28. Shalley C E. Effects of productivity goals, creativity goals, and personal discretion on individual creativity. *Journal of Applied Psychology*, 1991, 76 (2): 179.

29. Sun N, Song H, Kong H, Bu N. Development and validation of a hospitality idiosyncratic deals scale. *International Journal of Hospitality Management*, 2019, 91.

30. Yu Y, Xu S, Li G, Kong H. A systematic review of research on abusive supervision in hospitality and tourism. *International Journal of Contemporary Hospitality Management*, 2020, 32 (7): 2473 - 2496.

The Influence of Chinese Cultural Values on Creativity and Career Competency

Kong Haiyan　Yuan Yue　Ji Xiuchao

Abstract: This study seeks to explore the influence of Chinese culture value on Big Five, creativity, and career competency. A total of 596 valid data were collected, and structural equation modelling (SEM) was used to analyzed the data. The findings indicates that Chinese culture value is significantly related to Big Five and career competency, but not creativity. Apart from the direct effect on career competency, Big Five also mediates the relationship between Chinese culture value and career competency. This study concludes with the discussion of theoretical and practical implications, as well as the limitation and future research.

Key words: *Chinese culture value　Big Five　creativity　career competency　influencing effect*

子女数量及性别对家庭资产配置效率的影响研究

辛　波　张　尧*

摘　要：随着三孩政策的正式实施，子女问题再次成为各界关注的焦点。子女作为家庭结构的重要组成部分，对家庭的存续发展产生了重要影响。在家庭的资产配置方面，子女数量及性别的不同会促使家庭采取不同的投资组合策略。基于此，本文采用Probit模型和Tobit模型实证分析了子女数量和性别对家庭资产配置效率的影响，得出以下结论：总体来看，子女数量的增加会导致家庭风险资产的参与倾向和资产配置效率显著降低；拥有男孩的家庭及男孩数量的增加会导致家庭投资风险资产的意愿和家庭资产组合的效率显著降低。在对研究结果进行分析的基础上，本文从政府、金融监管部门及金融机构和家庭三个层面提出了一定的建议。

关键词：子女数量　子女性别　家庭资产　配置效率

一、引言

家庭金融概念由学者坎贝尔（Campbell，2006）首次提出，旨在研究家庭如何通过资产的合理配置达到家庭财富的跨期优化，从而实现效用的最大化。随着居民家庭收入水平逐渐提高，如何通过资产的配置获得“钱生钱”的财产性收入成为目前社会及家庭广泛关注的问题。2021年4月14日，央行发布《关于我国人口转型的认识和应对之策》的工作论文提出，“应全面放开和鼓励生育，切实解决妇女在怀孕、生产、入托、入学中的困难，综合施策，久久为功，努力实现2035年远景规划和百年奋斗目标。”。同年5月31日，中共中央政治局召开会议指出“进一步优化生育政策，实施一对夫妻可以生育三个子女的政策及配套支持措施”。三孩

* 辛波，山东工商学院金融学院（财富管理学院）教授，E－mail：ytxinbo9898@126.com；张尧，山东工商学院金融学院（财富管理学院）硕士研究生。本文受山东省社会科学规划研究项目“基于行为视觉的山东省建材零售行业供应链外部整合研究”（项目编号：14CGLJ20）、教育部人文社会科学规划基金研究项目“新型农村社区建设中公共产品供给侧改革研究”（项目编号：17YJA630021）、山东省社会科学规划重点研究项目“山东省美丽乡村建设中公共产品供给侧改革问题研究”（项目编号：18BJJJ04）、山东工商学院财富管理特色建设项目“对影响乡村居民财富配置因素的实证分析”（项目编号：2019ZBKY027）资助。

政策的推行及最终落地体现了国家对子女生育及人口红利问题的重视。2020 年 3 月 13 日，国家发改委联合中央宣传部等 23 个部门发布《关于促进消费扩容提质加快形成强大国内市场的实施意见》，明确提出要“稳定和增加居民财产性收入”，鼓励居民家庭积极进行资产的配置来获得财产增值收益。在同年召开的第十九届五中全会上，国家发布的规划和建议的文件中再次提到“多渠道增加城乡居民财产性收入”，可见如何引导居民进行合理的资产组合、实现家庭资产的跨期优化具有重要意义。家庭资产的配置受家庭特征和户主特征等多方面的影响，而子女特征是家庭中非常重要的一环；子女的情况影响着家庭收入支出等多方面的现实及未来规划，因此，研究子女数量和性别对于家庭资产配置的影响是具有现实意义的。如今有关子女特征对家庭资产的探讨多集中于研究家庭资产配置的结构，而忽视了家庭资产配置效率这一重要因素，效率更能反映一个家庭资产配置的合理及优化程度。基于以上背景，本文使用 CHFS2017 年的数据，研究子女数量及性别对于家庭资产配置效率的影响，既可为国家政策的制定实施提供可行性的建议，也可为家庭进行合理的资产配置给予一定的指导。

二、文献综述

在研究子女特征对家庭资产配置的文献中，格林斯坦·韦斯等（Grinstein - Weiss et al.，2008）研究发现，随着子女数量的增加，家庭会倾向于投资低风险且多样化的资产。博根（Bogan，2013）研究表明后代可能通过两个渠道即改变父母偏好类型和遗赠动机来影响家庭的资产配置。樊纲治、王宏扬（2015）发现家庭少儿占比与家庭人身保险需求正相关，子女数量增加会使得家庭更倾向于配置商业保险。蓝嘉俊等（2018）研究得出少儿人口占比的上升会提高金融市场参与以及风险资产配置比重，这种影响主要体现在城市地区和高收入家庭，而有儿子的家庭更不倾向于参与风险资产。王翌秋、王昊宇（2018）从一个新的视角出发，发现处于满巢期阶段的城乡家庭在子女数量增加时会调整资产组合投资策略。潘文东（2021）研究得出后代数量的增加会降低参与风险资产的概率和配置比重，后代性别的差异也会导致这种影响的不同。

子女数量和性别也会对家庭收入、储蓄、住房和消费等产生影响：魏和张（Weiand Zhang，2011）研究发现有男孩的家庭会增加家庭的储蓄；周华东等（2021）也证明了这一观点。段志民（2016）通过实证分析发现子女数量的增加显著抑制家庭收入的提升，这种影响存在城乡差异。李景睿、李青塬（2021）研究发现子女数量的增加会提高房产的持有，同时减少股票的持有。易成栋等（2018）探讨了子女与家庭住房面积的问题，得出有子女的家庭、子女数量多的家庭以及有儿子的家庭有更大的住房面积，更有可能自有多套住房等结论。刘华等（2021）

通过实证分析发现，育有男孩及男孩数量的增加提高了家庭的风险厌恶程度，并从新视角解释了居民家庭住房资产占比为何过高。

如今关于家庭资产配置效率的文献较少，外国学者最先对此问题进行了研究。佩利宗和韦伯（Pelizzon and Weber，2008）采用指数替代的方法构建投资组合的有效前沿，探讨了家庭投资组合的有效性。此后，佩利宗和韦伯（Pelizzon and Weber，2009）通过构建夏普率指标，检验了意大利居民家庭资产配置的效率。格林布拉特等（Grinblatt et al.，2011）利用芬兰2000年家庭投资组合数据，分析发现了IQ较高的人参与股票的概率以及投资组合有效性都会大大提高。

吴卫星等（2015）在国内第一次采用夏普率指标探讨了中国居民家庭投资组合有效性问题。接着，杜朝运、丁超（2016）同样利用夏普比率指标通过Tobit模型对家庭资产配置有效性进行了探讨。柴时军（2017）对家庭拥有的社会资本影响家庭投资组合有效性进行了深入探究，结果呈现正向效应。齐明珠、张成功（2019）研究了户主年龄对家庭资产配置效率的影响，并验证了风险偏好的中介作用，发现年龄的增长对家庭资产配置效率的影响呈现“双峰型”。臧日宏、王春燕（2020）利用Heckman模型探究了信贷约束对家庭投资组合有效性的影响，并发现信贷约束在城市家庭和东部地区对家庭投资组合有一定的负向影响。秦海林等（2018）研究发现金融素养可以促进家庭投资组合有效性的提升，促使家庭获得更多回报。吕学梁、马玉洁（2020）探讨了住房与家庭投资组合有效性的关系，结果表明拥有一套住房会对投资组合产生负向影响，而拥有多套住房会产生正向影响。

纵观现有文献研究，主要存在以下不足：第一，目前没有研究子女数量及性别对家庭资产配置效率影响的文献；第二，多数文章在研究子女问题对家庭某一方面的影响时，只考虑了子女数量的影响，忽略了子女性别这一重要因素；第三，目前关于家庭资产配置效率或家庭投资组合有效性的研究较少，大多数研究只关注了资产配置的结构；第四，在研究子女问题时，许多文献研究并未考虑到城乡的差异，这是现今国情下务必要考虑的问题。

基于现有研究的不足，本文的研究有如下贡献：在国家正式实施三孩政策的背景下，本文探讨家庭子女数量及性别对家庭资产配置效率的影响，可以很好地填补目前没有此类研究的空白；并增加对于家庭资产配置效率这一方向的研究成果；同时在进行研究的基础上，针对国家目前发布的政策提出针对性的建议，以期帮助家庭在子女生育以及资产配置方面提供一定的指导。

三、变量选取与模型设定

（一）数据来源

本文使用的数据来源于2017年西南财经大学中国家庭金融调查与研究中心的

调查项目（CHFS），数据样本覆盖全国29个省（自治区、直辖市），355个县（区、县级市），1 428个村（居）委会，样本规模为40 011户；具有全国、省级和副省级城市代表性。数据从省份分布、家庭、个人三个方面展开调查，涵盖了家庭资产和负债、收入和支出、投资与保障以及家庭人口统计学的特征等信息，具有很强的代表性。在删除空缺值及极端异常值外，剩余样本数量9 935份。

（二）变量设定

1. 被解释变量

被解释变量为家庭金融资产配置的效率。在现有研究中，主要通过两个方面对家庭金融资产配置效率进行衡量：一是通过构建金融资产多样性指数来衡量家庭投资组合的有效性（胡振等，2018）；二是通过构建夏普比率指标，通过夏普比率的高低来衡量金融资产配置的效率（吴卫星等，2015；杜朝运、丁超，2016）。本文参照格林布拉特、吴卫星等的做法，采用构建夏普比率的方式，将其作为被解释变量，来衡量家庭金融资产配置效率的高低。夏普比率的本质是测算投资组合每承受一单位总风险，会产生多少超额报酬，多用于衡量金融资产的绩效表现。在衡量家庭资产配置的效率时，夏普比率高代表家庭对资产的配置更为均衡有效，更能为家庭带来资产的增值性收入。其计算公式为：

$$sharp\_ratio = \frac{E(R_p) - R_f}{\sigma_p}$$

式中，$E(R_p)$代表投资组合预期年化报酬；R_f代表年化无风险利率；σ_p表示投资组合年化报酬率的标准差。

夏普比率所计算的资产对象为风险资产，在CHFS项目调查中，金融资产包括了现金、定期存款、活期存款等无风险资产，以及股票、债券、基金、黄金、房产、衍生品、理财产品、非人民币资产等风险资产；基本涵盖了金融市场上可供投资者选择的所有投资品种。我们选取了居民持有比例较高的股票、债券、基金作为风险资产组合的考察范畴，来计算家庭的夏普比率。

被解释变量夏普比率的计算需要了解家庭持有的金融资产组合中具体的资产构成以及收益率情况，以股票为例，需要获得家庭具体持有哪只股票以及股票的具体收益等数据。但由于CHFS数据中只记录了家庭持有的金融资产类别以及金融资产的持有数额或范围，无法得到各项资产的详细信息。因此，我们借鉴格林布拉特等（Grinblatt et al.，2011）和吴卫星等（2015）所提出的“指数替代”的方式来计算家庭各风险资产的收益率：对于持有股票的收益率，以成交额为权重对上证指数及深证指数的月度收益率进行加权平均；对于持有基金的收益率，以成交额为权重对上证基金指数及深圳基金指数的月收益率进行加权平均；对于持有债券的收益率，以成交额为权重对中证综合债指数进行加权平均。在得到各项风险资产收益率序列的基础上，通过计算便可获得各项资产的平均超额收益率和波动率。然后，再根据夏普比率公式便可获得各项风险资产的夏普比率。最后，根据各项风险资产占家庭总风险资产的比重通过加权的方式得到各个家庭风险资产组合的夏普比率。根据绕为民、王三兴（2010）的研究成果，考虑到经济发展和金融市场的周期性特征，我们选取 2003 年 2 月至 2015 年 6 月这段区间的数据作为样本，这段时期经济发展及股市经历了一个相对完整的周期，所得指数收益率具有较强的代表性。以上各指数数据全部来源于 Wind 数据库，无风险利率来源于国泰安数据库。

2. 解释变量

由于不同年龄的子女对家庭的依赖程度不同，家庭在作出投资决策时也会出现相应的改变。家庭生命周期理论将家庭的形成到消亡的过程分为六个阶段，当家庭进入满巢期阶段，便会出现积累资产的倾向，格林斯坦·韦斯等（Grinstein - Weiss et al.，2006）的研究证明了此观点。王翌秋、王昊宇（2018）在研究子女对家庭资产选择问题时也选择了满巢期家庭作为样本。因此，在参考现有研究成果的基础上，本文选择家庭中 18 岁及以下的子女作为研究对象。设置子女数量（child_num）为核心解释变量，同时设置单孩（child1）、二孩（child2）、三孩（child3）及以上哑变量考察拥有不同子女数量的家庭资产配置效率的情况；此外，为了进行子女性别的研究，设置家庭中是否有男孩（boy_yes）、是否有女孩（girl_yes）和男孩的数量（boy_num）、女孩的数量（girl_num）作为研究子女性别对家庭资产配置效率的解释变量。

3. 控制变量

现有研究中对家庭资产配置产生影响的因素主要分为两类，一类是人口学特征；另一类是家庭特征。本文参照现有文献选取具有代表性且对家庭资产配置影响较为明显的特征作为控制变量：选取人口学特征的户主性别（男性取 1，女性取 0）、年龄、教育年限（没上过学取 0，小学取 6，初中取 9，高中/中职/职高取 12，大专/高职取 15，大学本科取 16，硕士研究生取 19，博士研究生取 22）、婚姻状况（已婚和再婚取 1，其他取 0）、健康状况（非常好、好、一般取 1，其他取 0）、风险偏好（根据特定问题及答案由低到高赋值 1 ~ 5），以及家庭特征为是否拥有自住房（有自住房取 1，没有取 0）、是否进行工商业经营（家庭从事工商业经营取 1，未参与取 0）、家庭年收入（万元）、家庭净资产（万元）作为控制变量。主要变量设置如表 1 所示。

表 1 各变量设置及含义解释

变量	变量名称	变量含义
被解释变量	sharp_ratio	夏普比率
解释变量	child_num	家庭中 18 岁以下孩子的数量
	child1	家庭中有 1 个孩子哑变量
	child2	家庭中有 2 个孩子哑变量
	child3	家庭中有 3 个及以上孩子哑变量
	boy_yes	家庭中是否有 18 岁以下男孩
	girl_yes	家庭中是否有 18 岁以下女孩
	boy_num	家庭中 18 岁以下男孩的数量
	girl_num	家庭中 18 岁以下女孩的数量
控制变量	gender	户主性别
	age	户主年龄
	edu	户主教育年限
	marri	户主婚姻状态
	health	户主健康状况
	risklike	户主风险偏好
	house	家庭是否拥有房产
	business	家庭是否自营工商业
	income	家庭总收入（万元）
	net_asset	家庭净资产（万元）

（三）模型设计

1. Probit 模型设计

在研究子女数量对家庭资产配置效率的影响之前，我们先对子女数量是否影响家庭参与风险资产进行验证。因为风险资产的配置是提高家庭资产配置效率，获得资产增值性收入的重要方面。由于被解释变量家庭是否参与风险资产投资为 0 - 1 变量，家庭持有风险资产时取值为 1，没有持有风险资产取值为 0。在此情况下，使用 Probit 模型是最为有效的。所设定的 Probit 模型如下：

$$risk = \alpha + \beta X + \gamma N + \mu \quad (1)$$

其中，risk 为家庭是否持有风险资产，X 表示与子女数量和性别有关的解释变量；N 为所选取的户主特征和家庭特征的控制变量；α、β、γ 为待估计的参数，μ 为随机误差项。

2. Tobit 模型设计

通过对夏普比率的计算，我们可以发现持有风险资产的家庭夏普比率均为正值；而对于未配置任何风险资产的家庭而言，夏普比率为 0。因此，由于被解释变量中存在大量 0 值，属于截断数据，我们采用 Tobit 模型进行实证分析是最为有效的。所设定的 Tobit 模型如下：

$$sharp\_ratio = \begin{cases} a + bX + wN + \mu & \text{if } sharp > 0 \\ 0 & \text{if } sharp \leqslant 0 \end{cases} \tag{2}$$

其中，sharp_ratio 为夏普比率，用于衡量家庭资产配置效率的高低；X 为与子女数量和性别有关的解释变量；N 为所选取的户主特征和家庭特征的控制变量；a、b、w 为待估计的参数，μ 为随机误差项。

四、实证估计与结果分析

（一）描述性统计

表 2 展示了通过计算得出的在一个周期内的股票、基金、债券的夏普比率值。从表中可以看出，基金的夏普比率最高，股票次之，债券的夏普比率最低。这说明在这三种风险资产中，基金的配置最能够提高家庭资产配置的效率，是风险资产中保值增值能力最好的。这是因为基金通过专业的基金经理人团队的运作，可以利用选股和择时等手段从资本市场中赚取超额收益并很好地控制风险。而股票由于具有较大的波动性，个人投资者大多只能在市场环境较好时获利，较难通过自身的投资知识和技巧获取长期利润。债券属于风险类投资品种，但相对于另外两个投资品种而言，收益率较低波动性也较小，因此能够带来的超额收益较低。

表 2　　各风险资产的夏普比率

风险品种	基金	股票	债券
夏普比率	0.2679	0.1831	0.1526

表 3 报告了各变量描述性统计的结果。由表中数据可知，户主的平均年龄在 53 岁左右，以女性居多，且绝大多数为已婚，健康水平良好。从教育年限来看，户主的平均教育年限为 10 年，相当于初中文化水平，表明目前居民的受教育程度不高。从风险偏好的平均值来看，大多数户主较为保守，属于风险规避者。家庭特征方面，86% 的家庭拥有自住房，说明中国居民对于房产的拥有是非常重视的。在

2020 年央行公布的全国房地产数据中显示，城镇居民家庭住房拥有率达到 96%，也体现了房产对于家庭的重要性。仅有 16% 的家庭自营工商业，比例较低。从家庭的收入方面来看，总收入平均可达 11 万元；而净资产方面，家庭的平均净资产可达 149 万元。解释变量方面，家庭拥有子女数的均值为 0.46，拥有一个孩子的家庭均值为 0.25，高于拥有两个和三个及以上孩子的家庭，说明现在独生子女的家庭占大多数。拥有男孩的家庭的比例以及男孩数量的均值都多于女孩，与我们国家第七次人口普查所得数据男性人口为 72 334 万人，占 51.24%；女性人口为 68 844 万人，占 48.76% 的现实相符。夏普比率方面，家庭夏普比率的均值为 0.02，说明家庭资产配置的效率很低，这也与家庭中将大量资产投资于无风险资产，较少配置风险资产，资产配置结构不合理的现状有关。

表 3　　各变量的描述性统计

变量	观测值	均值	标准差	最小值	最大值
sharp_ratio	9 935	0.0200	0.0601	0	0.2679
child_num	9 935	0.4690	0.7173	0	6
child1	9 935	0.2525	0.4344	0	1
child2	9 935	0.0895	0.2855	0	1
child3	9 935	0.0115	0.1069	0	1
boy_yes	9 935	0.2197	0.4140	0	1
girl_yes	9 935	0.1915	0.3935	0	1
boy_num	9 935	0.2470	0.4941	0	4
girl_num	9 935	0.2220	0.4880	0	5
gender	9 935	0.2368	0.4251	0	1
age	9 935	53.0103	15.2839	19	99
edu	9 935	10.6710	4.0868	0	22
marri	9 935	0.8334	0.3726	0	1
health	9 935	0.8739	0.3318	0	1
risklike	9 935	2.1551	1.2191	1	5
house	9 935	0.8644	0.3423	0	1
business	9 935	0.1608	0.3674	0	1
income	9 935	11.4665	22.9737	0	500
net_asset	9 935	149.4985	270.4014	0	3 000

CHFS2017 年数据显示，收入前 10% 的家庭储蓄率高达 65.4%，储蓄额占当年所有家庭总储蓄的 79.3%；收入前 5% 的家庭的储蓄率更高达 70.4%，其储蓄额

占家庭总储蓄额的65.7%。在表4中我们也列示了家庭参与风险资产和无风险资产的比例情况。可以明显地看到，家庭参与无风险资产如定期存款、活期存款和持有现金的比例非常高，而无风险资产只能带来极少的收益，相对于每年增长的通货膨胀率而言，无风险资产并不能实现资产的保值增值，甚至于无形中还会导致资产的“贬值”。而风险资产虽然具有一定的波动性，但对不同的投资品种进行合理的分散组合可以有效降低波动，提高收益率，进而提高家庭的资产配置效率。

表4　　家庭持有无风险资产和风险资产的比例

风险资产	参与率（%）	无风险资产	参与率（%）
股票	8.23	定期存款	18.94
基金	4.09	活期存款	62.96
债券	0.73	现金	88.87
黄金	0.62		
衍生品	0.06		
非人民币资产	0.20		
其他金融资产	0.18		

（二）子女数量和性别对家庭参与风险资产投资的影响研究

根据模型（1），使用Probit模型对子女数量和子女性别是否会影响家庭持有风险资产做了研究。根据表5所示，第一列列示了子女数量的增加对家庭风险资产参与的影响，从所得结果可以看出，子女数量的增加在10%的显著性水平下会减少家庭对风险资产的投资。将子女数量分组来看，拥有一个孩子的家庭相比于其他家庭而言会显著增加风险资产的持有量；拥有两个孩子的家庭相比于其他家庭会减少投资风险资产，且这个结果在1%的水平下显著；而拥有三个及以上孩子的家庭对于是否参与风险性资产无显著性影响。对于以上结果，我们认为家庭拥有一个孩子时，在家庭发展的未来规划之内，并不会明显改变家庭储蓄投资消费等方面的计划；同时当家庭只有一个子女时，会倾向于投资风险资产来使家庭获得资产增值的收益，进而改善家庭生活质量。而当家庭拥有两个孩子时，就将重新规划家庭的资产配置和消费支出等，同时会考虑房产等多方面的因素，导致家庭减少风险资产的投资，转而投向无风险资产以保证资产的安全性，为子女未来的生活奠定基础。当家庭拥有三个及以上的子女时，显然已经做好了多子女抚养方面的规划，所以拥有三孩及以上的家庭对风险资产的投资没有显著影响。同时，在借鉴相关研究资料的基础上，我们认为拥有孩子数量较多的家庭处于家庭状况的两端，即家庭条件特别好或是家庭条件不好，才会出现多生育现象。而子女数量的增加并不会显著影响这两类家庭的风险资产参与。整体来看，家庭子女数量越多，家庭投资风险资产的意愿越低，即子女数量的增加对家庭参与风险资产产生负向影响。

表 5　子女数量对家庭参与风险资产的影响

解释变量	risk	risk	risk	risk
child_num	-0.0547* (0.0282)			
child1		0.0827** (0.0410)		
child2			-0.2151*** (0.0389)	
child3				-0.3534 (0.2467)
gender	-0.0969** (0.0404)	-0.1004** (0.0404)	-0.0970** (0.0404)	-0.0985*** (0.0404)
age	0.0520*** (0.0077)	0.0535*** (0.0077)	0.0519*** (0.0077)	-0.0529*** (0.0077)
age^2	-0.0003*** (0.0000)	-0.0003*** (0.0000)	-0.0003*** (0.0000)	-0.0003*** (0.0000)
edu	0.1113*** (0.0054)	0.1124*** (0.0054)	0.1110*** (0.0054)	0.1118*** (0.0054)
marri	0.0864 (0.0533)	0.0481 (0.0528)	0.0812 (0.0524)	0.0674 (0.0522)
health	0.2444*** (0.0634)	0.2440*** (0.0633)	0.2436*** (0.0634)	0.2445*** (0.0634)
risklike	0.2145*** (0.0145)	0.2138*** (0.0145)	0.2139*** (0.0146)	0.2145*** (0.0145)
house	-0.1023* (0.0540)	-0.1174** (0.0539)	-0.1070** (0.0538)	-0.1084** (0.0538)
business	-0.2422*** (0.0519)	-0.2513*** (0.0517)	-0.2364*** (0.0519)	-0.2486*** (0.0517)
income	0.0038*** (0.0007)	0.0037*** (0.0007)	0.0037*** (0.0007)	0.0038*** (0.0007)

续表

解释变量	risk	risk	risk	risk
net_asset	0.0008*** (0.0000)	0.0008*** (0.0000)	0.0008*** (0.0000)	0.0008*** (0.0000)
_cons	-4.8408 (0.2322)	-4.9293 (0.2314)	-4.8390 (0.2312)	-4.8877 (0.2314)

注：***、** 和 * 表示估计结果在 1%、5% 和 10% 水平上显著；括号内为标准误。

控制变量方面，性别对家庭参与风险资产会产生负向影响，说明男性不如女性更倾向于参与风险资产投资；通过加入年龄的二次方项，验证了之前学者的研究结果，即户主年龄的增加对家庭参与投资风险资产的影响呈现倒“U”形形态；户主的教育年限越长、健康状况越好、风险偏好越高，家庭越倾向于参与风险资产的投资；户主的婚姻状况对家庭是否参与风险资产并无显著影响；有自住房的家庭以及参与工商业经营的家庭越不愿意参与风险资产的投资；而家庭的年收入越高、净资产越多，越愿意投资于风险资产。

表 6 报告了子女性别对家庭参与风险资产投资的影响。从性别上看，拥有男孩的家庭相比于没有男孩的家庭，会降低风险资产的投资，这一结果在 10% 的显著性水平下显著；而拥有女孩的家庭相比于没有女孩的家庭在参与风险资产的配置上并无显著影响。当家庭中拥有的男孩数量增加时，家庭会显著地减少风险资产的投资，同样这一现象在家庭中女孩数量增加时并不显著。根据以上结果，我们认为家庭有男孩以及男孩数量的增加都会显著减少家庭投资的风险资产数量。这是因为拥有男孩的家庭需要考虑未来孩子结婚买房等多方面因素，所以会显著减少风险资产的投资，增加家庭的储蓄，为未来孩子的婚姻房产做准备，这一观点也在潘文东（2021）的研究中通过中介效应检验得到验证。各控制变量的影响结果与子女数量对家庭参与风险资产的影响结果类似，在此不一一列述。

表 6　子女性别对家庭参与风险资产的影响

解释变量	risk	risk	risk	risk
boy_yes	-0.0762* (0.0446)			
girl_yes		0.0068 (0.0460)		
boy_num			-0.0839** (0.0389)	

续表

解释变量	risk	risk	risk	risk
girl_num				-0.0194 (0.0385)
gender	-0.0989** (0.0404)	-0.0995** (0.0404)	-0.0986** (0.0404)	-0.0986*** (0.0404)
age	0.0525*** (0.0077)	-0.0530*** (0.0077)	0.0523*** (0.0077)	-0.0194*** (0.0077)
age^2	-0.0003*** (0.0000)	-0.0003*** (0.0000)	-0.0003*** (0.0000)	-0.0003*** (0.0000)
edu	0.1118*** (0.0054)	0.1124*** (0.0054)	0.1115*** (0.0054)	0.1122*** (0.0054)
marri	0.0791 (0.0528)	0.0642 (0.0526)	0.0823 (0.0528)	0.0688 (0.0526)
health	0.2448*** (0.0634)	0.2447*** (0.0634)	0.2453*** (0.0634)	0.2444*** (0.0634)
risklike	0.2144*** (0.0145)	0.2141*** (0.0145)	0.2144*** (0.0145)	0.2142*** (0.0145)
house	-0.1064** (0.0538)	-0.1103** (0.0539)	-0.1054** (0.0538)	-0.1082** (0.0539)
business	-0.2448*** (0.0518)	-0.2515*** (0.0517)	-0.2425*** (0.0519)	-0.2500*** (0.0517)
income	0.0038*** (0.0007)	0.0038*** (0.0007)	0.0038*** (0.0007)	0.0038*** (0.0007)
net_asset	0.0008*** (0.0000)	0.0008*** (0.0000)	0.0008*** (0.0000)	0.0008*** (0.0000)
_cons	-4.8640 (0.2314)	-4.9007 (0.2315)	-4.8539 (0.2314)	-4.8877 (0.2314)

注：***、** 和 * 表示估计结果在 1%、5% 和 10% 水平上显著；括号内为标准误。

（三）子女数量对家庭资产配置效率的影响研究

根据模型（2），使用 Tobit 模型对子女数量如何影响家庭资产配置效率进行了研究。表 7 列示了实证分析结果，我们可以发现，当子女数量增加时，家庭资产配置的效率会显著降低，这一结果在 10% 的水平下通过了显著性检验。将数量进行分组讨论，拥有一个子女对家庭资产配置的效率并无显著影响。家庭拥有两个子女时会显著降低家庭资产配置的效率；与这个结果相似的是，当家庭拥有三个及以上的孩子时，同样会降低家庭资产配置的效率，但在显著性上有所减弱。根据以上结果，我们认为，子女数量的增加在一定水平上会使得家庭资产配置的效率降低。这是因为当子女数量增加时，家庭会改变投资策略，从子女教育、工作、婚姻、买房等多方面进行考虑，降低风险偏好，增加波动较小的资产的投资，减少风险较大的投资，避免家庭资产出现太大的波动，投资结构也就发生了一定的改变，导致风险资产与无风险资产的配置不合理，使得家庭资产配置的效率降低。控制变量方面，男性相比于女性在家庭进行资产配置时会降低效率；年龄的增加对家庭资产配置效率的影响仍然呈现倒"U"形；教育年限、健康水平、风险偏好的增加，会显著提高家庭资产配置的效率；婚姻状况对家庭资产配置的效率存在影响但显著性较低，已婚家庭的资产配置效率会更高一些。拥有自住房和进行工商业经营的家庭会降低资产配置的效率，家庭的年收入和净资产的增加会使得家庭的资产配置效率提高。

表 7　　子女数量对家庭资产配置效率的影响

解释变量	sharp_ratio	sharp_ratio	sharp_ratio	sharp_ratio
child_num	-0.0144* (0.0079)			
child1		0.0154 (0.0114)		
child2			-0.0453** (0.0194)	
child3				-0.1323* (0.0804)
gender	-0.0319*** (0.0113)	-0.0328*** (0.0113)	-0.0321*** (0.0113)	-0.0322*** (0.0113)
age	0.0132*** (0.0022)	0.0136*** (0.0022)	0.0133*** (0.0022)	0.0134*** (0.0022)
age^2	-0.0001*** (0.0000)	-0.0001*** (0.0000)	-0.0001*** (0.0000)	-0.0001*** (0.0000)
edu	0.0286*** (0.0016)	0.0289*** (0.0016)	0.0286*** (0.0016)	0.0287*** (0.0016)

续表

解释变量	sharp_ratio	sharp_ratio	sharp_ratio	sharp_ratio
marri	0.0266 * (0.0151)	0.0174 (0.0149)	0.0242 (0.0148)	0.0216 (0.0147)
health	0.0548 *** (0.0180)	0.0551 *** (0.0180)	0.0548 *** (0.0180)	0.0550 *** (0.0180)
risklike	0.0596 *** (0.0042)	0.0595 *** (0.0042)	0.0595 *** (0.0042)	0.0597 *** (0.0042)
house	-0.0331 ** (0.0151)	-0.0366 ** (0.0151)	-0.0345 ** (0.0150)	-0.0345 ** (0.0150)
business	-0.0468 *** (0.0144)	-0.0486 *** (0.0144)	-0.0458 *** (0.0144)	-0.0481 *** (0.0144)
income	0.0006 *** (0.0001)	0.0006 *** (0.0001)	0.0006 *** (0.0001)	0.0006 *** (0.0001)
net_asset	0.0001 *** (0.0000)	0.0001 *** (0.0000)	0.0001 *** (0.0000)	0.0001 *** (0.0000)
_cons	-1.2910 (0.0722)	-1.3127 (0.0732)	-1.2936 (0.0719)	-1.3030 (0.720)

注：***、** 和 * 表示估计结果在 1%、5% 和 10% 水平上显著；括号内为标准误。

（四）子女性别对家庭资产配置效率的影响研究

表 8 列示了子女性别对家庭资产配置效率的实证分析结果。从表中数据可知，拥有男孩的家庭会在 10% 的显著性水平上降低家庭资产配置的效率，而拥有女孩的家庭并无此影响。男孩数量的增加同样会降低家庭资产配置的效率，且通过了 5% 的显著性检验，女孩数量的增加对家庭资产配置效率的增减仍无显著影响。通过结果分析，家庭中拥有男孩且男孩数量较多时，家庭资产配置的效率会降低，这也和上文得到的男孩家庭会降低家庭参与风险资产投资倾向的结果相类似。说明家庭在拥有男孩时可能会改变家庭资产配置的结构，增加无风险资产的投资，减少高风险资产的投资，进而导致家庭资产配置的结构失衡、资产配置效率降低。这一点在周华东等（2021）的研究中得到证实，男孩家庭的储蓄率显著高于女孩家庭，有更强的动机购买多套住房。以上分析说明子女性别确实会对家庭资产配置的效率产生一定的影响。

表 8　　子女性别对家庭资产配置效率的影响

解释变量	sharp_ratio	sharp_ratio	sharp_ratio	sharp_ratio
boy_yes	-0.0237* (0.0126)			
girl_yes		0.0034 (0.0127)		
boy_num			-0.0230** (0.0110)	
girl_num				-0.0040 (0.0107)
gender	-0.0323*** (0.0113)	-0.0327*** (0.0113)	-0.0322*** (0.0113)	-0.0325*** (0.0113)
age	0.0133*** (0.0022)	0.0135*** (0.0022)	0.0133*** (0.0022)	0.0135*** (0.0022)
age^2	-0.0001*** (0.0000)	-0.0001*** (0.0000)	-0.0001*** (0.0000)	-0.0001*** (0.0000)
edu	0.0287*** (0.0016)	0.0289*** (0.0016)	0.0286*** (0.0016)	0.0288*** (0.0016)
marri	0.0254* (0.0149)	0.0204 (0.0148)	0.0258* (0.0149)	0.0217 (0.0148)
health	0.0549*** (0.0180)	0.0551*** (0.0180)	0.0550*** (0.0180)	0.0550*** (0.0180)
risklike	0.0597*** (0.0042)	0.0596*** (0.0042)	0.0596*** (0.0042)	0.0596*** (0.0042)
house	-0.0341** (0.0150)	-0.0354** (0.0151)	-0.0331** (0.0151)	-0.0347** (0.0151)
business	-0.0473*** (0.0144)	-0.0490*** (0.0144)	-0.0469*** (0.0144)	-0.0486*** (0.0144)
income	0.0006*** (0.0001)	0.0006*** (0.0001)	0.0006*** (0.0001)	0.0006*** (0.0001)
net_asset	0.0001*** (0.0000)	0.0001*** (0.0000)	0.0001*** (0.0000)	0.0001*** (0.0000)
_cons	-1.2953 (0.0720)	-1.3081 (0.0722)	-1.2936 (0.0720)	-1.3045 (0.0722)

注：***、** 和 * 表示估计结果在 1%、5% 和 10% 水平上显著；括号内为标准误。

（五）城乡差异分析

由于我国城乡发展存在二元差异性，计划生育政策以及二孩政策的实施对城乡的影响效果不同，人口结构也会出现一定差别，尤其在农村“重男轻女”的现象较为严重。所以有必要对城乡进行分组，分别探讨城市和农村中子女数量和性别对家庭资产配置效率有何影响，以及影响程度有何不同。表 9 展示了城乡差异性的研究结果。从表中数据可以看出，在城市，拥有两个子女的家庭会对家庭资产配置效率产生负向影响，且在 10% 的水平下通过显著性检验；而拥有两个子女的农村家庭没有出现影响。从子女性别来看，在城市，家庭中男孩数量的增加会导致家庭资产配置的效率降低，农村地区同样无此影响。综合来看，子女数量和性别对家庭资产配置效率的影响存在一定的差异，但并不是非常明显。尤其在农村地区，子女数量和性别的变化没有对家庭资产配置的效率产生明显的影响。我们认为这是由于农村地区的家庭本身由于户主年龄、知识水平、健康状况、收入水平等多方面原因，不会过多投资风险资产，而会将大部分资产进行存款或以现金形式持有，陈磊（2020）的研究结果也印证了我们的观点，所以子女数量及性别的改变不会对家庭的资产配置产生大的影响。从总体来看，城乡差异不明显的原因主要在于城乡居民家庭资产配置效率整体较低，不管城市还是农村，家庭都是以无风险资产的配置为主，并没有将资产进行合理的组合，所以导致子女数量及性别对家庭资产配置效率的影响在城乡之间差异并不是很显著。

表 9　城乡子女数量及性别对家庭资产配置效率的影响

地区	子女数量	sharp_ratio	子女性别	sharp_ratio
城市	child_num	-0.0093 (0.0081)	boy_yes	-0.0200 (0.0127)
	child1	0.0146 (0.0115)	girl_yes	0.0090 (0.0128)
	child2	-0.0360* (0.0197)	boy_num	-0.0195* (0.0111)
	child3	-0.0978 (0.0838)	girl_num	0.0022 (0.0109)
农村	child_num	-0.0010 (0.0006)	boy_yes	-0.0004 (0.0012)
	child1	-0.0009 (0.0012)	girl_yes	-0.0021 (0.0013)

续表

地区	子女数量	sharp_ratio	子女性别	sharp_ratio
农村	child2	-0.0012 (0.0015)	boy_num	-0.0005 (0.0009)
	child3	-0.0022 (0.0031)	girl_num	-0.0015 (0.0009)

注：***、** 和 * 表示估计结果在 1%、5% 和 10% 水平上显著；括号内为标准误。

五、稳健性检验

为了保证研究结果的稳健性，本文采用以下几种方法对此研究进行稳健性检验：(1) 更换所选数据库。本文研究所选用的是 CHFS2017 的数据库，中国家庭金融调查自 2010 年开始到 2021 年为止，共公布了 2010～2017 年的四次数据，本文研究所选取的 2017 年的数据为可得的最近年份数据。通过使用 2015 年和 2013 年的样本数据再进行实证分析，观察所得结果是否一致。(2) 被解释变量夏普比率的计算所选取的样本数据的区间是 2003～2015 年，由于问卷调查是 2017 年所得，因此我们更换夏普比率计算的样本选择区间，使用 2007～2017 年 10 年的数据再构建夏普比率指标，进行稳健性检验。(3) 解释变量子女数量及性别所选取的是家庭中 18 岁以下的子女，参照其他学者的研究，我们选择 16 岁以下及 16～25 岁两个年龄段的子女作为研究对象，再对此问题进行实证分析。在以上的稳健性检验中，所得结果与本文实证分析结果一致，说明了本文的研究结果具有很好的稳健性。

六、结论及启示

本文基于 CHFS2017 的家庭金融调查数据，运用 Probit 和 Tobit 模型，研究了子女数量及性别对家庭资产配置效率的影响。从实证分析结果可以得出以下结论：从整体上看，家庭子女数量的增加会显著降低家庭参与风险资产的概率和资产配置的效率。但当家庭只有一个孩子时，会提高家庭投资风险资产的倾向，并且不会对家庭资产配置的效率产生显著影响。拥有两个孩子的家庭都在较高的显著性水平下降低了家庭参与风险资产的倾向及资产配置的效率。当家庭拥有孩子的数量达到三个及以上时，对家庭参与风险资产投资无显著影响，但会降低家庭资产配置的效率。当子女性别出现差异时，拥有男孩的家庭及男孩数量的增加会显著降低家庭投资风险资产的概率同时也会降低资产配置的效率，而女孩家庭无此影响。对城乡分组进行研究时，我们发现子女数量及性别对家庭资产配置效率的影响在特定的家庭存在差异，但总体看差异并不明显。基于所得研究结果，我们提出了以下针对性的建议：

对于国家而言，在实施三孩政策的同时，应配套相应的措施保证有生育意愿的家庭稳定发展。首先，可以将个税抵扣进行分级。为准备生育三孩及拥有三个孩子的家庭进行减税补贴，这样相应就会提高家庭收入，促进家庭资产配置效率的提升。其次，对女性就业权益加以保护。孕育孩子的过程可能会导致女性在职场的边缘化，如果因为生育问题失去工作，家庭的收入及资产就会受到极大冲击，资产配置相应会出现问题，配置的有效性也会大大降低，为家庭的发展带来一系列的影响。最后，应加大在教育、医疗、社会保障等多领域的投入力度，降低家庭的抚养成本，使家庭敢生能养；同时应该通过多渠道加大金融资产配置的宣传力度，引导家庭进行资产的合理配置，使更多的家庭在工资收入之余也能够获得财产性收入，为家庭生育及抚养子女提供后续保障。

对于金融监管部门及金融机构而言，首先，应该积极配合国家进行家庭资产配置的宣传，引导家庭将资产在不同投资品种中进行合理配置，以提高资产配置的效率。其次，监管部门应健全法律法规，保证各金融市场的稳定运行，使得相应的风险类投资品种的收益与风险能够相匹配，让投资者进行投资时安心放心。最后，金融机构应该针对不同类型或者不同子女数量的家庭设计有针对性的投资品种，让不同的家庭能够多样化的选择与家庭情况相匹配的投资品种；同时降低金融产品的参与门槛，让更多的家庭都能够参与到金融产品的投资中。

对于家庭而言，首先，家庭应针对自身的实际情况来选择子女的生育，综合考虑资产、收入、未来规划等多方面的状况。其次，家庭应该对资产进行合理的配置，在如今通胀率越来越高的背景下，应该将部分无风险资产转移到债券、基金、股票等风险资产上，对资产进行多样化的配置。同时家庭应提高金融知识素养，关注经济周期的变化，在不同经济周期选择配置不同品种的资产，实现资产配置效率的提高，获得更多财产性的收入。最后，家庭应关注子女数量及性别的变化对于家庭资产状况的影响，根据子女情况调整相应的投资策略，保证家庭的发展与幸福感的提升。

参考文献

1. 柴时军：《社会资本与家庭投资组合有效性》，载《中国经济问题》2017 年第 4 期。

2. 陈磊：《中国农村家庭金融资产配置状况分析》，载《潍坊学院学报》2020 年第 4 期。

3. 邓鑫：《子女数量、生育政策与家庭负债：来自 CHFS 的证据》，载《中央财经大学学报》2021 年第 5 期。

4. 杜朝运、丁超：《基于夏普比率的家庭金融资产配置有效性研究——来自中国家庭金融调查的证据》，载《经济与管理研究》2016 年第 8 期。

5. 段志民：《子女数量对家庭收入的影响》，载《统计研究》2016 年第 10 期。

6. 樊纲治、王宏扬：《家庭人口结构与家庭商业人身保险需求——基于中国家庭金融调查

（CHFS）数据的实证研究》，载《金融研究》2015 年第 7 期。

7. 胡振、王亚平、石宝峰：《金融素养会影响家庭金融资产组合多样性吗?》，载《投资研究》2018 年第 3 期。

8. 蓝嘉俊、杜鹏程、吴泓苇：《家庭人口结构与风险资产选择——基于 2013 年 CHFS 的实证研究》，载《国际金融研究》2018 年第 11 期。

9. 李景睿、李青塬：《子女数量、家庭资产与居民幸福感》，载《人口与社会》2021 年第 2 期。

10. 李荣彬：《子女性别结构、家庭经济约束与流动人口生育意愿研究——兼论代际和社会阶层的影响》，载《青年研究》2017 年第 4 期。

11. 刘华、胡思妍、陈力朋：《子女性别与家庭住房资产》，载《中南财经政法大学学报》2021 年第 3 期。

12. 吕学梁、马玉洁：《住房与家庭投资组合有效性——基于消费和投资双重属性的分析》，载《南方金融》2020 年第 6 期。

13. 潘文东：《后代特征对家庭金融资产配置的影响研究》，载《金融与经济》2021 年第 1 期。

14. 齐明珠、张成功：《老龄化背景下年龄对家庭金融资产配置效率的影响》，载《人口与经济》2019 年第 1 期。

15. 秦海林、李超伟、万佳乐：《金融素养、金融资产配置与投资组合有效性》，载《南京审计大学学报》2018 年第 6 期。

16. 饶为民、王三兴：《中国股市的周期性波动与价值投资操作策略总结》，载《财政研究》2010 年第 11 期。

17. 王军、詹韵秋：《子女数量与家庭消费行为：影响效应及作用机制》，载《财贸研究》2021 年第 1 期。

18. 王翌秋、王昊宇：《城乡家庭子女数量与家庭资产组合选择行为研究》，载《金融与经济》2018 年第 3 期。

19. 吴卫星、李雅君：《家庭结构和金融资产配置——基于微观调查数据的实证研究》，载《华中科技大学学报（社会科学版）》2016 年第 2 期。

20. 吴卫星、丘艳春、张琳琬：《中国居民家庭投资组合有效性：基于夏普率的研究》，载《世界经济》2015 年第 1 期。

21. 易成栋、任建宇、王优容：《子女数量、性别与中国城市家庭的住房选择》，载《华东师范大学学报（哲学社会科学版）》2018 年第 6 期。

22. 尹银：《养儿防老和母以子贵：是儿子还是儿女双全?》，载《人口研究》2012 年第 6 期。

23. 臧日宏、王春燕：《信贷约束与家庭投资组合有效性》，载《华南理工大学学报（社会科学版）》2020 年第 6 期。

24. 周华东、李艺、高玲玲：《子女性别与家庭储蓄——基于中国家庭金融调查数据（CHFS）的分析》，载《西北人口》2021 年第 4 期，http：//kns. cnki. net/kcms/detail/62. 1019. C. 20210316. 1534. 004. html。

25. Bogan V L. Household investment decisions and offspring gender：parental accounting. *Applied Economics*，2013，31：4429 - 4442.

26. Campbell J Y. Household finance. *Journal of Finance*，2006，4：1553 - 1604.

27. Grinstein - Weiss M，Wagner K，Ssewamala F M. Saving and asset accumulation among low-

income families with children in IDAs. *Children & Youth Services Review*, 2006, 28 (2): 193 - 211.

28. Grinstein - Weiss M, Yeo Y H et al.. Asset holding and net worth among households with children: differences by household type. *Children & Youth Services Review*, 2008, 30 (1): 62 - 78.

29. Pelizzon L, Weber G. Are household portfolios efficient? an analysis conditional on housing. *Journal of Financial and Quantitative Analysis*, 2008, 43 (2): 401 - 431.

30. Pelizzon L, Weber G. Efficient portfolios when housing needs change over the life cycle. *Journal of Banking and Finance*, 2009, 33 (11): 2110 - 2121.

31. Grinblatt M, Keloharju M, Linnainmaa I J. IQ and stock market participation. *The Journal of Finance*, 2011, 66 (6): 2121 - 2164.

32. Wei S J, Zhang X B. The competitive saving motive: evidence from rising sex ratios and saving rates in China. *Journal of Political Economy*, 2011, 3: 511 - 564.

Research on the Influence of the Number and Gender of Children on the Efficiency of Family Asset Allocation

Xin Bo　Zhang Yao

Abstract: With the formal implementation of the three-child policy, the issue of children has once again become the focus of attention from all walks of life. As an important part of the family structure, children have an important impact on the survival and development of the family. In terms of family asset allocation, differences in the number and gender of children will prompt families to adopt different investment portfolio strategies. Based on this, this paper uses the Probit model and the Tobit model to empirically analyze the impact of the number and gender of children on the efficiency of family asset allocation, and draws the following conclusions: Overall, the increase in the number of children will lead to the tendency of family risk assets to participate and asset allocation efficiency insignificantly reduced; the increase in the families of boys and the number of boys will lead to a significant reduction in the willingness of families to invest in risky assets and the efficiency of family asset portfolios. Based on the analysis of the research results, this article puts forward certain suggestions from the three levels of the government, financial supervision departments, financial institutions and households.

Key words: *number of children　gender of children　family asset　allocation efficiency*

“数量—质量”权衡对老年人居住安排的影响

周晓蒙　周　越*

摘　要： 20世纪80年代以来我国家庭中子女数量向质量转变的现象十分普遍，而这种转变对老年人居住安排具有重要影响。本文使用2015年CHARLS数据并结合二元Logit模型和多元Logit模型分析家庭中子女“数量—质量”转变对老年人居住安排的影响。结果发现：子女数量增加不仅使得老年人与子女同住的可能性增大，同时也会缩短居住距离；而子女质量的提高则会降低同住的可能性，对居住距离的影响随老年人年龄的增长而先增加后减小，当老年人到达一定年龄后，与子女居住在同一社区或同一县/市/区的概率增加。由此可见，“数量—质量”转变将显著降低老年人与子女同住的可能性，但并不必然造成居住距离的增大。进一步分析表明，老年人与子女居住距离的缩短主要源于向下代际照顾的需要。

关键词： 子女数量　子女质量　居住安排　居住距离　代际照顾

一、引言

居住安排是影响老年人生活质量和身心健康的重要因素。千百年来，儒家传统文化以“孝”为核心，“小孝治家，大孝治国”的伦理思想，使得与子女同住、多代同堂是传统社会中老年人的主流居住方式。但随着城镇化的发展，人口流动频繁、生活节奏加快、社会观念转变等因素极大地冲击了传统的居住方式，现代社会中代际分居已经成为家庭居住安排的主要方式。雷等（Lei et al.，2015）基于2011~2012年CHARLS数据，指出48%的老年人独居或与配偶共同居住，这一比例远高于其他亚洲国家。据人口普查数据显示，2010年老年人与子女及孙子女共同居住（直系三代户）的比例仅为32.8%，较1982年的47.2%下降14.4个百分

* 周晓蒙，辽宁大学经济学院副教授，E－mail：zhouxiaomeng16@126.com；周越，东北财经大学会计培训中心科研助理。本文受国家社会科学基金青年项目“中国城乡养老服务评估与提升机制研究”（项目编号：19CRK012）与辽宁省经济社会发展研究课题“辽宁省养老服务评估与提升机制研究”（项目编号：20201slktyb－046）的资助。感谢外审专家的审稿意见以及编辑老师对本文的认真校对，文责自负。

点（彭希哲、胡湛，2015）。

与此同时，受计划生育政策冲击、经济快速增长与居民收入水平提高的影响，我国家庭中子女由数量向质量转变的现象普遍存在。自 1981 年五届全国人大四次会议将"限制人口的数量，提高人口的素质"制定为我国的人口政策以来，成年父母的生养决策中以质量代替数量的特征十分明显。一方面，生育率与生育意愿持续低迷。自 2016 年二孩政策全面放开以来，每年出生人口不升反降，其中，2019 年出生人口 1 465 万人，出生率为 10.5‰，为新中国成立以来最低水平[①]。另一方面，国民教育水平大幅提高。据教育部数据显示，2019 年高中教育和高等教育毛入学率分别高达 89.5% 和 51.6%[②]。张云月、谢宇（2015）的研究表明，尽管当前我国儿童的兄弟姐妹数量较少，但教育资源的获得与兄弟姐妹数量仍然呈显著负相关。

子女作为老年人生活决策的主要参与者，家庭以子女数量向质量的转变势必会影响父母年老时的居住安排，那么，以子女数量替代质量会如何影响老年人的居住安排呢？会增加子女同住概率并缩短居住距离？还是相反？相关文献鲜有提及，而对该问题的研究，在社会养老支持普遍不足的背景下尤为必要。本文以贝克尔（Becker，1960）提出的"数量—质量权衡"为理论基础，探讨子女数量与质量如何影响老年人的居住安排，在分析是否与子女共同居住的基础上，进一步考虑空间距离差异，分析居住距离的形成机制。可能的研究贡献在于，相关研究结论将为成年父母的生育决策提供参考；同时，也有利于相关政策部门在对涉及国计民生的教育、人口等制度和政策的制定与完善时，兼顾老年人的居住安排。

二、理论与文献综述

有关老年人居住安排的相关理论最早见著于以社会学家伯吉斯（Burgess）和古德（Goode）为代表的现代化理论，该理论认为 18 世纪以来的工业化和城市化过程引发了家庭体系的重组，扩大家庭或联合家庭逐步被核心家庭或夫妇家庭所取代，代际同住模式日渐式微。其中，伯吉斯（Burgess，1916）提出"核心家庭"的概念，并指出其是现代社会的必然产物；古德（Goode，1963）采用二分法，以亲子关系和夫妻关系的相对重要性为标准，将家庭结构划分为夫妻家庭和传统家庭，并提出现代化过程将使得所有家庭都趋向于夫妻家庭转变。原因在于工业化和

① 数据来源于新华网，网址链接：http：//www. xinhuanet. com/politics/2020 - 04/28/c_1125915110. htm。

② 数据来源于教育部，网址链接：http：//www. moe. gov. cn/jyb_sjzl/s5990/202008/t20200831_483697. html。

城市化过程中工作机会的增加创造了人们在职业与地理位置上流动的可能性（朱雅玲、赵强，2020），成年子女为了更好地适应现代经济对劳动的需求而不得不拉大与父母的居住距离（石金群，2016）。而20世纪70年代以来英国历史和人口学家斯通（Stone）、麦克法兰（Macfarlane）和拉斯莱特（Laslett）提出了文化影响论，他们通过对欧洲历史、人口和家庭的研究发现，早在工业革命之前欧洲家庭就已具备了现代家庭的主要特点——核心家庭结构和低生育率，据此他们认为影响家庭居住安排的主要因素并非经济发展和工业化水平，而是取决于文化因素，其基本观点是各国的家庭模式差别主要是受文化的影响（Stone，1979；Laslett，1972；Macfarlane，1986，1987）。现代化理论和文化影响论主要从宏观层面解释阐述居住安排的形成机制，而无法解释在同样的社会结构和文化背景下，不同家庭的代际居住安排的多样性。

自20世纪80年代开始，一大批学者对家庭结构变迁进行了微观层次的研究（Caldwell，1976，1982；Becker，1976），侧重于从个体的角度探讨居住方式的形成和运作机制，认为居住安排是个体做出的理性选择，即理性选择理论，在该理论框架下老年人的居住安排是在一系列现实约束下进行理性选择的结果。现有文献主要从人口学特征（封铁英、高鑫，2017）、经济收入（陈皆明、陈奇，2016）、养老保险（张苏和王婕，2015；冷熙媛和张莉琴，2018）、现代化意识（杨舸，2017；王建平、叶锦涛，2019）、房地产市场（吴伟、周钦，2019；韦艳、张本波，2019）等角度进行阐述，相关研究结果有利于为我国实现老有所养提供丰富的经验证据和数理支持，但鲜有文献考察家庭在子女数量向质量的转变对老年人居住安排的影响。仅马和文（Ma and Wen，2016）使用PSFD数据研究我国多子女家庭中老年人居住安排的理性选择，指出根据比较优势，当老年人身体健康能够提供家务支持时将与学历较高的子女同住，而当老年人需要照料时将与学历较低的子女同住。

贝克尔（Becker，1960）在《生育率的经济分析》（*An Economic Analysis of Fertility*）一文中提出“数量—质量”权衡理论，他假设父母的效用函数依赖于子女的数量和质量，并基于新古典经济学的分析框架论证，家庭预算约束下，成年父母对子女的数量与质量进行权衡。1990年贝克尔等（Becker et al.，1990）进一步在人力资本投资回报递增的理论框架下指出，当人力资本水平较低时对应着较低的人力资本投资回报，使得在生育数量与质量的权衡中数量占据主导地位，经济最终将陷入“马尔萨斯陷阱”；而当人力资本水平较高时，技术进步与人均收入水平明显增长，使得人力资本投资回报增大，此时家庭更加注重生育质量的提高而减少生育数量。

三、数据、变量与模型

（一）数据说明

本文使用2015年中国健康与养老追踪调查（CHARLS）数据，该调查是北京大学国家发展研究院主持、北京大学中国社会科学调查中心与北京大学团委共同执行的针对我国45岁及以上中老年家庭和个人开展的一项调查，样本覆盖全国28个省（自治区、直辖市）的150个县、450个社区（村），约1万户家庭中的1.7万人，问卷内容包括个人基本信息、家庭结构和经济支持、健康状况、体格测量、医疗服务利用和医疗保险、工作、退休和养老金、收入、消费、资产以及社区基本情况等。由于研究目的是关注父母数量质量权衡对其老年时居住安排的影响，因此，本文选取60周岁及以上、子女数量大于0的老年样本，经筛选后共有5 685个有效样本。考虑到样本为1910~1955年出生的老年人，其生育数量受计划生育政策影响较小，适用于分析数量质量权衡对居住安排的影响。

（二）变量选取

对关键变量的选取与统计特征说明如下：

（1）被解释变量为居住安排。首先，将居住安排分为（与子女）共同居住和独立居住两种模式；其次，考虑空间距离差异，进一步将独立居住分为三种类型："（与至少一个子女）住在同一村/社区""（与至少一个子女）住在同一县/市/区""（与子女）住在不同的县/市/区"，针对以上四种居住安排分别赋值1、2、3、4。样本中，与子女共同居住的老年人比重为46.4%；独立居住的老年人比重为53.6%，其中，住在同一村/社区的比重为28.6%，住在同一县/市/区的比重为16.0%，住在不同县/市/区的比重为9%。

（2）核心解释变量为体现数量与质量的子女数量和子女教育水平两个变量。其中，子女数量根据问卷中"您有多少个健在子女?"得到。样本中，有1个子女占比6.9%，2个子女占比24.1%、3个子女占比25.6%、4个子女占比20.3%、5个及以上占比23.0%；子女教育水平依据问卷中针对老年人的每一个子女最高学历由低到高设置的1~11选项及子女数量求平均值得到。样本老年人子女的平均学历在初中以下的占比51.8%，初中及以上占比48.2%。

（3）其他变量。为保证外生性，控制变量选取婚姻状况、城乡分布、年龄和性别等个体层面指标（见表1）。同时，为分析居住距离缩短的成因，本文按老年人是否有未成年（外）孙子女进行子样本划分，因此，表1也列示了这一信息，样本中有16周岁以下未成年孙子女的老年人占比80.7%。

表1　　变量描述性统计

变量名称		变量符号	变量定义	样本 n = 5 685 均值（百分比）	范围
居住安排		lm	与至少一个子女共同居住 = 1	46.4	1 ~ 4
			与至少一个子女住在同一村/社区 = 2	28.6	
			与至少一个子女住在同一县/市/区 = 3	16.0	
			与子女居住在不同的县/市/区 = 4	9.0	
子女状况	子女数量	kn	存活子女数量	3.448	1 ~ 10
	平均受教育水平	kedu	对问卷中学历层次求均值得到	4.800	1 ~ 11
	未成年子女	kchi	是否有16周岁及以下（外）孙子女	0.807	0 ~ 1
人口统计特征	婚姻状况	mar	有配偶 = 1；没有配偶 = 0	0.676	0 ~ 1
	城乡分布	rural	农村 = 1；非农村 = 0	0.717	0 ~ 1
	年龄	age	周岁	69.383	60 ~ 105
	性别	gen	男性 = 1；女性 = 0	0.538	0 ~ 1

（三）基本事实

如图1所示，老年人的子女数量与子女平均学历层次之间存在明显的负相关关系。本文进一步进行相关性检验，结果表明在1%的显著性水平上，全样本数据中二者的相关系数为 -0.388，城市样本的相关系数为 -0.421，农村样本的相关系数为 -0.312。由此可见，数量质量权衡无论在城市还是农村家庭中都普遍存在。

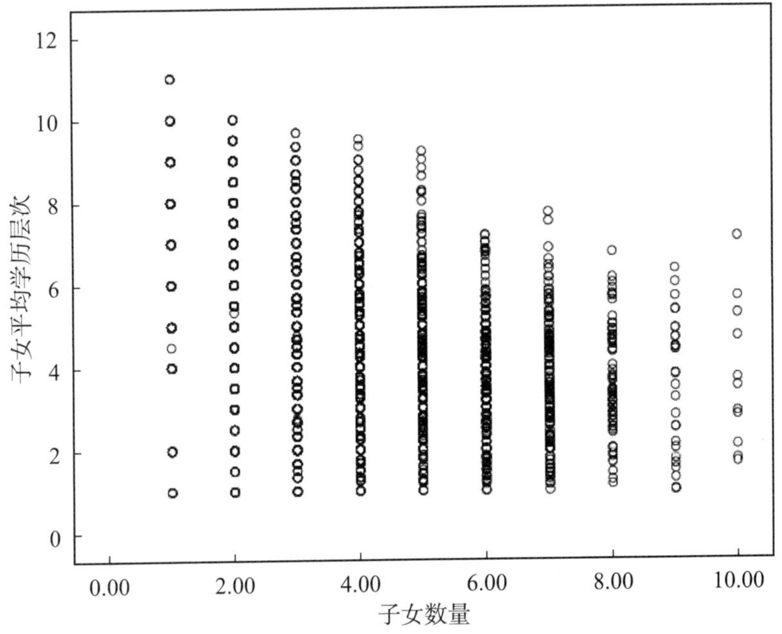

图1　老年人子女数量与子女平均学历层次散点图

本文进一步比较了不同居住模式下老年人子女的数量与质量情况（见表2），结果发现：(1) 从子女数量来看，全样本数据中，与子女住在不同的县/市/区的老年人平均拥有子女数量为2.515个，而与子女同住的老年人平均拥有子女数量为3.514个，前者较后者少0.999；城市样本中，与子女住在不同县/市/区老年人与子女同住老年人相比，子女数量平均少0.988个；农村样本中，这一数值为0.984。(2) 从子女学历层次来看，全样本数据中，与子女住在不同县/市/区老年人的子女平均学历层次为5.566，与老年人同住的子女平均学历层次为4.606，前者较后者大0.960；城市样本中，这一数值为0.866；农村样本中这一数值为0.951。因此，随着居住距离的增加，整体上呈现出子女数量大致减少、子女学历层次有所增加的趋势。

表2　不同居住模式下老年人子女的基本情况比较

居住模式	全样本		城市		农村	
	子女数量	平均学历	子女数量	平均学历	子女数量	平均学历
与子女同住	3.514	4.606	3.053	5.724	3.690	4.179
住在同一村/社区	3.883	4.503	3.336	5.874	4.056	4.069
住在同一县/市/区	3.005	5.471	2.666	6.544	3.206	4.836
住在不同的县/市/区	2.515	5.566	2.065	6.590	2.706	5.130

（四）模型构建

本文的研究框架是探讨家庭子女的“数量—质量”转变对老年人居住安排的影响，并从代际照料的角度分析居住模式的产生。首先，将居住安排分为亲子同住和独立居住两大类；然后，逐步将居住距离纳入考虑，构造更为细致的居住模式，从而逐步甄别子女数量与质量对居住安排的影响，构建模型如式（1）：

$$lm_i = F(\alpha_0 + \alpha_1 kn_i + \alpha_2 kedu_i + \alpha_3 gen_i + \alpha_4 age_i + \alpha_5 mar_i + \varepsilon_i) \quad (1)$$

因变量 lm_i 为居住安排，核心解释变量为子女数量 kn_i 和子女学历水平 $kedu_i$，控制变量为老年人的性别 gen_i、年龄 age_i、婚姻状况 mar_i。为考察“数量—质量权衡”是否造成居住距离的增加以及居住距离的形成机制，在模型（1）的基础上加入子女质量与父母年龄的交互项 keduage，模型设定如式（2）：

$$lm_i = F(\alpha_0 + \alpha_1 kn_i + \alpha_2 kedu_i + \alpha_3 keduage_i + \alpha_4 gen_i + \alpha_5 age_i + \alpha_6 mar_i + \varepsilon_i) \quad (2)$$

F(·) 代表模型函数形式，当因变量为“是否与子女同住”的二分类变量时，采用二元 Logit 模型；当因变量为表示居住距离的多分类变量时，采用多元 Logit 模型。使用 Stata15.0 进行回归分析。

四、实证结果分析

（一）“数量—质量”转变与共同居住和独立居住：基本结论

子女数量与质量对是否共同居住的二元 Logit 模型回归结果如表 3 所示。

表 3　是否共同居住的二元 Logit 模型回归结果（参照组：独立居住）

变量	全样本	农村	城市
kedu	−0.112***	−0.121***	−0.152***
kn	0.040**	0.034	0.075*
gen	0.110*	0.122*	0.122
age	−0.028***	−0.024***	−0.044***
mar	−0.476***	−0.410***	−0.650***
con	2.456***	2.128***	3.904***

续表

变量	全样本	农村	城市
Pseudo R^2	0.031	0.023	0.062
n	5 685	4 075	1 610

注：***、**、*分别表示显著性水平为1%、5%和10%。

首先，子女质量对共同居住具有明显的负向影响。在1%的显著性水平上，子女学历平均每增加一个层次将使得共同居住的概率减少10.6%；这一现象在城市尤为明显，子女学历平均每增加一个层次将使得共同居住的概率减少14.1%；而在农村样本中这一数值为11.4%。

其次，子女数量对共同居住的促进作用明显。总体上，子女数量每增加1将使得共同居住的概率增加4.1%，显著性水平为5%；而在城市这一数值为7.8%，显著性水平为10%；农村这一数值为3.5%，但显著性水平不高。

由此可见，成年父母"数量—质量"转变共同居住的影响显著，减少生育数量而提高子女质量的少生优生决策将使得父母年老时与子女共同居住的概率大大降低，其中，子女质量提高对共同居住的抑制作用尤为明显。本文认为这一现象是符合经济学直觉的，可能的解释有两种：（1）对子女教育投入增加将使促进其流向人力资本回报率更高的地区工作和生活，进而与父母分隔两地；（2）学历层次较高的子女往往由于较长时间的求学经历而养成与父母迥异的生活习惯和作息规律，价值观与传统观念的代际冲突也更为激烈，因此，出于尊重双方生活自主性、保护父母的身心健康，选择与子女独立居住更为明智。

控制变量中，年龄与婚姻状态对共同居住具有显著的负向影响且在城市样本中这一表现更为明显。在1%的显著性水平上，全样本中老年人年龄平均每增加1岁与子女共同居住的可能性将降低2.7%，城市样本中这一数值为4.3%；相较于没有配偶而言，有配偶的老年人与子女共同居住的可能性降低37.9%，城市样本中这一数值高达47.8%。

（二）"数量—质量权衡"使居住距离增加？

二元Logit模型回归结果表明父母的"数量—质量"转变将使得其与子女共同居住的改率降低，那么这是否意味着居住距离增加呢？对此，本文进一步将父母的居住安排划分为"与子女共同居住""与子女居住在同一村/社区""与子女居住在相同县/市/区""与子女居住在不同的县/市/区"四种模式，并应用多元Logit模型进行回归分析。

本文首先检验了在多种居住模式下子女教育投入对居住安排的影响，随后检验了这种影响如何随父母年龄的变化而变动，进而探讨子女质量对父母居住安排的作用机制，结果如表 4 所示。

表 4　居住模式的多元 Logit 模型回归结果（参照组：与子女住在不同的县/市/区）

变量	全样本		农村		城市	
	(1)	(2)	(3)	(4)	(5)	(6)
共同居住						
kedu	-0.172***	-0.396	-0.292***	-0.172	-0.109*	-0.983*
keduage		0.004		-0.002*		0.013
kn	0.388***	0.388***	0.389***	0.390***	0.526***	0.523***
gen	-0.295***	-0.298***	-0.271**	-0.273**	-0.253	-0.257
age	0.020**	-0.002	0.015	0.019	0.001	-0.081
mar	-0.330*	-0.340***	-0.288*	-0.292*	-0.406*	-0.434*
con	0.430	1.826	1.133	0.841	1.274	6.734*
居住在同一村/社区						
kedu	-0.167***	-0.885***	-0.296***	-0.781*	-0.022	-1.294**
keduage		0.011**		0.007		0.019**
kn	0.457***	0.456***	0.458***	0.458***	0.585***	0.581***
gen	-0.564***	-0.569***	-0.563***	-0.568***	-0.497**	-0.500**
age	0.061***	0.008	0.052***	0.021	0.059***	-0.055
mar	0.177	0.163	0.147	0.140	0.328	0.293
con	-3.408	0.173	-2.237	-0.128	-4.491***	3.213
居住在同一县/市/区						
kedu	0.057*	-1.181***	-0.052	-1.085**	0.117*	-1.499**
keduage		0.018***		0.016**		0.024***
kn	0.247***	0.250***	0.241***	0.242***	0.397***	0.395***
gen	-0.315***	-0.321***	-0.236	-0.241*	-0.386*	-0.391*
age	0.040***	-0.056**	0.024*	-0.047	0.043**	-0.105*
mar	0.230	0.203	0.229	0.207	0.276	0.226
con	-3.083***	3.438*	-1.642*	3.162	-3.826	6.175
Pseudo R^2	0.124	0.129	0.123	0.127	0.127	0.132

注：***、**、* 分别表示显著性水平为 1%、5% 和 10%。

由模型（1）可知，父母对子女进行教育投资将使得共同居住和居住在附近的概率明显降低。具体而言，子女学历每增加1个层次将使得共同居住和居住在同一村/社区的概率分别下降15.8%和15.4%，显著性水平为1%。分样本回归结果如模型（3）和模型（5）所示，教育的这种抑制作用在农村尤为明显，在1%的显著性水平上，子女学历每提高1个层次将使得共同居住和居住在同一村/社区的可能性分别下降25.4%和25.6%；而对于城市样本而言，这一数值仅为10.4%和2.91%，且显著性水平低于5%。但对子女进行教育投资将使得其与父母居住在同一县/市/区的概率增大，总体回归结果表明，在10%的显著性水平上，子女学历每提高1个层次，其与父母居住在同一县/市/区的概率将增加5.9%；城市样本中该值为12.4%，显著性水平也为10%；农村样本中该值为-0.51%，但不显著。

在加入子女教育水平与父母年龄交互项后，子女学历层次对父母居住安排的影响发生较大转变。由模型（2）可知：a. 子女学历层次对共同居住的影响变得不显著；b. 子女学历层次对居住在同一村/社区的系数为-0.885且显著性水平为1%，子女学历层次与父母年龄交互项系数为0.011且显著性水平为5%，因此，子女教育水平对居住在同一村/社区的总效应为$\beta_1 = -0.885 + 0.011age$，这说明随着父母年龄增大，子女学历层次对其与父母居住在同一村/社区的影响将由负转正。当父母的年龄在80岁以上时$\beta_1 > 0$，此时子女学历层次提高将使得其与父母居住在同一村/社区的可能性增大；c. 子女学历层次对居住在同一县/市/区的系数为-1.181，其与父母年龄交互项的系数为0.018，显著性水平为1%，说明子女教育水平对其与父母居住在同一县/市/区的总效应为$\beta_2 = -1.181 + 0.018age$，当父母年龄在66岁以上时$\beta_2 > 0$，其与子女居住在同一县/市/区的概率将随子女学历层次的提高而增加。

分样本回归结果如模型（4）和模型（6）所示，子女学历层次对居住安排的这种正向影响在城市表现得更为明显。城市样本中，在5%的显著性水平上，子女学历层次对居住在同一村/社区和同一县/市/区的系数分别为-1.294和-1.499，学历层次与父母年龄交互项的系数分别为0.019和0.024，当父母年龄分别大于68岁和63岁时，子女教育水平提高对以上两种居住安排的影响显著为正；而在农村样本中，这种正向的促进作用仅对居住在同一县/市/区这种居住模式影响显著。当父母的年龄大于68岁时，子女学历层次提高将使得其与父母居住在同一县/市/区的可能性增加，显著性水平为5%。

因此，在引入子女教育水平与父母年龄的交互项后，可以发现：（1）随父母年龄增加，子女教育水平对居住安排的影响将由负转正，这种现象在城市样本中尤为明显。说明父母对子女的教育投资并未在绝对意义上增加其与子女的居住距离，当父母步入老年、身体功能有所下降后，子女会减少与父母的居住距离，与父母住在同一社区、同一县/市/区的可能性增加。（2）在农村地区，随着父母年龄的增长子女教育水平仅对居住在同一县/市/区有正向影响，子女教育学历层次对居住在同一村/社区的影响仍是负向的。这一结论与余央央和陈洁（2020）一致，农村青壮年子女与父母的居住模式呈现“离土不离县”的格局。本文认为之所以出现这一现象的原因在于：农村的就业机会十分有限，子女回迁很难找到合适的工作；同时，由于城乡生活成本与风土人情差异巨大，农村父母也很难适应城市生活。因此，平衡家庭照料需求与子女个人发展需要，适当缩短居住距离，选择居住在同一县/市/区是最为妥帖的选择。(3) 值得注意的是，父母对子女进行教育投资确实降低了其与子女共同居住的可能性，即使父母年龄逐渐增长这一结论也没有发生变化。

五、机制分析

实证分析结果表明以质量替代数量的生育决策并未明显增加老年人与子女的居住距离，随着父母年龄的增长居住距离反而有所缩短，这一现象在城市地区尤为明显。在这部分本文进一步探讨居住距离缩短的成因，出于代际向上照料的需要？还是代际向下照顾的需要？本文针对后者进行了经验检验，主要从两个方面入手：首先，对于有未成年孩子的子女而言，家务劳动更需要父母的帮助；其次，教育水平越高的子女进行家务劳动的机会成本越高，因而越需要父母的帮助。在此背景下，本文进一步根据老年人是否有未成年孙子女和子女的学历层次进行子样本划分①并进行多元 Logit 模型回归分析（见表 5），如果确实出于代际向下照顾的需要而使得居住距离有所缩短，那么，家庭子女“数量—质量”转变应该对有未成年孙子女和子女学历相对较高的老年人的居住安排影响显著，而对没有未成年孙子女和子女学历相对降低的老年人的居住安排影响不显著。

表 5　子样本多元 Logit 模型回归结果（参照组：与子女住在不同的县/市/区）

变量	未成年孙子女		子女学历层次	
	有	没有	初中及以上	初中以下
共同居住				
kedu	-0.788**	0.632	-0.751	-0.116
keduage	0.009*	-0.010	0.008	0.002
kn	0.364***	0.626***	0.353***	0.440***
gen	-0.259**	-0.601**	-0.269**	-0.408**
age	-0.026	0.053	0.035	0.016
mar	-0.272*	-0.584*	-0.412**	-0.220
con	3.464**	-2.705	4.757	-0.287

① 受样本数量限制，这里仅对全样本进行子样本划分，而不再对农村和城市样本进行子样本划分。

续表

变量	未成年孙子女		子女学历层次	
	有	没有	初中及以上	初中以下
居住在同一村/社区				
kedu	-1.332***	0.466	-1.710***	-0.643
keduage	0.017***	-0.007	0.021**	0.010
kn	0.438***	0.752***	0.450***	0.504***
gen	-0.525***	-0.781***	-0.486***	-0.713***
agc	-0.026	0.073	0.071	0.021
mar	0.162	0.131	0.184	0.026
con	2.500	-5.366	6.190	-1.937
居住在同一县/市/区				
kedu	-1.634***	0.437	-1.296**	-1.075
keduage	0.025***	-0.003	0.019**	0.017
kn	0.266***	0.401***	0.239***	0.287***
gen	-0.224*	-0.726**	-0.181	-0.576***
age	-0.105***	0.045	-0.068	-0.044
mar	0.294*	-0.002	0.105	0.379*
con	6.446***	-4.116	4.596	2.396
Pseudo R^2	0.117	0.179	0.113	0.087

注：***、**、*分别表示显著性水平为1%、5%和10%。

如表5所示，子女质量向数量的转变对于没有未成年孙子女和子女学历层次在初中以下的老年人的居住安排不显著；而在有未成年孙子女的子样本中，随着父母年龄的增长，子女教育水平对居住安排的影响发生明显变化。平均而言，在1%的显著性水平上，当父母年龄分别高于78岁和65岁时，子女学历层次提高将使得居住在同一村/社区和居住在同一县/市/区的可能性增加；在子女学历为初中及以上的子样本中，在1%的显著性水平上，父母年龄分别高于81岁和68岁时，子女教育水平提高将显著增加居住在同一村/社区和居住在同一市/县/区的概率。

至于为什么教育对居住安排的影响要随着父母年龄增长而由负转正，本文猜想可能的原因是在父母年轻时由于子女在外求学工作而与其分居两地，父母年长后由于身体机能下降而退出劳动力市场，此时，出于满足代际向下照顾、帮助子女分担家务的需求而缩短居住距离，选择与子女居住在同一村/社区或同一县/市/区。

六、结论与讨论

本文使用2015年CHARLS数据并结合二元Logit模型和多元Logit模型分析家庭由子女数量向质量的转变对老年人居住安排的影响。结果发现：

"数量—质量"转变在我国家庭中普遍存在，样本数据中老年人的子女数量与子女平均学历层次之间存在显著的负相关。在1%的显著性水平上，全样本的相关系数为-0.388，城市样本的相关系数为-0.421，农村样本的相关系数为-0.312。以子女质量替代数量的权衡将显著降低老年人与子女同住的可能性。其中，子女数量增加能够明显促进老年人与子女共同居住，而子女质量提高将使得共同居住的概率降低，因而在"重质量、轻数量"的时代背景下，"数量—质量权衡"的结果是老年人亲子同住的可能性降低而独立居住的概率增加。

"数量—质量"转变并不必然带来居住距离的增加。尽管老年人与子女的居住距离将随着子女数量的减少而增大，但子女质量的提高对代际居住距离的影响随老年人年龄的增长而先增加后减小，当老年人到达一定年龄后，与子女居住在同一社区或同一县/市/区的概率增加。其中，在城市样本中，当老年人的年龄高于68岁和63岁时，子女质量提高将使得老年人与子女居住在同一社区和居住在同一县/市/区的可能性增大；在农村样本中，当老年人的年龄高于68岁时，子女质量提高将使得老年人与子女居住在同一县/市/区的概率增加。

老年人与子女居住距离的缩短主要源于向下代际照顾的需要。按照老年人是否有未成年孙子女和子女的学历水平进一步划分子样本并进行回归分析，发现："数量—质量"转变对于没有未成年孙子女和子女学历在初中以下的老年人的居住安排不显著；而对于有未成年孙子女和子女学历在初中及以上的老年人而言，"数量—质量"转变将使得其与子女住在同一村/社区和同一县/市/区的可能性随着年龄的增加而增大。

参考文献

1. 陈皆明、陈奇：《代际社会经济地位与同住安排——老年人居住方式分析》，载《社会学研究》2016年第1期。

2. 封铁英、高鑫：《家庭特征、居住安排与赡养行为——基于陕西省1061份老年样本的实证分析》，载《求索》2017年第9期。

3. 冷熙媛、张莉琴：《"新农保"对传统合住模式的冲击效应》，载《人口研究》2018年第4期。

4. 彭希哲、胡湛：《当代中国家庭变迁与家庭政策重构》，载《中国社会科学》2015年第12期。

5. 石金群：《转型期家庭代际关系流变：机制、逻辑与张力》，载《社会学研究》2016年第

6 期。

6. 王建平、叶锦涛：《大都市低龄老年人居住安排现状及其影响因素研究》，载《华中科技大学学报》2019 年第 5 期。

7. 韦艳、张本波：《"依亲而居"：补齐家庭养老短板的国际经验与借鉴》，载《宏观经济研究》2019 年第 12 期。

8. 吴伟、周钦：《房价与中老年人居住安排——基于 CHARLS 两期面板数据的实证分析》，载《财经科学》2019 年第 12 期。

9. 杨舸：《社会转型视角下的家庭结构和代际居住模式——以上海、浙江、福建的调查为例》，载《人口学刊》2017 年第 2 期。

10. 余央央、陈杰：《子女近邻而居，胜于同一屋檐?》，载《财经研究》2020 年第 8 期。

11. 张云月、谢宇：《低生育率背景下儿童的兄弟姐妹数、教育资源获得与学业成绩》，载《人口研究》2015 年第 4 期。

12. 张苏、王婕：《养老保险、养孝伦理与家庭福利代际帕累托改进》，载《经济研究》2015 年第 10 期。

13. 朱雅玲、赵强：《技能溢价、城乡收入差距与居民消费》，载《管理学刊》2020 年第 4 期。

14. Becker G S. *An economic analysis of fertility//Demographic and economic change in developed countries*. Columbia University Press，1960：209 – 240.

15. Becker G S. *The economic approach to human behavior*. University of Chicago Press，1976.

16. Becker G S，Murphy K M，Tamura R. Human capital，fertility，and economic growth. *Journal of Political Economy*，1990，98（3）：12 – 37.

17. Burgess E W. *The function of socialization in social evolution*. University of Chicago Press，1916.

18. Caldwell J C. Toward a restatement of demographic transition theory. *Population and Development Review*，1976，2（3）：321 – 366.

19. Caldwell JC. *Theory of Fertility Decline*. Academic Press，1982.

20. Goode W J. *World revolution and family patterns*. Free Press，1963.

21. Laslett P. *The Household and family in past time*. Cambridge University Press，1972.

22. Lei X，Strauss J，Tian M，Zhao Y. Living arrangements of the elderly in China：evidence from the CHARLS national baseline. *China Economic Journal*，2015，8（3）：191 – 214.

23. Ma S，Wen F. Who coresides with parents? an analysis based on sibling comparative advantage. *Demography*，2016，53（3）：623 – 647.

24. McFarland A. *Marriage and love in England*，1300 – 1840. Basil Blackwell Inc，1986.

25. McFarland A. *The culture of capitalism*. Basil Blackwell Inc.，1987.

26. Stone L. The Family，*Sex and Marriage in England* 1500 – 1800. Harmondsworth：Penguin，1979.

The Influence of Child "Quantity – Quality" Trade off on the Living Arrangement of the Elderly

Zhou Xiaomeng Zhou Yue

Abstract: Since the 1980s, it is very common for Chinese families to replace children's quantity with quality, and this "quantity quality balance" has an important impact on the living arrangement of the elderly. This paper analyzes the impact of "quantity quality trade-off" of adult parents on their living arrangements in their old age by using the 2015 Charls data and combining binary logit model and mlogit model. The results show that the increase in the number of children not only increases the possibility of the elderly living with their children, but also shortens the living distance; However, the improvement of children's quality will reduce the possibility of living together, and the impact on living distance increases first and then decreases with the increase of the age of the elderly. When the elderly reach a certain age, the probability of living in the same community or the same county/city/district with their children increases. It can be seen that "quantity quality trade-off" will significantly reduce the possibility of the elderly living with their children, but it does not necessarily lead to the increase of living distance. Further analysis shows that the reduction of the living distance between the elderly and their children is mainly due to the need for intergenerational care.

Key words: *number of children quality of children living arrangement living distance intergenerational care*

人力资本积累、性别角色观念与女性劳动参与

初帅 孙鹏*

摘　要：中国劳动力市场转型背景下"人口红利"日趋下降，提升女性劳动参与是保证中国经济持续、稳定发展的有效之策。本文通过构建含有以教育为代表的人力资本积累和性别角色观念的劳动参与选择模型，研究了人力资本积累如何通过性别角色认同对女性劳动参与产生影响。研究结果表明，以教育为代表的人力资本积累主要通过两条机制对女性劳动参与产生影响。一是人力资本积累提升了女性在劳动力市场的收入，进而提高其劳动参与；二是人力资本积累改善了女性的性别角色观念，降低了其保留工资，从而增加劳动参与的概率。进一步的经验分析表明，女性受教育年限每增加1年，其劳动参与的概率会增加2%～5%，对性别角色观念的认同会下降约2%。以教育为代表的人力资本积累对女性劳动参与的影响中，有16%可以通过性别角色观念来解释。并且，性别角色观念是使教育对女性劳动参与存在显著影响的重要因素。本文的研究通过引入性别角色观念这一非经济因素，在理论上丰富了人力资本积累对个体决策影响的机制。同时，为未来通过制定教育发展政策提升女性劳动参与，保证劳动力的有效供给，进而促进中国经济持续、稳定发展提供了可靠的决策依据。

关键词：人力资本　性别角色观念　女性劳动参与

一、引言

改革开放40多年来，中国经济保持了惊人的增长速度并取得了令人瞩目的成就。在这一"增长奇迹"的背后，"人口红利"功不可没（王德文等，2004；蔡昉，2010）。由于"人口红利"的存在，中国的经济增长模式更多地采用了发展比较优势的策略，长期以来发展劳动密集型产业一直是中国主要的经济发展模式。即使在经济进入"新常态"后，为了能够顺利、平稳地实现产业结构的调整和升级，在未来一段时间内，劳动密集型产业依然是中国经济的重要增长点（蔡昉等，2009；

* 初帅，中国人民大学劳动人事学院博士研究生；孙鹏，山东财经大学经济学院硕士研究生，本文通讯作者，E-mail：ytsunpeng@163.com。本文受中国人民大学科学研究基金（中央高校基本科研业务费专项资金资助）项目"性别认同对女性劳动力市场表现影响问题研究"（项目编号：20XNH055）资助。感谢中国人民大学曾湘泉教授、赵忠教授、王非副教授，以及宁波诺丁汉大学周明海副教授的宝贵建议，文责自负。

邓宏图等，2018）。在这一背景下，对劳动力供给问题的研究就显得尤为重要。

然而，随着中国产业升级、劳动力市场转型以及老龄化程度加深，“人口红利”日趋下降，劳动力供给开始出现短缺。曾湘泉、卢亮（2008）的研究指出，在2020年以前，中国的劳动力资源总数将经历一个由高到低阶段性的变化。在上述背景下，如何充分释放已有劳动力资源，以保证劳动力的有效供给是我们要面临的一个重要问题。彭青青等（2017）的研究指出，作为社会和家庭重要组成要素的女性群体，其在劳动力市场的表现需要尤其关注。相当多的研究指出，提升女性劳动参与，不仅可以在一定程度上缓解劳动力供给不足的问题，以保证中国经济能够持续、稳定的发展（蔡昉，2009；Duflo，2012；吴要武，2016），更是社会进步的一个重要标志（陈英姿、荣婧，2019）。

关于对女性劳动参与影响因素的研究，已有文献从多个视角进行了探索。一方面，从经济因素进行了考察，如女性个体在劳动力市场收入、家庭中其他成员收入，以及商品与要素间的相对价格等（Killingsworth and Heckman，1986；Neumark and Postlewaite，1998；Fontana and Adrian，2000；蔡昉、王美艳，2001）。另一方面，则从非经济因素进行了研究，如年龄、相貌、健康状况以及互联网使用等因素对女性劳动参与的影响（郭晓杰，2012；Besamusca et al.，2015；毛宇飞、曾湘泉，2017；李楠，2019）。此外，金融发展、市场化程度提升等制度变量也被认为是影响女性劳动参与的重要因素（申广军和邹静娴，2016；彭青青等，2017）。除了上述影响因素，以教育为核心的人力资本积累对女性劳动参与的影响也一直是学者重点关注的对象（Sackey，2005；郑美琴、王雅鹏，2006；Cebula and Coombs，2008；Bertrand et al.，2015；袁晓燕、石磊，2017）。

然而，到目前为止，鲜有文献专门研究以教育为核心的人力资本积累如何对女性劳动参与产生影响。一方面，传统的劳动经济学理论认为，人力资本积累会提高个体的劳动收入，进而提升其劳动参与（Mincer，1980）；另一方面，与男性不同，女性尤其是已婚女性要从家庭联合生产的角度进行劳动参与决策（Becker，1965；Becker，2009）。女性劳动参与决策不仅要考虑经济因素，更多地还要考虑其作为妻子以及母亲的身份（Akerlof and Kranton，2000；Marianne et al.，2015；Ye and Zhao，2018）。这就意味着，在人力资本积累对女性劳动参与的影响因素中，性别角色观念（gender role attitude）可能会扮演非常重要的角色。

本文通过构建含有以教育为代表的人力资本积累，以及性别角色观念的劳动参与二元离散选择模型，并基于微观数据进行的经验研究，考察了人力资本积累如何通过影响女性的性别角色观念来对其劳动参与产生影响。本文余下部分安排为：第二部分对已有研究进行评述；第三部分构建包含教育与性别角色观念的劳动参与二元选择模型，并给出待检验的假设；第四部分利用微观数据进行经验分析，并验证相关假设；最后是全文总结。

二、文献评述

明瑟尔（Mincer，1980）对女性劳动参与问题进行了开创性的研究。该研究认为家庭收入是影响已婚女性劳动参与决策的重要因素，但是该影响在横截面数据与时间序列数据中表现出了完全相反的作用。为了对上述“悖论”作出解释，随后的许多研究分别从婚姻、生育以及家庭照料等方面进行了分析（Becker，1965；Soldo and Myllyluoma，1983；Hotz and Miller，1988）。然而，早期的研究无法很好地解决被解释变量，即劳动参与决策，作为二值变量时如何准确估计的问题。麦克法登（McFadden，1974）通过提出二元离散选择模型，解决了二值变量的估计问题，自此针对女性劳动参与的文献开始大量涌现。

已有文献对女性劳动参与影响因素的研究大致可以划分为个体因素与宏观因素。个体层面，纽马克和波斯维尔岩（Neumark and Postlewaite，1998）的研究发现，家庭中其他女性成员的劳动参与决策，以及丈夫的收入会影响女性劳动参与决策。贝萨穆斯卡等（Besamusca et al.，2015）针对117个国家的研究发现，女性劳动参与和年龄之间存在“U”形曲线的关系。此外，相貌、工作经验、健康状况以及互联网使用等因素也对女性劳动参与有一定的影响（郭晓杰，2012；毛宇飞、曾湘泉，2017；李楠，2019）。宏观层面，丰塔纳和阿德里安（Fontana and Adrian，2000）以及福法娜和伯纳德（Fofana and Bernard，2005）的研究发现，贸易可以通过改变商品与要素间的相对价格对女性劳动参与产生影响。吴伟平等（2016）发现，房价对女性劳动参与决策会产生影响。马双等（2017）的研究发现，最低工资标准的提高能提升女性劳动参与率。此外，金融发展、市场化程度提升也会对女性劳动参与产生一定的影响（申广军、邹静娴，2016；彭青青等，2017）。

除了上述影响因素，以教育为核心的人力资本积累也被视为对女性劳动参与影响的重要因素（Standing，1976）。大多数研究认为，女性的受教育程度与其劳动参与呈正相关关系。明瑟尔（Mincer，1980）在早期的研究中发现，女性受教育程度越高，劳动参与率越高，工作时间越长。舒尔茨（Schultz，1994）的人力资本理论指出，女性受教育程度与其劳动参与、劳动工时以及劳动收入有显著的正相关关系。森（Sen，1990）通过对发展中国家进行研究发现，导致发展中国家经济增长缓慢的一个重要原因是女性劳动参与的不足，而与女性劳动参与不足相伴随的往往是发展中国家女性平均教育水平的低下。针对发达国家以及发展中国家的实证研究均显示，女性受教育程度的提高会提升其劳动参与率（Bowen and Finegan，1966；Lam and Duryea，1999；陆铭、葛苏勤，2000；Bratti，2003；Sackey，2005；Cebula and Coombs，2008；袁晓燕、石磊，2017）。

那么教育是通过何种途径对女性劳动参与产生影响的呢？一方面有研究认为，

女性个体受教育程度提高可以通过提升女性的劳动生产率、改善女性的健康状况等途径，促进其在劳动力市场的议价能力（Bowen and Finegan，1966；Grossman，2006）；另一方面，相当多的研究指出，女性受教育程度的提升会对其婚姻匹配质量、生育决策等因素产生影响，改善女性在家庭中的议价能力，从而促进其劳动参与（Lundberg and Pollak，1993；Duflo，2012；Samarakoon and Parinduri，2015）。除了上述两种途径，近年来心理、文化等非经济因素也开始进入经济研究的范围（Bertrand，2011）。阿克洛夫和克兰顿（Akerlof and Kranton，2000，2002，2005）通过一系列研究提出了性别角色观念的概念。该研究认为，角色观念代表社会范畴的预期，个体在进行决策时，角色观念会对其效用函数产生一定的影响。对女性来说，角色观念最主要的表现形式就是性别角色观念。通过进一步分析性别角色观念对女性教育获得、劳动参与，以及劳动收入等变量的影响，该研究认为女性的性别角色观念是影响其劳动力市场表现最重要的非经济因素。福廷（Fortin，2005，2015）针对25个经合组织国家，以及美国进行的经验研究对上述理论提供了支持。针对中国的一些研究也得出了类似的结论，但大多是从社会学角度进行的研究（刘爱玉等，2015；卿石松，2017；Ye and Zhao，2018）。

通过上述文献回顾我们发现，以教育为核心的人力资本积累如何对女性劳动参与产生影响这一问题，现有文献还缺乏理论分析以及相应的经验检验。女性受教育程度对其劳动参与决策的影响，除了能通过劳动收入等经济因素进行传递，还会通过性别角色观念等非经济因素进行传递。将非经济因素纳入分析框架，可以帮助我们更深入地理解人力资本积累如何对个体决策进行影响。进一步的，我们使用微观调查数据对相关假设进行了检验。性别角色观念是一个难以直接度量的变量。在进行经验分析时，我们对使用的微观调查数据中所有与性别角色观念相关的问题都进行了分析，并通过主成分分析法生成了度量性别角色观念的指数，以进行尽可能全面的分析。

本文的贡献主要体现在两个方面：第一，在理论上，通过将性别角色观念这一非经济因素引入劳动参与决策模型，考察了教育对劳动参与决策的影响中女性所特有的影响机制。在理论上丰富了人力资本积累对个体决策影响的机制，拓宽了经济学研究的边界。第二，在应用上，本文的研究为未来如何通过制定教育发展政策提升女性劳动参与，以保证中国劳动力有效供给，进而促进中国经济持续稳定发展提供了可靠的决策依据。

三、理论模型

为了研究教育如何通过影响性别角色观念来对女性劳动参与产生影响，我们将构建含有教育和性别角色观念的劳动参与二元离散选择模型。我们以莫滕森

(Mortensen，1986）的模型为基准，并在此基础上做了以下改进：第一，莫滕森（Mortensen，1986）的模型只是强调就业决策会受到实际收入（hours of wage）与保留工资（reservation wage）的影响，我们将实际收入以及保留工资表示为个体特征的函数，借此来细致刻画受教育程度等变量如何对劳动参与产生影响；第二，在保留工资的方程中，将性别角色观念作为解释变量放入其中。阿克洛夫和克兰顿（Akerlof and Kranton，2000）指出，个体的角色观念会影响其效应函数，而保留工资又可以看作效应函数的一个具体表现；第三，我们认为教育会单独对性别角色观念产生影响，于是教育对女性劳动参与影响的表达式中含有性别角色观念这一变量。

令 W_i 表示个体 i 在劳动力市场的实际收入，W_i^* 表示个体 i 的保留工资。edu_i 表示个体 i 的受教育程度，Z_i 表示包含户口、年龄等的个体特征，ε_i 表示不可观测的个体偏好。进一步的，利用 g_i 表示个体 i 的性别角色观念，LPF_i 表示个体 i 劳动参与的状态，当个体进行劳动参与时，LPF_i 等于 1，否则为 0。于是，我们可以得到如下表达式：

$$W_i = f_1(edu_i,\ Z_i,\ \varepsilon_i) \tag{1}$$

$$W_i^* = f_2(edu_i,\ g_i,\ Z_i,\ \varepsilon_i) \tag{2}$$

$$g_i = f_3(edu_i,\ Z_i,\ \varepsilon_i) \tag{3}$$

$$I = \ln\frac{W_i}{W_i^*} = \ln W_i - \ln W_i^* \tag{4}$$

$$\begin{cases} LFP_i = 1 & \text{if} \quad I > 0 \\ LFP_i = 0 & \text{if} \quad I \leqslant 0 \end{cases} \tag{5}$$

式（1）表示个体的实际收入会受到其教育程度、个体特征以及其他不可观测变量的影响。式（2）表示个体的保留工资除了会受到式（1）中影响实际收入的教育程度、个体特征以及其他不可观测变量，还会受到性别角色观念的影响。式（3）表示个体的教育程度、个体特征以及其他不可观测变量会对其性别角色观念产生影响。式（4）与式（5）表示，当个体能获得的实际收入大于保留工资时，个体选择进行劳动参与，否则退出劳动力市场。

式（1）的表达式可以进一步展开为明瑟尔（Mincer，1974）工资方程的形式，表示为式（6）：

$$\ln W_i = \alpha_1 + \beta_1 edu_i + \gamma_1 X_i + \mu_{1,i} \tag{6}$$

式（6）中，方程左边 $\ln W_i$ 表示个体 i 在劳动力市场的小时工资对数，用来代表个体的劳动收入。系数 β_1 代表教育回报率，一般认为教育回报率为正，即受教育程度越高，劳动力获得的收入也越高。系数 α_1 表示截距项，系数 γ_1 表示个体 i 其他特征的系数向量，$\mu_{1,i}$表示不可观测扰动项的影响。

与式（6）的表达式类似，我们可以将式（2）表示为式（7）：

$$\ln W_i^* = \alpha_2 + \beta_2 edu_i + \varphi g_i + \gamma_2 X_i + \mu_{2,i} \tag{7}$$

式（7）中，方程左边 $\ln W_i$ 表示 i 的保留工资，系数 β_2 表示个体受教育程度对其保留工资的影响，霍夫勒和墨菲（Hofler and Murphy，1994）的研究发现，个体受教育程度越高，其保留工资也越高。系数 φ 表示个体性别角色观念对其保留工资的影响。叶和赵（Ye and Zhao，2018）的研究发现，弱性别角色观念的女性相较于强性别角色观念的女性有更高的劳动参与率，基于此我们提出假设1：

女性个体性别角色观念对其保留工资会产生正向影响，即式（7）中系数 φ 为正值。

式（7）中其余系数的含义与式（6）类似，α_2 表示截距项，γ_2 表示个体其他特征的系数向量，$\mu_{2,i}$ 表示不可观测扰动项的影响。进一步的，根据桑顿等（Thornton et al.，1983）的研究，我们将式（3）展开表示为式（8）：

$$g_i = \alpha_3 + \beta_3 edu_i + \gamma_3 X_i + \mu_{3,i} \tag{8}$$

式（8）中，g_i 表示个体 i 的性别角色观念，系数 β_3 表示个体受教育程度对性别角色观念的影响，伯特兰（Bertrand，2011）的研究发现，教育程度提升会改善女性对待传统文化的态度，基于此，我们提出假设2：

女性个体受教育程度对其性别角色观念会产生负向影响，即式（8）中系数 β_3 为负值。

式（8）中其余系数的定义与式（6）、式（7）类似，α_3 表示截距项，γ_3 表示个体其他特征的系数向量，$\mu_{3,i}$ 表示不可观测扰动项的影响。为了考察教育如何通过影响性别角色观念来对女性劳动参与产生影响，第一步，我们将式（6）与式（7）代入式（4），得到式（9）：

$$I = (\alpha_1 - \alpha_2) + (\beta_1 - \beta_2) edu_i - \varphi g_i + (\gamma_1 - \gamma_2) X_i + (\mu_{1,i} - \mu_{2,i}) = V_1 \pi_1 - \epsilon_1 \tag{9}$$

式（9）中，$V_1 = [edu_i, g_i, X_i]$，$\epsilon_1 = (\mu_{1,i} - \mu_{2,i})$。由于高教育程度的女性从事家庭劳动生产的成本更高，同时结合假设1，我们得到假设3：

女性个体受教育程度对其劳动参与的影响为正，女性个体的性别角色观念对其劳动参与的影响为负。

第二步，将式（6）、式（7）、式（8）均代入式（4），可得式（10）：

$$\begin{aligned} I = {} & (\alpha_1 - \alpha_2 - \varphi\alpha_3) + (\beta_1 - \beta_2 - \varphi\beta_3) edu_i + (\gamma_1 - \gamma_2 - \varphi\gamma_3) X_i \\ & + (\mu_{1,i} - \mu_{2,i} - \varphi\mu_{3,i}) = V_2 \pi_2 - \epsilon_2 \end{aligned} \tag{10}$$

在式（10）中，$V_2 = [edu_i, X_i]$，$\epsilon_2 = (\mu_{1,i} - \mu_{2,i} - \varphi\mu_{3,i})$。同时，根据假设3我们提出假设4：

女性个体受教育程度对其劳动参与的影响为正，且是通过影响性别角色观念来实现的。

进一步的，我们以概率的形式来表达式（5）中的劳动参与决策：

$$Pr(LFP_i = 1) = Pr(\ln w_i > \ln w_i^*) = Pr(I > 0) \tag{11}$$

最后，将式（9）与式（10）中 I 的表达式分别代入式（11），可以得到：

$$Pr(LFP_i = 1) = Pr(V_1 \pi_1 > \epsilon_1) = F_1\left(\frac{V_1 \pi_1}{\sigma_{\epsilon 1}}\right) \tag{12}$$

$$Pr(LFP_i = 1) = Pr(V_1\pi_1 > \epsilon_1) = F_2\left(\frac{V_2\pi_2}{\sigma_{\epsilon 2}}\right) \tag{13}$$

式（12）中的 F_1 以及式（13）中的 F_2 表示将女性个体劳动参与概率从 0 到 1 连接起来的连接函数（Link Function）。

四、经验分析

为了检验假设 1 ~4，在接下来的部分我们将进行经验分析。首先，由于数据限制，我们无法直接得到假设 1 中性别角色观念对保留工资的影响。但通过对假设 3 的验证可以对假设 1 的结果进行反推，为了验证假设 3，我们需要对式（12）进行估计，因此设置计量模型：

$$LFP_i = \alpha + \beta edu_i + \varphi g_i + \gamma X_i + \mu_i \tag{14}$$

由于被解释变量女性劳动参与（LFP）是二值变量，作为解释变量 V_1 与被解释变量 LPF_i 的连接函数，其形式决定了在回归时所采用的模型。在本文中，我们首先假定连接函数 F_1 是线性的，采用线性概率模型（Linear Probability Model，LPM）进行回归。其次，为了使结果更加稳健，我们参考威利斯和罗森（Willis and Rosen，1979）的做法，假定连接函数 F_1 为标准正态的累积分布函数（cdf），进而采用 Probit 模型进行回归。

与验证假设 3 的方法类似，对假设 4 我们设置的计量模型如下：

$$LFP'_i = \alpha' + \beta' edu_i + \gamma' X_i + \varepsilon_i \tag{15}$$

与式（14）相同，对式（15）我们将采用 LPM 和 Probit 两种方法进行估计。此外，为了得到教育对女性劳动参与的影响中有多大比例是通过性别角色观念来传递，我们还需要得到系数 β_1，个体受教育程度对实际收入的影响。以及系数 β_3，个体受教育程度对性别角色观念的影响。对系数 β_1 估计时，为了解决由于样本自选择产生的内生性问题，得到更准确的结果，对式（6）我们采用 Heckman 两步法进行估计。对系数 β_3 估计时，我们参考式（14）与式（15）的做法，对式（8）分别采用 LPM 和 Probit 两种方法进行估计。

（一）数据来源、变量定义与描述性统计

1. 数据来源

本文使用的数据来自中国人民大学负责执行的中国综合社会调查（Chinese General Social Survey，CGSS）。选用该数据是因为：首先，该数据采用分层抽样设计，调查对象覆盖了全国 31 个省份，在经济学、社会学的研究中经常被使用，

具有一定的权威性和代表性；其次，问卷调查涵盖了基本人口特征、教育信息、工作状态以及性别认同等多个方面，为本文的实证研究提供了数据支持；最后，CGSS 数据自 2003 年实施调查以来一直保持一定的更新频率，丰富的数据量有助于进行实证检验。基于上述考虑，我们使用 CGSS2010、CGSS2012、CGSS2013、CGSS2015 作为计量分析使用的数据。

在具体数据清理中，我们参考马双等（2017）和邹红等（2018）的做法，将所有男性以及未婚女性进行了删除，对调查年中 15 岁以下 64 岁以上的个体、教育信息以及人口特征信息缺失的变量进行了剔除。此外，对个人收入的离群值进行了上下 5% 截尾处理，最终得到 9 472 个有效样本。

2. 变量定义

第一，被解释变量女性劳动参与（LFP）。我们利用 CGSS 用问卷中“工作经历及状况”以及“最近三个月采取哪种方式寻找工作”来对女性劳动参与状况进行衡量，当受访者当前没有工作并且近 3 个月没有找过工作时，我们认为其劳动参与为 0，否则为 1。为了进一步验证选用数据的合理性，在图 1 中展示了利用 CGSS 计算出的劳动参与率和国际劳动组织（ILO）公布数据的进行了对比。

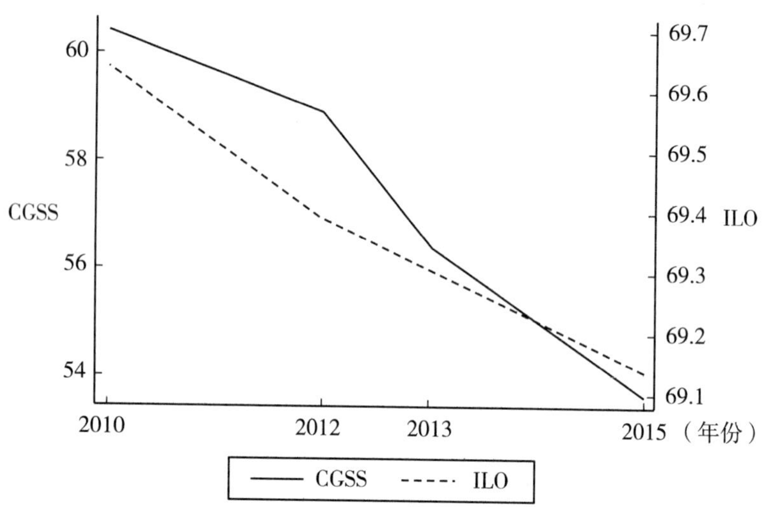

图 1　CGSS 计算所得女性劳动参与率与 ILO 公布数据的对比

注：由于国际劳动组织没有公布已婚女性的劳动参与率，因此图 1 中与 ILO 对比的是我们利用 cgss2010 ~ 2015 中所有经济活动人口女性的劳动参与率。劳动参与率 =（就业人口 + 失业人口）/经济活动人口。

第二，核心解释变量教育程度。本文使用个体受教育年限（Edu_y）来对个体的受教育程度进行刻画。由于 CGSS 中没有直接访问个体受教育年限，我们参考孟凡强等（2017）的做法，按照教育层次对个体受教育年限进行估算。具体的：未受过任何教育为0年，小学为6年，初中为12年，职业高中、普通高中、中专、技校为15年，大学专科为18年，大学本科及以上为19年。同时，如果受访者出现肄业、辍学、退学的情况，我们将其教育层次降低一级重新计算。

第三，机制变量性别角色观念。其中对性别角色观念的度量我们参考叶和赵（Ye and Zhao，2018）的做法，对问卷中“男人以事业为重，女人以家庭为重（Career）”问题回答“完全不同意”或“比较不同意”定义性别认同为0，否则为1。与此同时，我们注意到CGSS中与性别角色观念相关的问题还有：“男性能力天生比女性强（Competency）”“干得好不如嫁得好（Marriage）”“在经济不景气时，应该先解雇女性员工（Dismissal）”“夫妻应该均等分摊家务（Household Chores）”四个其他维度的衡量。进一步通过表1的相关系数矩阵显示，以上反映性别角色观念的5个问题具有一定的相关性，为了更全面地衡量性别角色观念这一变量，我们利用主成分分析法合成了性别角色观念的指数（Index）①。

表1　不同性别角色观念指标的相关系数矩阵

变量	Edu_y	Career	Competency	Marriage	Dismissal	Household Chores
Edu_y	1					
Career	-0.247***	1				
Competency	-0.249***	0.420***	1			
Marriage	-0.152***	0.275***	0.308***	1		
Dismissal	-0.180***	0.211***	0.289***	0.219***	1	
Household Chores	0.083***	-0.01	-0.019*	0.026**	-0.037***	1

注：*、**、***分别表示10%、5%和1%的显著性水平。

第四，其他个体特征与控制变量。首先，利用问卷中“目前户口登记状况”度量个体户口状况（Hukou），农业户口=0，其他为1；其次，利用被访者的出生年与被访问年的差值可以计算出年龄（Age），进一步可以得到年龄值的平方项（Agesq）；再次，对劳动收入我们采用小时工资对数进行衡量。具体做法是将全年劳动收入除以12再除以4估算出周工资水平，再除以周工时得到小时工资，最后对该小时工资取对数（lnw）；最后，为了控制年份固定效应，我们将CGSS2010作为基年，定义为0，令CGSS2012=1，CGSS2013=2，CGSS2015=3。

① 对5个反映性别角色观念的问题进行主成分分析时，按照特征根大于1的原则抽取主成分，最终反映性别角色观念的总指标 Index = 0.3745 × Career + 0.2019 × Competency + 0.1612 × Marriage + 0.1486 × Dismissal + 0.1138 × Household Chores。

3. 描述性统计

表2是对经过筛选后的研究样本进行的描述性统计，利用CGSS2010～2015计算出的女性平均劳动参与率为61%，这一结果得到了彭青青等（2017）研究的支持，从侧面反映了数据的可靠性。女性的平均受教育年限约为11.7年，平均年龄为39岁左右，有大约54%的人拥有城市户口。以对工作态度（Career）和性别角色观念指数（Index）为标准的性别角色观念度量结果显示，强性别角色观念的女性大约占总人数的67%和58%。为了对有收入女性的收入进行描述性统计，我们利用国家统计局发布的CPI指数对不同年份的收入进行了转换，结果显示，女性的平均小时收入对数为2.5，平均小时工资约为17元①。此外，CGSS各年份的样本分布较均衡。

表2　描述性统计

变量	样本量	平均值	标准差
Lfp	9 472	0.610	0.488
Edu_y	9 472	11.712	5.696
Career	9 459	0.667	0.471
Index	9 353	0.584	0.299
lnw	4 830	2.473	0.858
Age	9 472	39.429	8.688
Hukou	9 472	0.535	0.499
CGSS_2010	2 579		
CGSS_2012	2 293		
CGSS_2013	2 310		
CGSS_2015	2 290		

（二）实证结果与解读

表3展示了式（6）与式（8）的回归结果。其中，第（1）列是式（6）的回归结果，结果显示受教育年限对小时工资对数的影响系数为0.072，且在1%的显著性水平上显著，说明女性的教育回报率大约为7%，这一结果与李实和丁赛（2003）研究的结论一致。列（2）与列（3）展示了利用LPM分别将工作态度

① 我们以2015年的CPI指数为基准进行了换算，数据来源为国家统计局：http：//data.stats.gov.cn/easyquery.htm？cn＝C01。

（Career）和性别角色观念指数（Index）作为被解释变量时对式（8）估计的结果。结果显示系数为 β_3 负，即受教育程度提升会降低女性对性别角色观念的认同，且这一结果在1%的水平上显著。为了使结果更加稳健，在列（4）与列（5）进一步展示了将工作态度（Career）和指数（Index）作为被解释变量时式（8）Probit的回归结果。可以发现，回归结果在数值、符号以及显著性上均未发生明显的改变。至此，假设2首先得证。

表3　个体受教育年限对小时工资对数和性别角色观念影响的回归结果

变量	小时工资对数	性别角色观念			
	Heckman 两步法	Linear Probability Model		Probit Model	
	(1)	(2)	(3)	(4)	(5)
Edu_y	0.072*** (0.002)	-0.018*** (0.001)	-0.014*** (0.001)	-0.057*** (0.003)	-0.019*** (0.007)
Hukou	0.344*** (0.026)	-0.033*** (0.011)	-0.018*** (0.007)	-0.082** (0.033)	0.002 (0.080)
Age	0.254*** (0.014)	0.004 (0.005)	-0.001 (0.003)	0.011 (0.014)	-0.027 (0.035)
Agesq	-0.003*** (0.000)	-0.000 (0.000)	0.000 (0.000)	-0.000 (0.000)	0.000 (0.000)
_Cons	1.907*** (0.056)	0.725*** (0.093)	0.696*** (0.058)	0.691*** (0.268)	2.756*** (0.669)
N	9 472	9 459	9 353	9 459	9 353

注：括号内的数值为稳健标准误，*、**、***分别表示10%、5%和1%的显著性水平，Probit Model的系数是经过转换后的边际效应。列（2）与列（4）展示了将工作态度（Career）作为性别角色观念时的回归结果，列（3）与列（5）展示了将指数（Index）作为性别角色观念时的回归结果，同时，为了不使表格过于冗长，对年份固定效应以及以其他标准衡量性别角色观念的结果没有予以展示，对以上结果感兴趣的读者可以向作者索要。

表4的（1）~（3）列展示了利用LPM对式（14）和式（15）的回归结果。其中，第（1）列和第（2）列分别展示了将女性个体对工作态度（Career），以及性别角色观念指数（Index）作为性别角色观念衡量标准时，式（14）的回归结果。首先可以发现 $\beta-\theta$ 的值为正，数值大约为1.7%。这意味着，女性每增加1年教育，其劳动参与的概率会提升约1.7个百分点。其次，可以发现系数 φ 的绝对值为正，数值在9.7%~14%。这意味着，相对于性别角色观念认同感强的女性，对性别角色观念认同弱的女性进行劳动参与的概率会提升约12%。与此相对应，表4的第（4）、第（5）列展示利用Probit模型回归的结果。我们可以发现，由于连接

函数 F_1 的形势发生了变化，Probit 模型的回归结果系数略大于 LPM 的回归结果。然而，系数在显著性以及影响方向上并未发生明显改变。至此，假设 1 与假设 3 基本得证。

表 4　个体受教育年限对女性劳动参与影响的回归结果

变量	Linear Probability Model			Probit Model		
	(1)	(2)	(3)	(4)	(5)	(6)
Edu_Y	0.017*** (0.001)	0.016*** (0.001)	0.019*** (0.001)	0.047*** (0.003)	0.046*** (0.003)	0.052*** (0.003)
Career	-0.097*** (0.010)			-0.295*** (0.030)		
Index		-0.140*** (0.016)			-0.418*** (0.048)	
Hukou	0.051*** (0.012)	0.051*** (0.012)	0.054*** (0.011)	0.154*** (0.033)	0.154*** (0.033)	0.162*** (0.032)
Age	0.115*** (0.005)	0.115*** (0.005)	0.115*** (0.005)	0.324*** (0.015)	0.321*** (0.015)	0.320*** (0.014)
Agesq	-0.002*** (0.000)	-0.002*** (0.000)	-0.002*** (0.000)	-0.004*** (0.000)	-0.004*** (0.000)	-0.004*** (0.000)
_Cons	-1.620*** (0.094)	-1.589*** (0.095)	-1.701*** (0.093)	-5.936*** (0.283)	-5.834*** (0.284)	-6.090*** (0.272)
N	9 459	9 353	9 472	9 459	9 353	9 472

注：括号内的数值为稳健标准误，*、**、*** 分别表示 10%、5% 和 1% 的显著性水平，Probit Model 的系数是经过转换后的边际效应。

进一步的，表 4 的第（3）列展示了利用 LPM 对式（15）的回归结果。可以发现，当不考虑性别角色观念时，女性受教育年限对其劳动参与的影响显著为正，即系数 $\beta_1-\beta_2-\varphi\beta_3$ 显著为正，且系数的绝对值大于第（1）列与第（2）列的回归结果。这意味着，女性受教育年限对其劳动参与的影响中，有一部分是通过性别角色观念传递的。假设 4 得证。

在以上回归结果的基础上，另一个需要关注的问题是，教育对女性劳动参与的影响到底有多大部分可以由性别角色观念来解释。首先，我们要对理论模型的设定进行检验。结合表 3 的回归结果，我们可以得到受教育年限对小时工资的影响系数 β，表 3 的结果显示为 0.072。同理，我们可以得到受教育年限对性别角色观念的

影响系数 φ，为 0.018①。在考虑了性别角色观念时，受教育年限对女性劳动参与的影响 β - θ 为 0.017，性别角色观念对女性劳动参与的影响 ϕ 为 -0.097。于是，理论上将性别角色观念作为解释教育对女性劳动参与影响的机制变量时，教育对女性劳动参与的影响系数应该为：0.017 -（-0.097 × 0.018）= 0.0187。再计算出不考虑性别角色观念时，教育对女性劳动参与的真实值为 0.019，这意味着我们模型的设定是合理的。其次，我们来检验教育对女性劳动参与的影响中，有多大部分是通过改善性别角色观念产生的。通过表 4 的数据显示，总体来看教育对女性劳动参与的影响为 0.019。在考虑了性别角色观念后，该影响大约为 0.016，这意味着教育对女性劳动参与的影响中，有（0.019 - 0.016）/0.019 × 100% ≈ 16% 的部分可以由性别角色观念来解释。这一结论再次对假设 4 进行了验证。

（三）稳健性检验

为了使结果更加可信，我们在这一部分进行稳健性检验。首先，在式（14）中加入受教育年限与性别角色观念的交互项，并将采取不同标准对性别角色观念的度量结果分别展示在表 5 的第（1）列与第（2）列。结果显示，当工作态度（Career）作为性别角色观念度量标准时，其与受教育年限的交互结果为 -0.003 且未通过 10% 的显著性水平检验。当性别角色观念指数（Index）作为性别角色观念度量标准时，其与受教育年限的交互结果为 -0.005 且未通过 10% 的显著性水平检验。这说明，相对于性别角色观念认同弱的女性，性别角色观念认同强的女性通过提升受教育年限并不会对其劳动参与产生显著的影响。也即一旦性别角色观念形成后，女性受教育程度提升对其劳动参与决策不会产生显著的影响。这意味着，虽然女性的受教育年限对其劳动参与产生的影响中只有 16% 是通过性别角色观念传递的，但却是非常关键的一部分。

表 5　稳健性检验：女性样本

变量	劳动参与	
	（1）	（2）
Edu_Y	0.019*** （0.002）	0.020*** （0.002）
Career	-0.058** （0.028）	
Dummy_1	-0.003 （0.002）	

① 在这里我们用女性对工作的态度作为度量性别角色观念的变量。

续表

变量	劳动参与	
	(1)	(2)
Index		-0.081* (0.042)
Dummy_2		-0.005 (0.003)
N	9 459	9 353

注：括号内的数值为稳健标准误，*、**、*** 分别表示 10%、5% 和 1% 的显著性水平。以工作态度（Career）为衡量标准的性别角色观念变量与个体受教育年限的交互项计作 Dummy_1；以总指标（Index）为衡量标准的性别角色观念变量与个体受教育年限的交互项计作 Dummy_2。同时，为了不使表格过于冗长，省略了截距项以及控制变量的回归结果，对上述结果感兴趣的读者可向作者索要。

其次，如果教育对女性劳动参与是通过性别角色观念传递的，那么暗含的一个假设是，对男性来说，受教育年限对劳动参与的影响与性别角色观念没有关系。基于此，我们在表 4 中利用男性样本对式（6）、式（8）、式（14）以及式（15）进行了回归，并将结果展示在表 6 中。首先，第（1）~（3）列展示了对式（6）与式（8）的回归结果。可以发现，受教育年限提升会显著提高男性样本中个体的收入，同时显著改善其性别角色观念。这与已婚女性样本的结果是一致的，印证了人力资本理论中人力资本积累会提升个体的劳动力市场表现，以及改善个体社会观念的理论（Schultz，1994），同时对假设 2 也进行了印证。其次，第（4）列与第（5）列展示了式（14）的回归结果，我们可以发现，受教育程度增加会提升男性劳动参与的概率，但性别角色观念这一变量对其劳动参与没有显著的影响，这意味着性别角色认同对男性的劳动收入以及保留工资均不会产生影响。这一结果对假设 1 进行了侧面印证。进一步的，第（6）列的结果显示，男性样本受教育年限对其劳动参与的影响在加入性别角色观念前后并无明显改变，这意味着理论模型中式（7）的参数 ϕ 只在女性样本中存在，这一结果再次对假设 4 进行了印证。

表 6　　稳健性检验：男性样本

变量	小时工资对数	性别角色观念		劳动参与		
	(1)	(2)	(3)	(4)	(5)	(6)
Edu_Y	0.062*** (0.002)	-0.009*** -0.001	-0.006*** (0.001)	0.008*** (0.001)	0.008*** (0.001)	0.008*** (0.001)
Career					-0.001 (0.007)	

续表

变量	小时工资对数	性别角色观念		劳动参与		
	(1)	(2)	(3)	(4)	(5)	(6)
Index						-0.018 (0.011)
N	10 062	10 052	9 940	10 062	10 052	9 940

注：括号内的数值为稳健标准误，*、**、*** 分别表示10%、5%和1%的显著性水平。列（2）与列（3）分别为将工作态度（Career）和总指标（Index）作为性别角色观念衡量的回归结果。同时，为了不使表格过于冗长，省略了截距项以及控制变量的回归结果，对上述结果感兴趣的读者可向作者索要。

五、结论

本文通过构建含有性别角色观念的二元离散选择模型，探寻了教育影响女性劳动参与的主要机制，以加深理解人力资本积累对女性劳动力市场表现的影响机制。本文的研究表明：（1）女性受教育程度提升会改善其性别角色观念，并且增加其劳动参与的概率。这一结论在考虑了模型识别假设条件和加入一系列控制变量后依然成立。（2）女性受教育程度对其劳动参与的影响中，一个重要的影响机制是受教育程度的提升改善了女性的性别角色观念，进而促进了女性劳动参与。在教育对劳动参与的影响中，有大约16%的部分可以由性别角色观念来解释。（3）进一步的稳健性检验发现，一旦性别角色观念形成后，教育对女性劳动参与的影响变得不再显著。同时，对男性样本而言，教育对其劳动参与决策的影响不会通过性别角色观念来传递。

本文的核心政策含义在于，从提升女性劳动供给的角度为我国不断推进的教育改革与发展提供了理论和经验支持，也有助于更好地理解人力资本积累对改善女性劳动力市场表现的内在机制。有鉴于此，本文认为中国应该通过继续发展教育事业来促进女性劳动参与，进而缓解人口结构转型带来的劳动力供给不足。此外，在发展教育的同时要注意对社会观念进行一定的引导。

参考文献

1. 蔡昉、王德文、曲玥：《中国产业升级的大国雁阵模型分析》，载《经济研究》2009年第9期。

2. 蔡昉、王美艳：《女性劳动力供给特点与教育投资》，载《江海学刊》2011年第6期。

3. 蔡昉：《人口转变、人口红利与刘易斯转折点》，载《经济研究》2010年第4期。

4. 蔡昉：《未来的人口红利——中国经济增长源泉的开拓》，载《中国人口科学》2009年第1期。

5. 陈英姿、荣婧：《东北地区女性就业与经济增长研究》，载《经济问题》2019年第2期。

6. 邓宏图、徐宝亮、邹洋：《中国工业化的经济逻辑：从重工业优先到比较优势战略》，载《经济研究》2018年第11期。

7. 郭晓杰：《中国已婚女性劳动力供给影响因素分析——基于标准化系数研究方法》，载《人口与经济》2012年第5期。

8. 李楠：《相貌与女性劳动参与决策——来自CLDS数据的证据》，载《财经论丛》2019年第5期。

9. 刘爱玉、佟新、付伟：《双薪家庭的家务性别分工：经济依赖、性别观念或情感表达》，载《社会》2015年第2期。

10. 陆铭、葛苏勤：《经济转轨中的劳动供给变化趋势：理论、实证及含义》，载《上海经济研究》2000年第4期。

11. 马双、李雪莲、蔡栋梁：《最低工资与已婚女性劳动参与》，载《经济研究》2017年第6期。

12. 毛宇飞、曾湘泉：《互联网使用是否促进了女性就业——基于CGSS数据的经验分析》，载《经济学动态》2017年第6期。

13. 孟凡强、初帅、李庆海：《高等教育规模扩张是否缓解了城乡教育机会不平等?》，载《教育与经济》2017年第4期。

14. 彭青青、李宏彬、施新政、吴斌珍：《中国市场化过程中城镇女性劳动参与率变化趋势》，载《金融研究》2017年第6期。

15. 卿石松：《性别角色观念、家庭责任与劳动参与模式研究》，载《社会科学》2017年第11期。

16. 申广军、邹静娴：《金融发展与女性劳动参与的地区差异》，载《劳动经济研究》2016年第2期。

17. 王德文、蔡昉、张学辉：《人口转变的储蓄效应和增长效应——论中国增长可持续性的人口因素》，载《人口研究》2004年第5期。

18. 吴伟平、章元、刘乃全：《房价与女性劳动参与决策——来自CHNS数据的证据》，载《经济学动态》2016年第11期。

19. 吴要武：《女性劳动参与率下降之经济学解释》，载《中国妇女报》2016年3月15日。

20. 袁晓燕、石磊：《受教育程度对女性劳动时间配置的影响研究》，载《上海经济研究》2017年第6期。

21. 曾湘泉、卢亮：《我国劳动力供给变动预测分析与就业战略的选择》，载《教学与研究》2008年第6期。

22. 郑美琴、王雅鹏：《试论城镇女性的教育与劳动参与之间的关系》，载《经济评论》2006年第6期。

23. 邹红、彭争呈、栾炳江：《隔代照料与女性劳动供给——兼析照料视角下全面二孩与延迟退休悖论》，载《经济学动态》2018年第6期。

24. Akerlof G A, Kranton R E. Economics and identity. *Quarterly Journal of Economics*, 2000, 115 (3): 715 - 753.

25. Akerlof G A, Kranton R E. Identity and schooling: some lessons for the economics of education. *Journal of Economic Literature*, 2002, 40 (4): 1167 - 1201.

26. Akerlof G A, Kranton R E. Identity and the economics of organizations. *Journal of Economic Perspectives*, 2005, 19 (1): 9 - 32.

27. Becker G S. A theory of the allocation of time. *The Economic Journal*, 1965, 75 (299): 493 - 517.

28. Becker G S. *A treatise on the family*. Harvard university press, 2009.

29. Bertrand M, Kamenica E, Pan J. Gender identity and relative income within households. *The Quarterly Journal of Economics*, 2015, 130 (2): 571 - 614.

30. Bertrand M. New perspectives on gender. *Handbook of Labor Economics*, 2011, 4 (17): 1543 - 1590.

31. Besamusca J, Tijdens K, Keune M, Steinmetz S. Working women worldwide. age effects in female labor force participation in 117 countries. *World Development*, 2015, 74 (C): 123 - 141.

32. Bowen W G, Finegan T A. Educational attainment and labor force participation. *The American Economic Review*, 1966, 56 (1/2): 567 - 582.

33. Bratti M. Labour force participation and marital fertility of Italian women: the role of education. *Journal of Population Economics*, 2003, 16 (3): 525 - 554.

34. Cebula R J, Coombs C K. Recent evidence on factors influencing the female labor force participation rate, 2008, 29 (3): 272 - 284.

35. Duflo E. Women empowerment and economic development. *Journal of Economic literature*, 2012, 50 (4): 1051 - 1079.

36. Fofana I, Cockburn J, Decaluwe B. *Developing country superwomen: impacts of trade liberalisation on female market and domestic work*. Social Science Electronic Publishing, 2005: (519).

37. Fontana M, Adrian W. Modeling the effects of trade on women at work and at home. *World Development*, 2000, 28 (7): 1173 - 1190.

38. Fortin N M. Gender role attitudes and the labour-market outcomes of women across OECD countries. *Oxford Review of Economic Policy*, 2005, 21 (3): 416 - 438.

39. Fortin N M. Gender role attitudes and women's labor market participation: opting-out, AIDS and the president appeal of housewifery. *Annals of Economics and Statistics*, 2015, (117 - 118): 379 - 401.

40. Grossman M. Education and nonmarket outcomes. *Handbook of the Economics of Education*, 2006, 1 (10): 577 - 633.

41. Hofler R A, Murphy K J. Estimating reservation wages of employed workers using a stochastic frontier. *Southern Economic Journal*, 1994: 961 - 976.

42. Hotz V J, Miller R A. An empirical analysis of life cycle fertility and female labor supply. *Econometrica*, 1988, 56 (1): 91 - 118.

43. Killingsworth M R, Heckman J J. Female labor supply: a survey. *Handbook of Labor Economics*, 1986, (1): 103 - 204.

44. Lam D, Duryea S. Effects of schooling on fertility, labor supply, and investments in children, with evidence from Brazil. *Journal of Human Resources*, 1999, 34 (1): 160 - 192.

45. Lundberg S, Pollak R A. Separate spheres bargaining and the marriage market. *Journal of Political Economy*, 1993, 101 (6): 988 - 1010.

46. Marianne B, Emir K, Pan J. Gender identity and relative income within households. *Quarterly Journal of Economics*, 2015, 130 (2): 571 - 614.

47. Mcfadden D. Conditional logit analysis of qualitative choice behavior. *Frontiers in Econometrics*, 1974: 105 - 142.

48. Mincer J. Labor force participation of married women: a study of labor supply. In: *The Economics of Women and Work*, 1980, 555 (4): 334 - 345.

49. Mincer J. Progress in human capital analysis of the distribution of earnings. NBER Working Papers, 1974, 3 (2): 135 - 146.

50. Mortensen D T. Chapter 15 job search and labor market analysis. *Handbook of Labor Economics*, 1986, 2 (86): 849 - 919.

51. Neumark D, Postlewaite A. Relative income concerns and the rise in married women's employment. *Journal of Public Economics*, 1998, 70 (1): 157 - 183.

52. Sackey H A. Female labour force participation in Ghana: the effects of education. African Economic Research Consortium, 2005.

53. Samarakoon S, Parinduri R A. Does education empower women? evidence from Indonesia. *World Development*, 2015, 66 (C): 428 - 442.

54. Schultz T P. Human capital, family planning, and their effects on population growth. *The American Economic Review*, 1994, 84 (2): 255 - 260.

55. Sen A K. More than 100 million women are missing. *The New York Review of Books*, 1990, 37 (20): 61 - 66.

56. Soldo B J, Myllyluoma J. Caregivers who live with dependent elderly. *Gerontologist*, 1983, 23 (6): 605 - 611.

57. Standing G. Education and female participation in the labour force. *International Labour Review*, 1976, 114 (3): 281 - 297.

58. Thornton A, Alwin D F, Camburn D. Causes and consequences of sex-role attitudes and attitude change. *American Sociological Review*, 1983, 48 (2): 211 - 227.

59. Willis R J, Rosen S. Education and self-selection. *Journal of Political Economy*, 1979, 87 (5): 7 - 36.

60. Ye B, Zhao Y. Women hold up half the sky? gender identity and the wife's labor market performance in China. *China Economic Review*, 2018, 47: 116 - 141.

Human Capital Accumulation, Gender Role Attitude and Female Labor Participation

Chu Shuai　Sun Peng

Abstract: Under the background of China's labor market transformation, the "demographic dividend" is declining. Increasing female labor participation is an effective strategy to ensure the sustained and stable development of China's economy. By constructing a labor participation selection model with human capital accumulation and gender role attitude by education, this paper studies how human capital accumulation affects female labor participation through gender role attitude. The research results show that human capital accumulation represented by education mainly affects female labor participation through two mechanisms. First, the accumulation of human capital has increased women's income in the labor market, thereby increasing their labor participation. The second is that the accumulation of human capital has improved women's gender role attitude and reduced their retained wages, thereby increasing the probability of labor participation. Further empirical analysis shows that for every additional year of female education, the probability of labor participation will increase by 2% ~5% , and the identity of gender roles will decrease by about 2%. 16% of the impact of human capital accumulation on female labor participation represented by education can be explained by the concept of gender roles. Moreover, the concept of gender roles is an important factor that makes education have a significant impact on female labor participation. The research of this article has theoretically enriched the mechanism of the influence of human capital accumulation on individual decision-making by introducing the non-economic factor of gender role concept. At the same time, it provides a reliable basis for decision-making in the future by formulating education development policies to increase female labor participation and ensure an effective supply of labor, thereby promoting the sustained and stable development of China's economy.

Key words: *human capital　gender role attitude　female labor participation*

健康人力资本视角下地方医疗卫生财政支出效率评估与提升路径研究

赵洪波　姚天歌　刘双双*

摘　要： 提高医疗卫生财政支出效率是全面推进健康中国建设、提升健康人力资本的重要保障。基于 DEA－Malmquist 模型，测度 1999～2018 年的地方医疗卫生财政支出效率，整体来看 20 年间地方医疗卫生财政支出效率呈下降趋势，且技术进步效率是主导因素，2003 年 SARS 危机与 2009 年新医改的外来冲击明显提升地方医疗卫生财政支出效率，且纯技术效率、技术进步效率提升分别是主导因素。利用面板数据 Tobit 回归模型，实证检验财政分权、医疗卫生体制改革对地方医疗卫生财政支出效率的影响机制，研究发现：财政分权显著提升了地方医疗卫生财政支出水平，但却降低了地方医疗卫生财政支出规模效率；财政分权显著降低了地方医疗卫生财政支出纯技术效率，但应对突发公共卫生事件缓释了该作用；医疗卫生体制改革显著提升了地方医疗卫生财政支出技术进步效率，并促进了财政分权对地方医疗卫生财政支出技术进步效率的提升作用。基于此建议，进一步深化医疗卫生体制改革，提高技术进步效率；建立内嵌健康管理能力的政绩考核机制，弱化财政分权对纯技术效率的影响；精准划分医疗卫生领域事权和支出责任，提升地方医疗卫生支出的规模效率。

关键词： 健康人力资本　医疗卫生财政支出效率　财政分权　医疗卫生体制改革

一、引言与文献回顾

“十四五”规划和 2035 年远景目标纲要的提出，把保障人民健康放在优先发展的战略位置，全面推进健康中国建设，坚持预防为主的方针，为人民提供全方位全周期健康服务。健康中国的建设将有助于提升我国健康人力资本水平，推动经济社会高质量发展。经过 2009 年以来 10 余年的医疗卫生体制改革，我国医疗卫生服务能力与水平得到较大幅度的提升，但医疗卫生财政支出效率逐步成为阻碍医疗卫生发展的阻碍，不利于健康人力资本的不断提升。一方面，我国重视医疗卫生服务

* 赵洪波，山东大学商学院博士研究生；姚天歌，山东大学劳动经济与人力资源研究中心科研助理；刘双双，江苏省社科联助理研究员，本文通讯作者，E－mail：1050651719@ qq. com。

的供给，医疗卫生财政支出的增长速度明显高于财政总支出的增长速度。据统计[①]，2007～2019年，政府医疗卫生财政支出逐年增加，从2007年的1 989.96亿元增长至2019年的17 428.5亿元，政府医疗卫生财政支出占一般公共预算支出的比重也逐年上升，从2007年的4%增加至2019年的7%。从增长率来看，2007～2019年，我国财政总支出增长3.8倍，医疗卫生财政支出增长7.4倍。另一方面，医疗卫生物力资源、人力资源的增长速度却远远落后于医疗卫生财力资源的增长速度。2007～2019年医院床位数、卫生人员分别增长1.4倍、0.85倍。这说明政府医疗卫生财政支出效率已经明显制约医疗卫生事业的发展，不利于全面推进健康中国建设。实践中，我国医疗卫生财政支出责任主要由地方财政承担（见表1）。因此，分析研究地方医疗卫生财政支出效率的变动趋势、主要影响因素，对我国医疗卫生事业发展有着重要意义，进而有助于推进健康人力资本的持续提升。

表1　　医疗卫生财政支出分担情况　　单位：亿元，%

年份	地方财政	中央财政	地方财政占比	中央财政占比
2007	1 989.96	1 955.75	98.28	1.72
2008	2 757.04	2 710.26	98.30	1.70
2009	3 994.19	3 930.69	98.41	1.59
2010	4 804.18	4 730.62	98.47	1.53
2011	6 429.51	6 358.19	98.89	1.11
2012	7 245.11	7 170.82	98.97	1.03
2013	8 279.90	8 203.20	99.07	0.93
2014	10 176.81	10 086.56	99.11	0.89
2015	11 953.18	11 868.67	99.29	0.71
2016	13 158.77	13 067.61	99.31	0.69
2017	14 450.63	14 343.03	99.26	0.74
2018	15 623.55	15 412.90	98.65	1.35

资料来源：数据来源于Wind。

地方医疗卫生财政支出效率，受地方政府在医疗卫生领域的财政支出和管理的直接影响，而现有财政分权体制又影响着地方政府在医疗卫生领域财政支出和管理的决策。除此之外，医疗卫生体制本身也会影响地方医疗卫生财政支出效率。这样，判断医疗卫生财政支出效率需要从财政分权与医疗卫生体制改革双重视角进行系统思考。

① 数据来源于国家统计局官方网站，http://www.stats.gov.cn/。

财政分权是否是影响地方政府医疗卫生财政支出效率的因素呢？现有相关研究结论并不一致，主要有三种观点：一是财政分权降低了地方医疗卫生财政支出效率（张仲芳，2013）；二是财政分权与地方医疗卫生财政支出效率之间存在倒“U”形关系（储德银等，2015）；三是财政分权提高了地方医疗卫生财政支出效率（朱德云等，2020）。在研究方法方面，多数学者采用两步法进行研究。首先对全国省级或某省市级财政医疗卫生财政支出效率进行测度，然后采用回归方法分析财政分权变量和其他控制变量对医疗卫生财政支出效率的影响，但亦有差异：在测度地方医疗卫生财政支出效率方面，李郁芳、王宇（2015）选择了传统的 DEA 模型，其测度效率值的取值范围为［0，1］，但该测度值并不能充分反映面板数据时间轴上的比较；颜晓畅（2018）采用了 DEA - Malmquist 模型，测度的效率值大于等于 0，解决了面板数据时间轴上的比较问题；在回归模型的选择方面，受效率值取值范围所限，刘文玉（2018）使用了面板数据 Tobit 模型。在效率测度方法和测度指标选择方面，略有差异。虽然相关研究大致采用了 DEA 模型或 DEA - Malmquist 模型，但崔志坤、张燕（2018）将地方医疗卫生财政支出作为投入指标，将代表医疗卫生资源配置状况的卫生机构数、床位数、卫生人员数作为产出指标，衡量医疗卫生财政支出的投入产出效率；储德银等（2015）将代表医疗卫生资源配置状况的医院个数、卫生机构床位数等 7 个指标作为投入指标，将代表医疗卫生服务水平和能力的门诊诊疗次数、病床使用率等 10 个指标作为产出指标，测度了医疗卫生资源配置的使用率；刘文玉（2018）综合了以上两种方法，将地方医疗卫生财政支出作为投入指标，并在卫生机构数、床位数、卫生人员数的基础上增加诊疗人次作为产出指标。在被解释变量的选择上，汪小勤、曾瑜（2016）使用了 DEA 测算的静态技术效率，崔志坤、张燕（2018）选择了 DEA - Malmquist 模型测出的综合效率得分。在解释变量指标选择方面，刘文玉（2018）运用省人均预算支出/全国人均预算支出计算财政支出分权程度，张仲芳（2013）运用省级人均财政支出/(省级人均财政支出 + 中央人均财政支出）计算财政支出分权，汪小勤、曾瑜（2016）则选择了地方财政收入自主率、地方人均财政收入占比、地方财政支出自主率、地方人均财政收入占比、地方行政管理分权度 5 个指标衡量财政分权。控制变量的选择差异不大，大多从经济发展水平、人口密度、开放程度、教育程度、城市化程度、地方卫生支出等因素中选择。

医疗卫生体制改革是否影响地方医疗卫生财政支出效率，如何影响呢？相对研究不足，管彦庆等（2014）基于医药卫生体制改革视角对我国省级公共医疗卫生支出效率进行了动态评价，指出 2009 年启动的医药卫生体制改革给予全国范围内医疗卫生支出效率的技术进步推动力在 2010 年达到峰值后走出下降趋势。

综上所述，已有研究从财政分权或医疗卫生体制改革单一视角下，分析了对地方医疗卫生财政支出效率的影响，具有一定的理论和实践意义。但对于其深层的影响机制缺乏进一步的分析和检验。根据 DEA - Malmquist 模型，医疗卫生财政支出总效率可分解为技术进步（即医疗卫生体制改革）、纯技术效率（即医疗卫生财政支出管理水平）、规模效率（即投入产出的规模效率），那么财政分权是否影响这三个指标？如何影响？财政分权叠加医疗卫生体制改革如何影响财政医疗卫生财政支出的供给效率和水平？鉴于此，本文在分析财政分权、医疗卫生体制改革与医疗卫生财政支出效率之间逻辑机理的前提下，运用 DEA - Malmquist 模型测度 1999 ~ 2018 年我国 31 个省份的医疗卫生财政支出效率，分析其时空演化趋势。将地方医疗卫生财政支出效率及其分解项运用于 Tobit 模型，实证分析财政分权、医疗卫生体制改革对地方医疗卫生财政支出效率的影响机制。

本文的边际贡献在于：通过梳理已有文献对财政分权与地方医疗卫生财政支出效率关系的研究，从财政分权和医疗卫生体制改革双重视角出发，运用 DEA - Malmquist 模型测度地方医疗卫生财政支出总效率，并着重通过其分解项，即技术进步、纯技术效率、规模效率，精准判断地方医疗卫生财政支出效率变化的原因，以及财政分权和医疗卫生体制改革影响地方医疗卫生财政支出效率的逻辑机理，为地方医疗卫生财政支出效率提升路径提供了理论依据。

二、财政分权、医疗卫生体制改革影响地方医疗卫生财政支出效率的逻辑机理与研究假设

（一）财政分权下"经济人假设"影响地方医疗卫生财政支出水平

一般地，地方政府比中央政府更了解当地居民实际诉求与偏好。财政分权下，地方财政拥有了更多的政策制定自主权，但也减弱了中央财政对地方财政的控制力与协调力。当地方财政拥有更多的资源配置权力时，相比于中央财政，其决策行为能更好地反映本地居民的公共偏好，即能够更好地供给公共服务或提供公共产品，但地方政府同样是"理性经济人"，地方官员在决策过程中会有个人利益诉求，如果缺乏有效的制度约束，财政分权下的地方财政并不必然提供居民所需的公共服务。傅勇（2008）认为，受政绩考核影响，中国式分权下地方政府为追求经济增长，倾向于加大经济建设领域的财政支出，相应造成民生性公共物品的供给不足。因此，政绩考核内容成为地方财政支出规模与结构调整的指挥棒。

在中国式财政分权体制下，地方财政承担了更多的支出事权，在医疗卫生领域亦是如此。同时，地方官员为追求政绩，会加大对能够较快产出政绩的生产性公共支出，而对包含医疗卫生财政支出在内的非生产性公共支出采取策略性选择的态度。在财政压力较大的情况下，地方财政甚至会压缩非生产性公共支出，造成包括医疗卫生在内的民生性公共服务投入不足，因此，各级政府对辖区内公共卫生资源

统筹、体系建设、条件保障等工作重视程度不一，医疗卫生资源总量不足、质量不高，医疗卫生服务水平和能力比较薄弱，并且由于重大突发公共卫生疫情，公共卫生资源配置相对较少，即使建设，因使用率不高，面临关闭或者转型的境地，即医疗卫生结构与布局不合理、服务体系碎片化等问题依然存在，难以达到最优规模效率。基于此，提出假设 1。

假设 1：财政分权下，地方医疗卫生财政支出不足，增加支出会增加规模效率。

（二）财政分权影响地方医疗卫生财政支出纯技术效率

在医疗卫生财政支出水平一定的情况下，纯技术效率即医疗卫生财政支出管理水平或者资源配置能力，是影响医疗卫生财政支出总效率的重要因素。较高的医疗卫生财政支出管理水平有助于提供公平且有效率的医疗卫生服务。这不仅要求医疗卫生财政支出在空间布局方面的合理配置，也要求在医疗卫生体系内部、机构之间科学配置医疗资源。实践中，医疗卫生资源分配不均的现象体现了我国较低的医疗卫生财政支出管理水平。如农村地区、西部地区医疗卫生资源供给不足且质量较低；基层医疗卫生机构服务能力不足，利用效率不高；医疗卫生财政支出中近一半的比例投向了医疗保障领域，公共卫生服务体系发展相对滞后，等等。但当遭受外部事件影响时，地方医疗卫生财政支出管理水平会提高。如 2003 年 SARS 疫情、2020 年新冠肺炎疫情，为有效应对突发公共卫生事件，地方政府加强了医疗卫生事务的管理，服务质量与工作效率得到提高，同时，突发公共卫生事件的检视效应补齐公共卫生应急管理的短板、增强应对重大疫情防控救治能力、优化医疗卫生财政支出管理流程与体系，进而相应提高医疗卫生领域的支出管理的专业化、精细化和规范化水平。基于此，提出假设 2。

假设 2：财政分权下，地方难以高度重视医疗卫生财政支出管理，降低医疗卫生财政支出纯技术效率，而应对公共卫生事件则缓释了这种影响。

（三）体制改革影响医疗卫生财政支出的供给效能

改革开放以来，我国医药卫生事业取得了显著成就。同时，城乡和区域医疗卫生事业发展不平衡、资源配置不合理、医疗保障制度不健全、药品生产流通秩序不规范、医院管理体制和运行机制不完善等问题依然存在。为不断提高全民健康水平、促进社会和谐，我国于 2009 年启动新一轮医疗卫生体制改革，中共中央、国务院发布了《关于深化医药卫生体制改革的意见》①，要求完善医药卫生四大体系，建设覆盖城乡居民的公共卫生服务体系、医疗服务体系、医疗保障体系、药品供应

① http：//www.nhc.gov.cn/tigs/s3576/201309/cc37d909af764f3da261894504d9de9a.shtml.

保障体系，形成四位一体的基本医疗卫生制度。

理论上，医疗卫生体制改革有助于解决原有体制下的各种弊端，如基本医疗保障制度中的保障范围、保障水平、农村医保等问题，再如基本药物定价问题、基层卫生机构与人员不足问题等。通过医疗卫生体制改革，相关的政策和制度得到优化，优化医疗卫生资源的合理配置与公平布局，推动区间、城乡间医疗卫生事业的均衡发展，提升医疗卫生服务的供给水平与能力，即为医疗卫生财政支出的技术进步提供了较好的制度保障。实践证明，2009 年新医改后我国医疗卫生事业发展迅速，基层医疗卫生服务能力和水平不断提升，“看病难、看病贵”问题得到有效缓解，在全面基本医保、基本公共卫生服务、基本药物制度、基层医疗机构等方面取得了突破性进展。同时，作为医疗卫生财政支出效率的“天花板”，医疗卫生体制当前仍面临着诸多问题，如三医联动实施乏力、城乡医疗发展不平衡、人才资源配置缺位与错位、分级诊疗体系效果不佳、医保支付制度改革效果未达预期、公立医院改革阻力重重、医疗腐败问题屡见不鲜等“痛点”与“赌点”，仍制约着医疗卫生领域财政支出效率的提升。基于此，提出假设 3。

假设 3：医疗卫生体制改革能够提升医疗卫生财政支出的技术进步效率，促进医疗卫生财政支出总效率的提高。

三、地方财政医疗卫生财政支出效率测度：基于 DEA - Malmquist 模型

（一）测度方法

借鉴李忠民、李剑（2011）的方法，基于 DEA - Malmquist 模型，运用 DEAP2.1 软件，将地方医疗卫生财政支出作为投入，将医疗卫生机构数、床位数、卫生人员数作为产出，测度了 31 个省份 1999 ~ 2018 年医疗卫生财政支出效率指数及其分解项，其中地方医疗卫生财政支出的总指数（tfpch），最终可分解为技术进步指数（techch）、纯技术效率指数（pech）、规模效率指数（sech）。根据章祥荪、贵斌威（2008）对 Malmquist 效率指数及其分解项的理解，具体到医疗卫生领域，其财政支出效率主要受地方政府投入规模、地方政府医疗卫生资源配置水平、医疗卫生体制改革等因素影响，其中医疗卫生体制改革情况反映医疗卫生领域的技术进步水平，纯技术效率体现为地方政府对医疗卫生领域投入的管理水平，在既定体制和管理水平下投入产出情况则反映规模效率高低。

（二）测度结果分析

（1）考察期内地方医疗卫生财政支出整体效率不高，且总体呈下降趋势，技术进步滞后是关键影响因素。第一，从总效率指数看，表2说明1999～2018年地方医疗卫生财政支出总效率指数（tfpch）的均值为0.878，该数值明显小于1，表明地方医疗卫生财政支出整体效率不高。第二，从分项目看，此期间纯技术效率指数（pech）的均值是0.993，规模效率指数（sech）的均值为1.015，技术进步指数（techch）的均值为0.872。这说明技术进步滞后是医疗卫生财政支出整体效率不高的主要影响因素，从图1中也可以看出，除2003年外，地方医疗卫生财政支出总效率指数的变动趋势，与技术进步指数的变动趋势基本相同。

表2　1999～2018年地方医疗卫生财政支出效率

年份	纯技术效率指数	规模效率指数	技术进步指数	总效率指数
1999	0.993	0.969	0.960	0.924
2000	0.963	0.957	1.006	0.928
2001	1.002	1.134	0.743	0.845
2002	1.016	0.953	0.896	0.868
2003	1.412	0.867	0.807	0.987
2004	0.728	1.093	0.935	0.744
2005	1.010	0.985	0.829	0.826
2006	0.996	1.014	0.802	0.810
2007	0.963	1.059	0.629	0.642
2008	1.107	1.000	0.701	0.777
2009	0.820	0.946	1.418	1.100
2010	0.982	1.219	0.731	0.875
2011	1.004	0.893	0.904	0.810
2012	1.001	0.945	1.015	0.960
2013	0.984	1.031	0.925	0.938
2014	1.006	1.018	0.844	0.864
2015	1.016	1.098	0.798	0.890
2016	1.016	1.011	0.935	0.961
2017	0.989	1.148	0.848	0.964
2018	0.996	1.020	0.956	0.972
均值	0.993	1.015	0.872	0.878

资料来源：笔者整理。

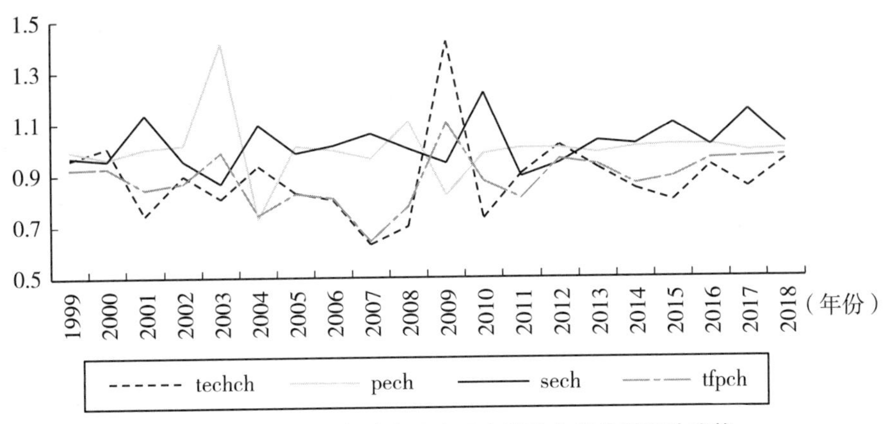

图1　1999～2018年地方医疗卫生财政支出效率变动趋势

（2）地方医疗卫生财政支出效率以2009年为分界线由波动性下降转变为波动性上升。从图1地方医疗卫生财政支出总效率指数（tfpch）变化趋势中可以发现，1999～2008年地方医疗卫生财政支出总效率呈波动式下降，2003年有明显的效率上涨趋势，之后又大幅下滑；2009～2018年地方医疗卫生财政支出总效率相比于前一阶段呈波动式上升趋势。一方面，技术进步指数（techch）提升即医疗体制改革是主导因素，技术进步指数在2009年之前处于较低水平，在2009年之后虽然有所下降，但相比于2009年之前，该指数均处于相对较高水平；另一方面，2009年新医改之后受医疗卫生体制优化的影响，地方医疗卫生财政支出规模效率也有所提升，促进了总效率指数的相应提高。

（3）突发公共卫生事件与医疗卫生体制改革提升医疗卫生财政支出效率的广度和程度具有差异性。表2数据显示，1999～2018年地方医疗卫生财政支出效率在低效率水平上波动，但2003年、2009年总效率指数明显高于其他年份，分别为0.987、1.1。其中，2003年的纯技术效率指数（pech）为1.412，规模效率指数（sech）为0.867，技术进步指数（techch）为0.807，这说明纯技术效率即管理水平的大幅提升是2003年地方医疗卫生财政支出总效率指数提升的关键因素；2009年的纯技术效率指数（pech）为0.82，规模效率指数（sech）为0.946，技术进步指数（techch）为1.413，这说明技术进步的大幅提升即医疗卫生体制改革是2009年地方医疗卫生财政支出总效率提升的关键因素。实践中，2003年暴发了SARS疫情，2009年我国推进新一轮医疗卫生体制改革。2003年SARS疫情暴发后，地方政府加强了对医疗卫生领域的管理力度，如江西省在2003年非典后发布的《关于加强公共卫生工作的意见》，广东省总结了非典时期暴露的六方面缺陷和问题，并加强改进。2009年新医改要求完善医药卫生体系，建立覆盖城乡居民的公共卫生服务体系、医疗服务体系、医疗保障体系、药品供应保障体系四位一体的基本医疗卫生制度，如广东省出台了全省深化医药卫生体制改革的实施意见、行动方案以及相关配套政策文件，四川省下发了《关于促进公共卫生服务逐步均等化的实施意见》《四川省国家基本药物制度实施意见》等相关政策制度。

从省域来看，表 3 显示，2003 年医疗卫生财政支出效率大于 1 的省份有 8 个，2009 年医疗卫生财政支出效率大于 1 的省份有 21 个，说明医疗卫生体制改革对于提升医疗卫生财政支出效率影响力的广度高于突发公共卫生事件，但突发公共卫生事件提升医疗卫生财政支出效率的爆发力在短时间内表现较为突出，如江西省、重庆市、贵州省、广东省在 2003 年的医疗卫生财政支出效率正向波动较大，分别达到 5.526、4.779、4.776、3.357；2009 年医疗卫生体制改革下医疗卫生财政支出效率最高的省份是广东省，仅为 2.21。其余 20 个省份在 1 ~ 2 之间。

表 3　2003 年、2009 年地方财政医疗卫生财政支出总效率超过 1 的省份

项目	总效率指数			
	2003 年	2009 年		
省份	江西（5.526） 重庆（4.779） 贵州（4.776） 广东（3.357） 湖北（1.598） 安徽（1.336） 西藏（1.099） 山西（1.039）	广东（2.21） 四川（1.733） 西藏（1.624） 江苏（1.557） 上海（1.499） 福建（1.492） 湖北（1.485）	广西（1.346） 河南（1.299） 内蒙古（1.281） 山东（1.281） 陕西（1.214） 浙江（1.199） 宁夏（1.154）	黑龙江（1.127） 辽宁（1.125） 青海（1.099） 贵州（1.076） 山西（1.073） 天津（1.052） 海南（1.048）
总效率指数超过 1 的省份数（个）	8	21		

资料来源：笔者整理。

四、影响地方财政医疗卫生支出效率的因素：基于财政分权与医疗卫生体制改革视角

（一）模型设计

为考察财政分权对地方医疗卫生财政支出的影响，采用双向固定效应模型进行实证。具体如模型（1）：

$$Y_{it} = \alpha + \beta \times X_{it} + u_i + \lambda_t + \varepsilon_{it} \tag{1}$$

为考察财政分权、医疗卫生体制改革对医疗卫生财政支出效率的影响，且由于

DEA－Malmquist 模型测算的效率值具有左归并特性，如果使用普通最小二乘法进行回归，可能会导致有偏性、不一致性，因此借鉴王彤等（2009）、薛新东（2012）的方法，使用面板 Tobit 模型进行分析。考虑到面板数据中的个体效应，采用固定效应进行回归，具体如模型（2）：

$$Y_{it}=\begin{cases}\alpha+\beta\times X_{it}+u_i+\varepsilon_{it}, & \beta\times X_{it}+u_i+\varepsilon_{it}>0\\ 0, & 其他\end{cases} \tag{2}$$

其中，Y 为被解释变量，X 为解释变量、控制变量和虚拟变量，α 为常数项，β 为要估计的参数，μ 为个体效应，λ 为时间效应，ε 为残差，i 代表省份，t 代表年份。

（二）变量选取

1. 被解释变量

首先，为了考察财政分权对地方医疗卫生财政支出水平的影响，选择地方医疗卫生财政支出作为被解释变量；其次，为考察财政分权、医疗卫生体制改革对地方医疗卫生财政支出效率的影响及作用机制，使用 DEA－Malmquist 模型所测算出的总效率指数（tfpch）、纯技术效率指数（pech）、技术进步指数（techch）、规模效率指数（sech）作为被解释变量。其中，总效率指数（tfpch）主要用于考察财政分权、医疗卫生体制改革对地方医疗卫生财政支出效率的影响；纯技术效率指数（pech）、技术进步指数（techch）、规模效率指数（sech）用于考察财政分权、医疗卫生体制改革对地方医疗卫生财政支出效率影响的作用机制。

2. 解释变量

参照崔志坤、张燕（2018），本文选取财政支出分权测度财政分权程度。现有常用的财政分权度量指标中有财政支出分权、财政收入分权、财政自由度等（陈硕、高琳；2012），但医疗卫生事业发展更多涉及的是财政支出规模与结构，体现政府对医疗卫生事业的重视程度以及相应的公共服务的供给能力和供给水平，因此财政支出分权在医疗卫生领域能够更好地代表财政分权，用于分析对医疗卫生财政支出效率的影响。财政分权的计算方法为：省人均一般预算支出/(省人均一般预算支出＋国家本级人均预算支出)。

3. 控制变量

实践中，影响地方财政医疗卫生支出效率因素是多元的，主要包括人均经济规模、经济发展速度、对外开放程度、地方医疗卫生财政支出、受教育程度、工资收入水平、人口密度等，为控制这些因素对地方财政医疗卫生支出效率的影响，选用的控制变量有：（1）人均经济规模，代表一个地区的人均经济发展水平，该指标直接从数据库中选用；（2）经济增长速度，即当年生产总值指数（上年=100），该指标直接从数据库中选用；（3）对外开放程度，计算方法为：当年进出口规模/当年经济规模；（4）地方医疗卫生财政支出，即地方财政当年在医疗卫生领域的支出总额，该指标直接从数据库中选用；（5）受教育程度，计算方法为：大专以上学历人数/6岁以上人数；（6）工资收入水平，即地区职工平均货币工资额度，该指标直接从数据库中选用；（7）人口密度，计算方法为：年底人口总数/面积。

（三）数据来源

数据主要来源于《中国统计年鉴》、国泰安数据库中31个省份的省际数据。测算地方医疗卫生财政支出效率使用了1998~2018年的数据，得到1999~2018年的效率值指数，因此Tobit模型中所用数据为1999~2018年。为了消除非线性和大数对回归带来的影响，在回归前对人均经济规模、地方医疗卫生财政支出额度、地区职工平均货币工资额度做了取对数处理。各变量的描述性统计如表4所示。从统计特征可以看出，全国范围内1999~2018年的财政分权均值为75.92%，说明整体财政分权水平较高。从这个角度讲，考察财政分权程度对地方医疗卫生财政支出效率的影响具有重要的现实意义。

表4　　解释变量、控制变量的统计特征

变量	变量符号	均值	标准差	最小值	最大值
财政分权	fe	0.7592	0.1849	0.1516	0.9848
人均经济规模的对数	lnpgdp	9.9945	0.8869	7.8141	11.8509
经济增长速度	gppr	110.6553	2.9017	97.5000	123.8000
对外开放程度	open	0.0414	0.0514	0.0025	0.2444
地方医疗卫生财政支出额度的对数	lncareexpend	13.5203	1.4320	9.8996	16.4599
工资收入水平的对数	lnsalary	0.0921	0.0677	0.0009	0.4865
受教育程度	education	10.2157	0.7491	8.7103	11.8898
人口密度	pepoleden	0.0413	0.0593	0.0002	0.3850

（四）实证结果分析

1. 财政分权与地方财政医疗卫生财政支出规模效率的关系

第一，财政分权显著提高了地方医疗卫生财政支出水平。将财政分权作为解释变量，地方医疗卫生财政支出水平作为被解释变量，考虑到地方医疗卫生财政支出水平具有政策惯性，将其滞后一阶同时作为解释变量，同时考虑到面板数据各个省份间的区域特征，以及受政策影响带来的时间效应，回归时采用双向固定效应，运用Stata14对模型（1）进行回归。结果如表5中Ⅰ所示，从回归结果看：一是财政分权显著提高了地方医疗卫生财政支出水平。当财政分权每提升1%时，地方医疗卫生财政支出增加0.3%，且在1%的水平上显著。显然，这与逻辑机理分析结果不相符，假设1并未得到实证检验。这表明，在现有财政分权下，地方财政虽然会倾向于加大经济建设支出以涵养未来财源，但在建设民生财政的背景下，医疗卫生方面的获得感是人民最关心最直接最现实的利益之一，因此，并未对医疗卫生财政支出产生负向影响。这与彭冲、汤二子（2018）的研究结论一致，为满足人民日益增长的美好生活需要，地方财政在人民群众迫切需要的医疗卫生领域，并未受财政分权和追求经济增长的影响而减少支出，尤其是2009年新医改之后，缓解“看病难、看病贵”问题要求地方提高地方医疗卫生财政支出水平。二是地方医疗卫生财政支出滞后项显著影响医疗卫生财政支出水平，说明地方医疗卫生财政支出水平具有明显的支出惯性。三是经济增长速度、工资水平显著提高地方医疗卫生财政支出水平，平均受教育水平越高，地方医疗卫生财政支出越低。

第二，地方医疗卫生财政支出水平对规模效率有显著的负向影响。运用Stata14和模型（2），将地方医疗卫生财政支出效率作为被解释变量，地方医疗卫生财政支出作为解释变量，进行回归，结果如表5中Ⅱ所示。可以看出地方医疗卫生财政支出对规模效率有显著的负向影响，支出每增加1%，规模效率下降0.01%。这与逻辑机理分析结果不相符，假设1并未得到实证检验。这说明，地方医疗卫生财政支出已呈现出较低效率状态，增加投资会带来效率下降和财政资金浪费。近年来，地方上小病大治、过度医疗现象时有发生，严重浪费了医疗资源、医保基金。更有甚者，某些医疗机构甚至联合医护人员大肆造假，套取医保。2019年，各级医保局对两家医药机构进行“双随机”检查，查处违法违规金额115亿元。因此，现行财政分权虽然提高了地方医疗卫生财政支出水平，但受医疗卫生体制或支出管理弊端的影响，并未体现出规模效率递增趋势。相反，地方医疗卫生财政支出增加的同时，显著负向影响了医疗卫生财政支出的规模效率。

2. 财政分权与地方医疗卫生财政支出纯技术效率的关系

运用Tobit模型，将技术进步指数、纯技术效率指数、医疗卫生财政支出总效

表 5 地方医疗卫生财政支出效率的 Tobit 模型回归结果

模型与变量	Ⅰ	Ⅱ	Ⅲ	Ⅳ	Ⅴ	Ⅵ	Ⅶ	Ⅷ	Ⅸ
	lncareexpend	sech	techch	pech	tfpch	techch	pech	techch	pech
fe	0. 3034***	—	-0. 0084	-0. 7092***	-0. 5013***	-0. 0750**	-0. 6850***	-0. 1430***	-0. 7850***
L. lncareexpend	0. 7631***	—	—	—	—	—	—	—	—
lncareexpend	—	-0. 0105*	0. 0040	-0. 0776**	-0. 0643***	-0. 0499***	-0. 0803***	-0. 0250***	-0. 0782***
lnpgdp	0. 0317	0. 0299**	0. 0466***	-0. 0337	0. 0460*	0. 0294	-0. 0209	0. 0239	-0. 0288
gppr	0. 0085***	-0. 0033**	-0. 0091***	0. 0055	-0. 0100***	-0. 0055***	-0. 0094	-0. 0034	-0. 0007
open	-0. 3228	0. 0767	-0. 1926	-0. 4012	-0. 6122*	0. 6255***	-0. 3447	0. 6599***	-0. 3548
education	-0. 4530**	0. 0774	-0. 3668**	0. 6930	0. 2598	-0. 4275	0. 6201	-0. 5664**	0. 6409
lnsalary	0. 1998**	0. 0037	-0. 0345**	0. 1662***	0. 0955**	-0. 1701***	0. 0901	-0. 1399***	0. 1327*
pepoleden	-0. 1807	-0. 0912	0. 1364*	-0. 1127	0. 0683	0. 2656*	-0. 0150	0. 1910	-0. 0700
year2003	—	—	—	—	—	0. 0398***	0. 2372**	—	—
year2009	—	—	—	—	—	0. 4021***	-0. 0637	—	—
fe2003	—	—	—	—	—	—	—	0. 0077	0. 1478**
fe2009	—	—	—	—	—	—	—	0. 4056***	-0. 0379
回归 p 值	0	0	0	0	0	0	0	0	0

注：***、**、* 分别表示在 1%、5% 和 10% 的水平上拒绝原假设。“—”代表变量未参与回归。

率指数分别作为被解释变量，将财政分权作为解释变量，进行回归。结果如表5中Ⅲ、Ⅳ、Ⅴ所示：一是财政分权显著负向影响纯技术效率，即显著影响支出管理水平，当财政分权每提高1%，纯技术效率降低0.71%，但对技术进步没有显著影响，即财政分权没有影响医疗卫生体制改革。二是财政分权显著负向影响地方医疗卫生财政支出总效率，当财政分权每提升1%，地方医疗卫生财政支出总效率会下降0.5%，且在1%的水平上显著。这与逻辑分析部分的假设2是一致的，进一步说明财政分权负向影响了地方医疗卫生财政支出的管理能力，进而影响了总效率。

进一步，突发公共卫生事件如2003年SARS疫情是否会影响地方医疗卫生财政支出的管理水平？我们分别加入时间虚拟项year2003及其与财政分权的交叉项fe2003，从表5中Ⅵ、Ⅶ、Ⅷ、Ⅸ的回归结果可知：一是2003年SARS疫情后，时间虚拟项year2003显著正向影响了地方医疗卫生财政支出的纯技术效率，影响程度达到0.24，且在5%的水平上显著；二是时间虚拟项year2003与财政分权的交叉项fe2003，显著正向影响了地方医疗卫生财政支出的纯技术效率，影响程度达0.15%，且在5%的水平上显著。这说明2003年SARS公共卫生事件后，地方财政对医疗卫生财政支出的重视程度明显提升，加大了管理力度，进而提升了管理效率，即纯技术效率；同时弱化了财政分权对医疗卫生财政支出管理水平的负向影响，即弱化了财政分权对纯技术效率的影响。这进一步验证了逻辑机理分析及假设2。

3. 医疗卫生体制改革对地方医疗卫生财政支出效率的影响

为考察医疗卫生体制改革对地方财政医疗卫生支出效率的影响，加入时间虚拟变量year2009，代表2009年的新医改实施，及其与财政分权的交叉项fe2009。从表5中Ⅵ、Ⅶ、Ⅷ、Ⅸ的回归结果可知：一是2009年新医改的实施显著提升了地方医疗卫生财政支出的技术进步指数，达到0.4021，且在1%的水平上显著，但对纯技术效率无显著影响；二是2009年新医改显著提升了财政分权对技术进步指数的影响，达到0.4056，且在1%的水平上显著。这说明2009年新医改一方面提升了地方医疗卫生财政支出效率，另一方面提升了财政分权对医疗卫生体制改革的影响，验证了逻辑机理分析及假设3，意味着医疗卫生体制改革可以通过技术进步提升地方医疗卫生财政支出总效率。

4. 稳健性检验

为进行稳定性检验，根据上面分析，在去掉人口密度与教育程度变量后，再对以上模型进行回归，回归结果如表6所示。从回归结果可以看出：第一，财政分权、医疗卫生财政支出水平、医疗卫生体制改革对地方医疗卫生财政支出总效率及其分解项的影响程度、方向未明显变化；第二，所有回归的p值依然为0，模型整体回归有效。这说明，实证研究的模型设计、指标选取及回归的结果整体上是有效的、稳健的。

表 6 **地方医疗卫生财政支出效率的 Tobit 模型回归稳健性检验**

模型与变量	Ⅰ	Ⅱ	Ⅲ	Ⅳ	Ⅴ	Ⅵ	Ⅶ	Ⅷ	Ⅸ
	lncareexpend	sech	techch	pech	tfpch	techch	pech	techch	pech
fe	0.3283***	—	-0.0319	-0.6655***	-0.4854***	-0.1025***	-0.6465***	-0.1681***	-0.7561***
L. lncareexpend	0.7849***	—	—	—	—	—	—	—	—
lncareexpend	—	-0.0112*	0.0053	-0.0810**	-0.0663**	-0.0482***	-0.0842***	-0.0219***	-0.0825***
lnpgdp	0.0428	0.0321**	0.0357**	-0.0102	0.0569**	0.0187	0.0018	0.0073	-0.0071
gppr	0.0091***	-0.0034***	-0.0080***	0.0030	-0.0111***	-0.0041**	-0.0120*	-0.0013	-0.0033
open	-0.3176	0.0398	-0.2678***	-0.1532	-0.4385*	0.6011***	-0.0525	0.4999***	-0.0693
lnsalary	0.1680**	0.0059	-0.0390**	0.1737***	0.0976**	-0.1722***	0.0942	-0.1405***	0.1331*
year2003	—	—	—	—	—	0.0334**	0.2412**	—	—
year2009	—	—	—	—	—	0.3980***	-0.0619	—	—
fe2003	—	—	—	—	—	—	—	-0.0046	0.1599**
fe2009	—	—	—	—	—	—	—	0.3958***	-0.0272
回归 p 值	0	0	0	0	0	0	0	0	0

注：***、**、* 分别表示在 1%、5% 和 10% 的水平上拒绝原假设。"—" 代表变量未参与回归。

五、结论与建议

（一）结论

在系统梳理已有研究成果的基础上，首先根据研究的需要，分析财政分权、医疗卫生体制改革影响地方医疗卫生财政支出效率的逻辑机理，相应提出研究假设。其次，利用DEA－Malmquist模型，测度我国31个省份自2009～2018年的地方医疗卫生财政支出总效率指数及其分解项，分析发现：（1）1999～2018年，地方医疗卫生财政支出效率呈下降趋势，技术进步是地方医疗卫生财政支出效率下降的主要因素；（2）2003年和2009年地方医疗卫生财政支出效率明显增加，且主导因素分别为纯技术效率、技术进步提升所致；（3）2009年技术进步所致的医疗卫生财政支出效率提升，较2003年纯技术效率提升带来的医疗卫生财政支出效率提升，更具有广泛性。最后，从财政分权和医疗卫生体制改革双重视角，运用面板数据Tobit回归模型判断影响地方财政医疗卫生支出效率的因素，发现：（1）财政分权显著提高地方医疗卫生财政支出水平，但却未有效提高规模效率；（2）财政分权显著负向影响地方医疗卫生财政支出纯技术效率，即降低了支出的管理水平，进而影响了医疗卫生财政支出总效率，但突发公共卫生事件缓释了该作用；（3）医疗卫生体制改革显著提高医疗卫生领域财政的技术进步，进而提升了地方医疗卫生财政支出总效率。

（二）提升地方医疗卫生财政支出效率的政策建议

从研究结论可知，地方医疗卫生财政支出效率呈下降趋势的主导因素是技术进步效率不足，且相对过高的地方医疗卫生财政支出水平影响着规模效率不足，财政分权降低了纯技术效率，医疗卫生体制改革滞后阻碍了技术进步效率提升。因此，解决医疗卫生财政支出效率问题，需着重提升技术进步效率，有效弱化财政分权对纯技术效率的影响，增加支出水平的同时注重提升规模效率，建议进一步深化医疗卫生体制改革、建立内嵌健康管理能力的政绩考核机制、精准设计医疗卫生领域事权和支出责任划分。

1. 进一步深化医疗卫生体制改革，着重提升地方医疗卫生财政支出技术进步效率

一是协同推进医疗卫生体制改革、中央与地方财政事权和支出责任划分改革，

形成两项改革良性互动、相互促进的局面；二是建设以分级诊疗制度为重点优化就医秩序，明确各级各类医疗机构功能定位，建立不同级别类别医疗机构分工协作机制；三是健全城乡居民基本医疗保险稳定可持续的筹资和报销比例调整机制，合理确定政府与个人分担比例；四是推进公立医院体制机制改革，建立权责清晰、管理科学、治理完善、运行高效、监督有力的现代医院管理制度。

2. 建立内嵌健康管理能力的政绩考核机制，有效弱化财政分权对地方医疗卫生财政支出纯技术效率的影响

一是建立内嵌健康管理能力政绩考核机制，根据"谁使用、谁负责"的原则全面实施绩效管理，引导地方财政对医疗卫生领域的重视，改变原有的"被动支出、忽视管理"的状况，形成"主动支出、重视管理"的合理局面，推动医疗卫生财政支出效率的提升；二是加大医疗卫生领域财政支出的事前、事中、事后监督机制，全面公开医疗卫生财政支出、医疗卫生供给、绩效考核相关数据，提高透明度，以及内外部监督力度和惩戒力度，防范医疗卫生领域的寻租腐败。

3. 精细划分医疗卫生领域事权和支出责任，提升地方医疗卫生财政支出的规模效率

一是根据省域实际情况，合理划分医疗卫生领域在省、市、县、镇四级政府的财政事权和支出责任，明确各级政府的事权责任和支出责任；二是在兼顾效率的前提下，以基本公共服务均等化为导向，加大对困难地区的财政转移支付；三是基本医疗卫生服务支出责任方面，应相应降低基层政府支出压力，加大更高级政府的支出责任；四是医疗卫生领域事权和支出责任的划分，难以一步到位，需要根据实际情况及时、动态调整划分方案，不断完善和调整各级政府之间的事权和支出责任划分。

参考文献

1. 张仲芳：《财政分权、卫生改革与地方政府卫生支出效率——基于省际面板数据的测算与实证》，载《财贸经济》2013 年第 9 期。

2. 储德银、韩一多、张同斌：《财政分权、公共部门效率与医疗卫生服务供给》，载《财经研究》2015 年第 5 期。

3. 朱德云、袁月、高平：《财政分权对地方医疗卫生财政支出效率的非线性影响》，载《财经科学》2020 年第 8 期。

4. 李郁芳、王宇：《中国地方政府医疗卫生财政支出效率及影响因素研究》，载《海南大学学报（人文社会科学版）》2015 年第 3 期。

5. 颜晓畅：《政府投入与不同地区医疗卫生机构静态和动态运营效率——基于 DEA - Tobit 方法的实证研究》，载《南开经济研究》2018 年第 6 期。

6. 刘文玉：《中国财政分权对政府卫生支出效率的影响——基于省级面板数据的分析》，载

《经济问题》2018 年第 6 期。

7. 崔志坤、张燕：《财政分权与医疗卫生财政支出效率——以江苏省为例》，载《财贸研究》2018 年第 9 期。

8. 汪小勤、曾瑜：《地方政府财政分权程度对卫生支出效率的影响：基于面板数据的 Tobit 模型分析》，载《中国卫生经济》2016 年第 6 期。

9. 傅勇：《中国的分权为何不同：一个考虑政治激励与财政激励的分析框架》，载《世界经济》2018 年第 11 期。

Research on the Efficiency Evaluation and Improvement Path of Local Medical and Health Expenditure from the Perspective of Health IIuman Capital

Zhao Hongbo　Yao TianGe　Liu Shuangshuang

Abstract: Improving the efficiency of medical and health financial expenditure is an important guarantee for comprehensively promoting the construction of healthy China and implementing the strategy of "facing people's life and health", and it is also an important basis for improving health human capital. Based on the DEA Malmquist model, this paper measures the efficiency of local medical and health expenditure from 1999 to 2018. On the whole, the efficiency of local medical and health expenditure shows a downward trend in the past 20 years, and the efficiency of technological progress is the leading factor. The SARS crisis in 2003 and the external impact of the new medical reform in 2009 significantly improve the efficiency of local medical and health expenditure, and the pure technical efficiency Technological progress and efficiency improvement are the leading factors. Using the Tobit regression model of panel data, this paper empirically tests the influence mechanism of fiscal decentralization and health care system reform on the efficiency of local health care fiscal expenditure. The results show that fiscal decentralization significantly improves the level of local health care fiscal expenditure, but reduces the scale efficiency of local health care fiscal expenditure; Fiscal decentralization significantly reduces the pure technical efficiency of local medical and health expenditure, but alleviates this effect in response to public health emergencies; The medical and health system reform has significantly improved the technical progress efficiency of local medical and health expenditure, and promoted the role of fiscal decentralization in improving the technical progress efficiency of local medical and health expenditure. Based on this suggestion, we should further deepen the reform of medical and health system and improve the efficiency of technological progress; Establish the performance evaluation mechanism with embedded health management ability to weaken the impact of fiscal decentralization on pure technical efficiency; We should accurately divide the powers and expenditure responsibilities in the medical and health field, and improve the scale efficiency of local medical and health expenditure.

Key words: *health human capital　efficiency of medical and health expenditure　fiscal decentralizationmedical health system reform*

财政支农、劳动力流动与城乡收入不平等

段龙龙　王林梅*

摘　要： 加强财政支农惠农、重塑城乡一体的劳动力市场格局是新时代我国破解城乡收入差距，促进城乡融合的重大战略举措。在构建财政支农、劳动力流动与城乡收入不平等传导理论框架基础上，借助面板可行最小二乘估计（FGLS），稳健回归、面板联立方程模型（PSEM）深入考察了2007～2018年我国省际财政支农和劳动力流动对城乡收入不平等的影响，研究发现：救济性支农支出比例及规模扩张可有效缓解城乡内部收入不平等，开发性支农支出比例及规模增长能明显改善城乡间收入不平等。增强劳动力的流动性特别是强化劳动力由乡入城的自发流动可显著缩小城乡收入差距。财政支农和劳动力流动除单独对城乡不平等发挥作用外，还具有典型的不平等化解协同特征，劳动力流动可在财政支农扩张条件下起到快速抑制城乡收入差距的“涟漪效应”。财政支农和劳动力流动在东部地区均起到了改善城乡收入不平等的积极效应，但是在中西部地区，这种效果往往不佳，在实施稳健性检验后，结论依然成立。这为我国各级政府在推动城乡融合发展过程中更好地发挥财政支农作用，分级分地区提升城乡劳动力要素自由配置的收入再分配效能提供了一则新的施策视角和决策思路。

关键词： 财政支农　劳动力流动　城乡融合　收入不平等

一、引言

作为强化和巩固农业基础地位、进一步加快乡村振兴实现农业和农村现代化、

* 段龙龙，四川大学经济学院副教授，E－mail：duanlonglong2006@126.com；王林梅，四川大学马克思主义学院副教授。本文受教育部人文社会科学基金项目：“新时代我国城镇化与逆城镇化协调发展路径研究”（项目编号：19YJC710016）；四川省哲学社会科学“十三五”规划基金项目：“成渝双城经济圈城乡融合发展水平侦测及优化策略研究”（项目编号：SC20TJ027）的资助。

推进农村稳定脱贫积极攻克绝对贫困问题的重要战略工具，财政支农政策在新时代被赋予了多重目标任务。其中一项重要使命是：成为国家乡村治理制度的重要组成部分并积极助推城乡一体发展、促进城乡融合。而如何考察城乡融合质量，最终目标在于破解日益固化的城乡收入不平等和城乡二元结构现象，而在这其中，最为突出的难题在于城乡资本、劳动力、土地等要素的自由流动机制如何形成。为此，《中共中央关于构建更加完善的要素市场化配置体制机制的意见》中专门强调："要引导劳动力要素合理畅通有序流动"，"坚决破除妨碍城乡要素自由流动和平等交换的体制机制壁垒，逐步缩小城乡发展差距和居民生活水平差距。"[①]

作为影响城乡收入分配结果政府和市场各自发挥作用的"两只手"，财政支农和劳动力流动分别扮演着不同角色。但由于我国农业和农村现代化改革晚于城镇化发育进程，加上户籍制度和城市居住证制度转型的非同步性，导致劳动力自由流动对城乡不平等的影响要明显弱于财政支农。党的十八大以后，随着我国经济进入"新常态"，特别是"十四五"时期面临打赢全面小康社会建设收官战的战略需要，大幅压缩非必要性支出、全力保障财政支农资金已然成为各级政府攻克农村绝对贫困堡垒的毅然抉择。在我国城乡收入差距依然存在、乡村振兴与城乡融合改革刚刚起步的新背景下，想要仅仅依靠压力骤增的财政支农政策来力挽狂澜似乎显得过于乐观。是故，有必要跳出单一政府的视角从政府和市场协同的维度来审视消除现阶段我国城乡收入差距问题的解决方案，而基于市场原则的劳动力流动角度的引入则是灵活搭配财政支农政策，适宜于城乡融合发展方向以便解决城乡收入不平等困境的一个新的突破口。如果在新的历史情境和发展阶段下，对城乡间劳动力自由流动的分配后果考察能够证实确实有利于缓解城乡收入不平等现象，并且还能从一定程度上缓解财政支农的再分配功能压力，则不失为各级政府持续性推进乡村振兴，实践上促进城乡融合目标实现提供一条可行路径，也为在"六稳"和"构建以内循环为主的双循环新发展格局"背景下，提供一则构建释放内需统一市场、打造消除相对贫困长效机制的新施策方向，具有理论和现实的双重价值意义。

本文的余下部分做如下安排：第二部分是文献回顾和评价，辨析财政支农、劳动力流动和城乡收入不平等间的最新研究进展；第三部分是研究框架和研究设计，进行概念界定并构建财政支农和劳动力流动影响城乡收入不平等的理论机制和计量模型；第四部分是实证结果分析，最后是结论和政策启示。

二、文献回顾

纵观大多数发达国家的经济发展史，其多数都曾经历了从"农业部门向工业

① 参见《中共中央国务院关于建立健全城乡融合发展体制机制和政策体系的意见》。

部门”“从农村到城市”“从城乡地域分割到城乡空间融合”的发展历程。而在广大发展中国家，上述演进过程亦或快或慢地正在进行中。由于工业化、城镇化与市场化是当今经济增长理论中不可或缺的三个重要规律，因而吸引了一大批学者对其进行追踪研究，其中，由工农、城乡关系转变所引发的劳动力流动、财政资金配置及不平等问题迅速成为热点，产出了一大批前瞻性研究成果，极大地丰富了学术界对城乡关系理论、劳动力迁移理论和收入分配理论的认识，值得进行总结和归纳。

（一）财政支农如何影响城乡收入不平等

由于农业生产的高度不确定性和基础性作用，因此公共财政对于农业和农村的援助及其生产性投资便具有了天然的适用性和正当性。自然而然地，作为政府职能在农业和农村领域的延展，财政支农便拥有了相应的再分配职能，会对城乡收入不平等产生影响。但财政支农是否有助于改善城乡收入不平等在学术界还存在争议，尤其是涉及跨国研究或分解到特定支农资金领域之时，结论往往会莫衷一是。如安德森（Anderson，2018）针对一项多国别样本研究发现：增加政府开支特别是农业支出在减少收入贫困和不平等方面会发挥了重要作用，但与经合组织国家相比，发展中国家财政支农政策的再分配作用却极为有限。类似的，罗（Luo，2020）也针对亚洲部分后发国家开展了分析，结果显示：大部分亚洲国家的财政支农政策都显著带来了居民收入增长和经济扩张，但对于缓解收入不平等问题而言，效果并不明显。对于中国而言，不同的学者对财政支农的分配效果往往也持有不同的观点。持积极看法的学者认为：扩大财政支农支出规模的确能够遏制城乡收入差距的扩大，特别是在救济性支出和补贴性支出领域，可直接改善农村生活条件，增加转移性收入比重（邹杰等，2016；吕炜等，2015）。但也有学者对此持消极观点，强调：财政支农对城乡收入差距拉大起到了推动作用。这是因为，财政支农支出还抑制了农业劳动力在产业之间、城乡之间转移，反而进一步拉大了城乡收入差距（杨思莹等，2020）。值得一提的是，最新的研究更加关注财政支农对城乡收入不平等影响的非线性特征，普遍认为：相对简单线性关系而言，财政支农作用于城乡居民收入差距可能更为接近“U”形或倒“U”形关系（徐斌，2015），如张军涛（2015）发现，在地区尺度上，财政支农能显著地小经济发达地区和经济欠发达地区城乡居民的收入差距，而在中等发达地区却反向扩大了城乡收入差距。这很可能得益于构成财政支农的用途结构差异，当财政支农资金投向更多地使用在反贫困、农村社保等方面，对收入差距的改善边际要显著高于用于农业生产、改善农村环境和基础设施等领域（Mogues and Rosario，2016）。

（二）劳动力流动如何改变城乡收入不平等

受到经典的刘易斯二元结构模型、托达罗劳动力迁徙理论和钱纳里工业化阶段理论的启发，很多学者也长期关注到劳动力流动对改变城乡收入不平等现象的重要意义，并基于不同国家的样本数据进行了追踪探讨，得出了不少具有政策指导性的结论。总结归纳已有研究，不难发现劳动力流动与城乡收入不平等的关系也存在不少争议，有学者认为：以外出务工为特征的农转非劳动力流动的确使得中国农村小范围内的收入不平等现象得到一定程度的改善（王湘红等，2012；刘一伟，2018），但农村劳动力本身具有异质性，不同知识水平、性别特征的劳动力外出务工由于流入的城市等级不同、部门不同会对家庭收入的提高产生显著差异（甄小鹏、凌晨，2017）。早期的劳动力流动是典型的乡—城单向流动，由于城镇化和城乡分割所导致的工资率差异，促使了相对收入地位较低的农村家庭大规模外出务工现象的出现，这势必有助于缩小城乡收入差距（卢晶亮等，2015），而随着城镇化进程的提速，劳动力市场出现分化，一方面，流动劳动力本身呈现出新老代际交替、产业就业替代等特征，普遍的收入边际改善局面逐步消失（呼倩等，2019）；另一方面，产业结构升级所引致的农村劳动力的择优转移和转移成本增高会引发明显的流动门槛效应和候鸟现象，促使流动人口的就业稳定性和收入稳定性迅速下降，农村流动人口的“半耕半工”式迁徙会给城镇居民带来更多回报率和补贴的同时（匡远凤、詹万明，2016），也会让传统农业流出更多的优质人力资本而大大延滞其发展速度，扩大城乡收入差距（李富有等，2020）。

那么，为什么会出现两种完全相反的结果呢？这与劳动力流动的方向、劳动力流动的持续性及其意愿有关，也与地区和国家所处经济发展阶段显著相关。在对于发展中国家的跨国研究中，发现劳动力流动对不平等的影响多数是负面的（Tahlin，2004），这是因为劳动力流动所带来的激励效应（收入增加、生产率改善、福利增加）会逐步被失业高风险、就业的非正规性、城市及社区排斥、高房价、缺乏基本公共服务等原因所抵消（Kassiola，2017；Hering and Poncet，2010；周芳丽，2019）。从理论上来看，如果劳动力市场是统一的且不存在市场壁垒，劳动力在城乡间自由流动必然有利于整体社会福利和经济效率提升（Wang and Fu，2019；Amara，2018）。但如果劳动力迁徙的方向仅集中于大城市或特大城市，其结果很可能会因就业竞争、过高的农产品价格而导致贫富差距进一步扩大，因为大城市不可能仅靠传统的农业来支撑其增长，而过多的农民进城会进一步削弱农产品生产的积极性，反而减弱了大城市满足新增移民基本生活消费需求的保障能力（Imai，2017）。最新的研究表明：劳动力流动对城乡不平等的影响机制是复杂且多变的，从中国的典型经验来看，如果农转非的劳动力更加具有技术密集的特征，则有利于缩小城乡不平等，而非正规部门在城镇化过程中吸收劳动力越多，则并不有益于城乡差距的缩小（Athukorala and Wei，2018），但不可否认的是，城镇化进程提速所引发的城乡劳动力大规模流动的确促进了城乡整体工资水平的上涨，一定程度上松动了城乡二元经济结构（蔡昉，2009；Yuan，2020）。

总体上来看，现有研究已经分别注意到了政府和市场两种力量对城乡收入不平等的影响，并且分别从财政支农和劳动力流动的维度开展了深入研究，但多数集中在单一层面未能考虑到财政支农和劳动力流动之间的相互作用，特别是当财政支农作为一种转移性支付或者收入补贴之时，必然会对城乡劳动力流动产生影响，那么这种影响势必会传导至城乡收入差距上，现有研究普遍忽视了这一问题，使得结论出现高估或低估偏差。同时，对于财政支农影响城乡收入不平等的机制考察，也更为重视支农资金总量的考察而忽视支农资金结构变动。是故，本文的边际贡献在于：一是将财政支农和劳动力流动纳入统一理论框架，在考虑财政支农对劳动力流动影响的条件下系统探讨了两者对城乡收入不平等的作用机理，评估了劳动力流动的中介效应；二是将财政支农影响城乡收入不平等的机制进一步分解为财政支农总量和财政支农结构两个层次，并从财政支农的功能入手，详细研究了财政支农中的开发型支农支出和救济型支农支出在推动劳动力流动、改善城乡收入不平等方面的作用。因而本文的研究结论有助于重新认识政府和市场两种力量在化解城乡收入不平等方面的差异性和协同性，并为今后各级政府调整优化现行收入分配政策转变施策思路提供借鉴。

三、研究设计

从目标上来看，我们的研究致力于回答如下问题：一是财政支农如何引发城乡收入不平等变动，特定领域的支农支出和支农结构变迁是否均有利于减缓城乡收入不平等？二是城乡间劳动力流动是否具备改善城乡收入不平等的积极作用？城乡劳动力流动是否起到了财政支农影响城乡收入不平等变化的中介变量？三是财政支农和劳动力流动在作用城乡收入不平等的地区属性上是否具有异质性，发达地区和欠发达地区的效果有何差别？要解答上述问题，我们应先构建财政支农、劳动力流动影响城乡收入不平等的理论框架。

（一）理论框架

农业支持与保护理论给国家和政府积极干预并推动本国农业可持续发展提供了直接依据。因农业本身的公共性、基础性和脆弱性，财政支农成为国际通行的产业和宏观调控政策工具。配第—克拉克定律和速水佑次郎的农业发展论告诉我们，劳动力和就业吸纳逐步从农业向非农部门转变的历史过程中，推动农业持续增长必须依托于更加强大的农业扶持政策和对传统农业的改造，从而逐步扭转农业部门衰退和城乡二元经济结构固化趋势，其中公共政策的重要性在于克服城乡劳动力流动所带来的农村贫困、产业资金匮乏和农村人力资本缺失问题。

由于公共财政的职能限制，财政支农支出主要集中在涉农生产性支出、农村救济补贴性支出和政策性开发支出等层面，涉农生产性支出主要通过积累农业生产资本推动农业增长，改善农民收入；救济补贴性支出则作为扶贫或转移支付手段直接提高农民的转移性收入；政策性开发支出重点关注农村公共设施和公共服务，间接改善农民福利条件。

与此相类似，刘易斯的二元经济结构理论和拉尼斯费景汉模型揭示了劳动力流动与城乡收入不平等之间的初步关联，其证实了发展中国家在城镇化和工业化过程中农业剩余劳动力向城市和非农部门转移过程中工资稳定上涨现象的普遍存在性，并以此得到出城乡收入差距不断缩小乃至城乡一体发展的长期趋势。但经典理论和最新研究都认为：城乡、工农部门劳动力工资趋同的重要机制得益于劳动生产率的趋同，因而在不同国家，农业政策或人口迁徙政策的差异会引致不同的劳动生产趋同速率，从而产生地域间或部门间工资趋同相对差别（邓翔等，2018）。

基于上述理论，我们可以构建出财政支农、劳动力流动影响城乡收入不平等变动的逻辑框架，将其作为指导后续实证研究的核心思路，框架的整体形式如图1所示。

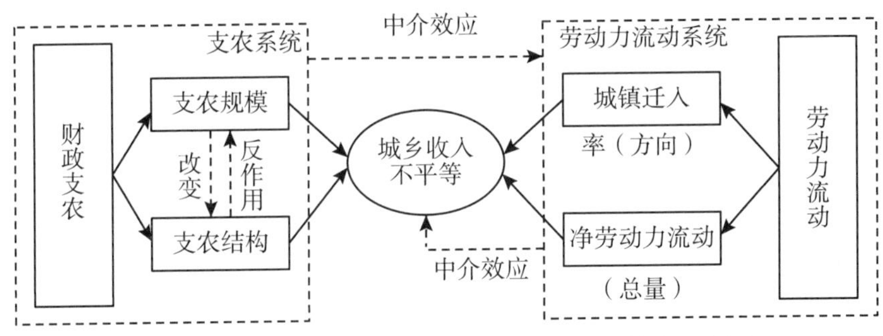

图1 财政支农、劳动力流动影响城乡收入不平等的理论框架

在图1中，财政支农系统和劳动力流动系统各自对城乡收入不平等发挥着各自的作用，同时财政支农系统还通过影响劳动力流动系统间接对城乡收入不平等产生影响，其中财政支农系统包括财政支农规模变动和支农结构变迁两个层次；劳动力流动系统则包括流动方向：城镇迁入率和流动总量：净流动两个层次，而财政支农和劳动力流动对城乡收入不平等的决定一方面体现在城镇内部、也体现在农村内部和城乡之间。根据这一思路，我们开展相关模型设定和变量选择。

（二）变量界定

1. 因变量：城乡收入不平等的界定

所谓收入不平等，关注的是国民财富在不同群体间的分配状况，不平等性反映了统一比例财富在相同比重居民群体中的相对集中趋势，常用洛伦茨曲线来表示。理论界对收入不平等的测度，多使用基尼系数、泰尔系数、威廉逊系数等方法（林平等，2013）。针对本文所使用的城乡收入不平等概念，既可以沿用基尼系数、泰尔系数等常用不平等测量手段，也可使用可支配收入比来实施简单度量，其中基尼系数和泰尔系数可以测度城乡整体的收入不平等程度，也可计算城镇内部和农村内部群体各自的收入不平等程度①（胡志军等，2016），而可支配收入比则主要用于计算城乡之间的收入不平等，为此，我们将基尼系数和城乡可支配收入比两种方法结合起来，分别使用基于基尼系数的城镇收入不平等（UGN）、农村收入不平等（RGN）和城乡可支配收入比（URI）三个指标来测度本文研究的城乡收入不平等程度。三个指标的计算方法如下：

$$UGN = 1 - \frac{1}{P^u W^u}\sum_{i=1}^{n}(W_{i-1}^u + W_i^u) \times P_i^u \text{②} \quad (1)$$

$$RGN = 1 - \frac{1}{P^r W^r}\sum_{i=1}^{n}(W_{i-1}^r + W_i^r) \times P_i^r \quad (2)$$

$$URI = \frac{\overline{W}^u}{\overline{W}^r} \quad (3)$$

其中，P^u 表示城镇总人口；P^r 表示农村总人口；W^u 和 W^r 分别表示城镇居民和农村居民总收入；W_i^u 与 W_i^r 分别是累计到第 i 组的收入；P_i^u 和 P_i^r 分别是城镇居民和农村居民累计到第 i 组的人口数；$\overline{W}^u$ 代表城镇人均可支配收入；$\overline{W}^r$ 表示农村人均可支配收入。所有数据可从《中国住户调查年鉴》《中国统计年鉴》《中国区域统计年鉴》上获取，在此一并交代③。

2. 核心自变量：财政支农的界定

在变量设定中，财政支农作为首要核心自变量出现。因此需对本文所指的财政支农范畴进行界定。学术界关于财政支农的内涵，已有广义和狭义之分，广义层次的财政支农是指国家用于农业的所有支出，包括生产性和非生产性支出的总和。狭义的财政支农仅指国家一般公共预算支出中的农林水项目投入。即主要是生产性支农支出。在我们的研究中强调的是广义的财政支农概念。当前在我国的财政支农广义统计口径上，既包括生产性为主的农林水直接支出和开发性支出，也涉及非生产

① 在理论上，基尼系数也可按照区域进行分解，泰尔指数可按城乡进行分解，这里为研究便利，只使用基尼系数。

② 由于在我国的住户年鉴或分省统计年鉴中，城镇和农村居民分组并不严格一致，加之分组的比例也不尽相同，导致按照传统基尼系数公式无法测度城乡内部基尼系数，因此我们借鉴田卫民（2012）的方法将基尼系数进行变换，转换为符合我国统计发布方式的非等分组计算公式。

③ 在 2011 年之前，我国城镇及农村住户收入分组数据是分开发布，分别形成《中国农村住户调查年鉴》和《中国城镇住户调查年鉴》。2011 年之后合并成为《中国住户调查年鉴》一起发布，因此特别说明，在正文中不作特意区分。

为主的救济补贴性支出，考虑到支农领域功能的差异和计算财政支农结构的需要，我们对上述三类财政支农资金分别进行统计并消除人口规模的影响。为此，本文使用的财政支农指标包括：一是人均财政支农总规模（FSA）；二是细分领域：人均开发性支农投入（DE）和人均救济性支农投入（RE）；三是财政结构性指标：开发性支农比重（DES）和救济性支农比重（RES）。

3. 核心自变量：劳动力流动的界定

劳动力流动是本文的另一个核心自变量。学术界主要采取主观意愿和客观数量两种方法予以度量（Sun and Lopez，2017）。主观方法强调的是劳动力外出的可能性或概率评估，多应用于微观数据。客观方法强调的是对劳动力流动或迁徙的量的考察，多应用于宏观经济统计（Pi and Zhou，2015），考虑到我们使用的是省际尺度数据，对于劳动力流动将更侧重于数量而非意愿考察。基于数量测度的劳动力流动量估计，一般包括方向性流动数和净流量两个层面，方向性流动数是根据劳动力的迁入或迁出规律，结合常住人口数据变化，对劳动力流入方向所在地进行统计，目前我国的劳动力方向性流动主要还是从乡村到城市的趋势，因此可以用城镇人口迁入率（UMR）来表述方向性流动数[①]。而对于劳动力净流量的测算，主要可以用某地常住人口－户籍人口＋户籍人口变动－人口自然增长来进行计算。再从结构层面将其除以常住人口规模，转换为地区劳动力净流动比重（SFP）。

4. 其他控制变量的选择

为满足研究需要，我们选择的其他控制变量依次包括：反映技术和劳动力熟练程度的全社会劳动生产率（TLP）、反映产业结构的产业软化系数（IS）[②]、反映经济增长的人均 GDP（CGDP）、同时还包括两个工具变量：农业机械总动力（PAM）和农作物播种面积（CAP）。值得说明的是：上述控制变量均为理论上或先验研究已证实与城乡收入不平等有显著关系的变量。而所有核心自变量和控制变量的数据均可在《中国区域统计年鉴》和《中国人口与就业统计年鉴》上找到，在此一并说明。

（三）模型设定与初步统计分析

我们使用的样本是 2007～2018 年的 31 个省份面板数据，因而构建实证模型是我们的下一个目标，但是在设定所需的计量经济模型之前，需要对所收集的数据样本进行初步统计分析，从而给计量经济模型的形式选择提供依据，表 1 汇报了所有

① 城镇人口迁入率的具体计算公式是：城镇人口迁入率＝两年之间城镇常住人口增加量/地区总人口。
② 产业软化系数的计算方法是：产业软化系数＝(工业和建筑业增加值＋服务业增加值)/农业增加值。

变量序列的描述性统计结果。

表 1　　各变量序列的描述性统计

统计量	FSA	RE	DE	RES	DES	UMR	SFP	TLP	URI	UGN	RGN	IS	CGDP	PAM	CAP
均值	1 225	57. 97	48. 27	0. 054	0. 050	0. 016	0. 017	7. 609	2. 830	0. 467	0. 473	21. 54	43 914	3 117	5 242
中位数	952. 5	45. 69	34. 96	0. 05	0. 040	0. 016	0. 0105	6. 722	2. 742	0. 466	0. 468	8. 81	38 919	2 413	4 808
最大值	10 982	224. 2	369. 7	0. 197	0. 186	0. 154	0. 408	24. 49	4. 498	0. 624	0. 671	311. 5	140 211	13 353	14 783
最小值	148. 1	3. 65	8. 01	0. 005	0. 005	-0. 052	-0. 252	1. 464	1. 845	0. 334	0. 312	2. 333	6 915	93. 97	103. 8
标准差	1 140. 4	45. 98	39. 33	0. 029	0. 033	0. 013	0. 131	4. 343	0. 529	0. 050	0. 061	43. 22	25 082	2 871	3 723
偏度	3. 514	1. 367	3. 073	1. 143	1. 850	3. 870	1. 153	1. 349	0. 813	0. 188	0. 289	3. 988	1. 263	1. 629	0. 510
峰度	22. 481	4. 504	18. 72	5. 370	6. 404	39. 76	4. 757	4. 874	3. 271	3. 221	2. 947	20. 0	4. 582	5. 270	2. 67
样本量	372	372	372	372	372	372	372	372	372	372	372	372	372	372	372

在进行模型设定之前，还需要先对所有涉及变量进行平稳性检验，以有效防范伪回归问题。对于面板数据而言，其平稳性检验常用的方法为基于单位根的 LLC 检验、ADF 检验和 PP 检验三种，我们根据面板单位根检验的多组检验模型，使用 EViews9. 0 软件对变量逐一进行测试，得到的检验结果如表 2 所示。

表 2　　各变量序列的面板单位根检验结果

检验序列	检验方法（C，T，K）	LLC 检验	Fisher - ADF 检验	Fisher - PP 检验	结论
FSA	（1，0，0）	-3. 93***	34. 1	74. 2	不平稳
lnFSA	（1，0，0）	-21. 8***	271. 4***	456. 9***	平稳
RE	（1，1，0）	1. 83	26. 2	31. 5	不平稳
lnRE	（1，1，0）	-15. 8***	164. 1***	278. 6***	平稳
DE	（1，0，0）	-0. 09	37. 9	36. 3	不平稳
lnDE	（1，1，0）	-9. 7***	90. 2***	137. 9***	平稳
RES	（1，0，0）	-6. 77***	114. 7***	139. 8***	平稳
DES	（1，0，0）	-19. 6***	177. 3***	300. 7***	平稳
UMR	（1，1，0）	-14. 3***	147. 1***	233. 3***	平稳
SFP	（1，0，0）	-3. 75***	64. 5	100. 4***	平稳
TLP	（1，1，0）	-5. 28***	76. 6*	49. 6	平稳
URI	（0，0，0）	-9. 58***	184. 3***	301. 9***	平稳
UGN	（1，1，0）	-8. 98***	82. 3**	124. 8***	平稳

续表

检验序列	检验方法（C，T，K）	LLC 检验	Fisher - ADF 检验	Fisher - PP 检验	结论
RGN	(1，1，0)	-12.6***	115.9***	180.5***	平稳
IS	(1，1，0)	-6.6***	85.3**	32.5	平稳
CGDP	(1，1，0)	-3.35***	62.3	35.0	不平稳
lnCGDP	(1，0，0)	-18.2***	222.1***	416.6***	平稳
PAM	(1，0，0)	-3.92***	58.5	108.8***	平稳
CAP	(1，0，0)	-3.33***	65.8	79.1*	平稳

注：检验方法中的 C 表示在面板单位根检验中是否考虑截距项，T 表示是否考虑时间趋势项，K 表示是否考虑差分，0 表示不选择，1 表示选择。只要三类检验中至少有 2 个通过显著性检验则可判定为序列平稳。

表 2 的结果显示：除人均财政支农规模（FSA）、人均低保救济支出（RE）、人均开发性支出（DE）和人均 GDP（CGDP）变量在原序列层次上未能通过平稳性检验外，其他变量均为序列平稳。为此，我们对未符合平稳性标准的上述 4 个变量分别实施对数化转换，并对转换为对数形式的变量再次实施单位根检验，发现其最终满足平稳性条件。是故，我们将所有平稳性序列作为最终变量纳入计量模型当中。

最后，我们根据变量的相关性和因果关系，分别绘制我国省际财政支农与城乡收入不平等、劳动力迁徙与城乡收入不平等之间的散点图，并根据散点图初步拟合相应线性函数关系，代表性变量拟合结果如图 2、图 3 和图 4 所示。

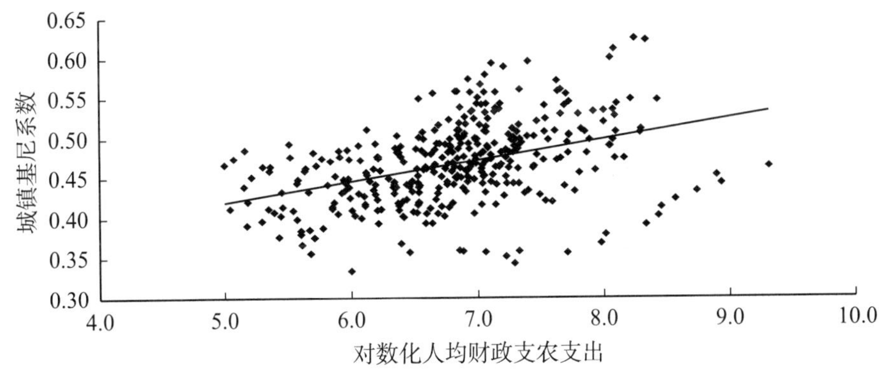

图 2　对数化人均支农支出与城镇居民基尼系数间的线性关系

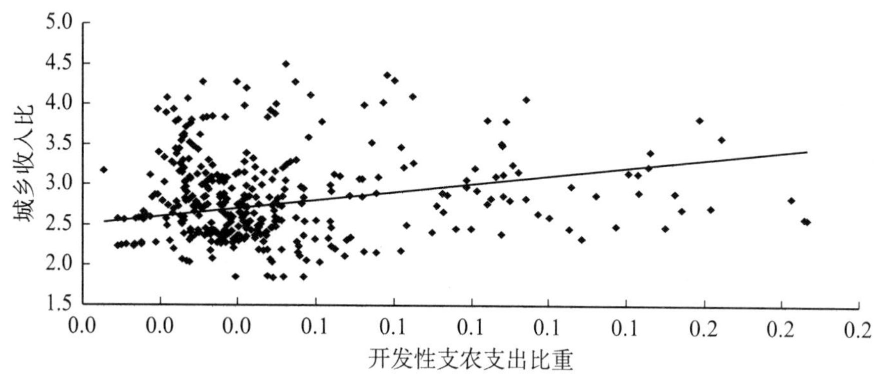

图 3　开发性支农支出比重与城乡收入比间的线性关系

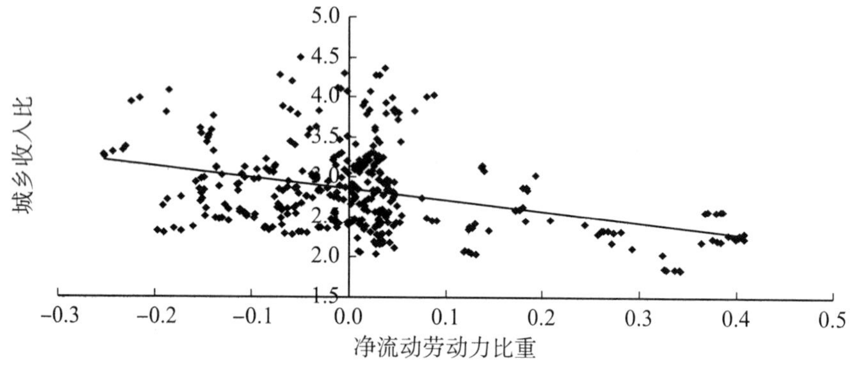

图 4　净流动劳动力比重与城乡收入比间的线性关系

注：劳动力净流动比重为正值表明该地区为劳动力净流入地区，反之为负表明该地区为劳动力净流出地区。

从图 2、图 3 和图 4 的线性拟合结果来看，财政支农规模、结构和城乡收入不平等之间、劳动力流动与城乡收入不平等之间均呈现典型的简单线性关系①，我们根据变量间散点图及序列平稳性检验结果，构建的变截距不变系数计量回归模型形式如下：

$$URI_{it} = \alpha_i + \alpha_1 lnFSA_{it} + \alpha_2 lnRE_{it} + \alpha_3 lnDE_{it} + \alpha_4 UMR_{it} + \alpha_5 SFP_{it} + \sum_{\lambda=1}^{3} \lambda_i Control_{it} + \mu_{it} \quad (4)$$

$$UGN_{it} = \alpha_i + \alpha_1 lnFSA_{it} + \alpha_2 lnRE_{it} + \alpha_3 lnDE_{it} + \alpha_4 UMR_{it} + \alpha_5 SFP_{it} + \sum_{\lambda=1}^{3} \lambda_i Control_{it} + \mu_{it} \quad (5)$$

$$RGN_{it} = \alpha_i + \alpha_1 lnFSA_{it} + \alpha_2 lnRE_{it} + \alpha_3 lnDE_{it} + \alpha_4 UMR_{it} + \alpha_5 SFP_{it} + \sum_{\lambda=1}^{3} \lambda_i Control_{it} + \mu_{it} \quad (6)$$

① 由于篇幅所限，仅绘制具有代表性的变量间散点图。

$$URI_{it} = \beta_i + \beta_1 RES_{it} + \beta_2 DES_{it} + \beta_3 UMR_{it} + \beta_4 SFP_{it} + \sum_{\eta=1}^{3} \eta_i Control_{it} + \nu_{it} \quad (7)$$

$$UGN_{it} = \beta_i + \beta_1 RES_{it} + \beta_2 DES_{it} + \beta_3 UMR_{it} + \beta_4 SFP_{it} + \sum_{\eta=1}^{3} \eta_i Control_{it} + \nu_{it} \quad (8)$$

$$RGN_{it} = \beta_i + \beta_1 RES_{it} + \beta_2 DES_{it} + \beta_3 UMR_{it} + \beta_4 SFP_{it} + \sum_{\eta=1}^{3} \eta_i Control_{it} + \nu_{it} \quad (9)$$

其中，URI_{it}表示第 i 地区第 t 年的城乡收入比；UGN_{it}表示第 i 地区第 t 年的城镇基尼系数；RGN_{it}表示第 i 地区第 t 年的农村基尼系数；lnFSA、lnRE 和 lnDE 分别表示对数化人均财政支农总额、对数化人均救济性支农支出和对数化人均开发性支农支出；RES 和 DES 分别为救济性支农支出结构和开发性支农支出结构；UMR 为城镇劳动力迁移率；SFP 为地区净劳动力流动比例；$Control_{it}$为控制变量；α、β、λ 和 η 为待估参数；μ_{it}和 ν_{it}为随机扰动项，性质满足独立同方差假定。

四、实证分析与讨论

（一）基准回归：静态面板模型估计分析

为揭示财政支农和劳动力流动对城乡不平等的基本关系，我们先借助静态面板数据的可行最小二乘估计方法（FGLS）做初步分析。根据已构建的计量回归模型基本形式，我们将因变量划分为城乡收入比、城镇居民基尼系数和农村居民基尼系数三类，并分类实施财政支农规模变量、财政支农结构变量劳动力流动变量与城乡收入不平等变量间的参数估计。为促使估计结果更为准确有效，我们使用了能有效化解多重共线性问题的逐步回归方法，模型的设定形式通过 Hausman 检验得到，表 3 展示了财政支农规模变量和劳动力流动对城乡收入不平等之间的关系。

表 3　财政支农规模与劳动力流动影响城乡收入不平等的静态面板模型估计（全国样本）

变量	因变量：城乡收入比（URI）		因变量：城镇居民基尼系数（UGN）		因变量：农村居民基尼系数（RGN）	
	（1）	（2）	（3）	（4）	（5）	（6）
lnFSA	0.14*** （2.67）	0.08* （1.69）	0.03*** （3.98）	0.04*** （9.51）	0.05*** （5.63）	0.07*** （10.1）
lnRE	0.06*** （2.85）	0.07** （2.24）	−0.03*** （−5.8）	−0.02*** （−7.7）	−0.03*** （−3.64）	−0.03*** （−5.1）

续表

变量	因变量：城乡收入比（URI）		因变量：城镇居民基尼系数（UGN）		因变量：农村居民基尼系数（RGN）	
	(1)	(2)	(3)	(4)	(5)	(6)
lnDE	-0.12*** (-2.99)	-0.11** (-2.54)	0.02*** (3.04)	0.03*** (4.2)	0.03*** (3.64)	0.04*** (5.1)
UMR		-0.69* (-1.77)		0.13** (2.05)		0.15* (1.8)
SFP	-0.51*** (-2.68)		-0.07** (-1.96)		-0.08** (-2.46)	
TLP	0.03*** (3.57)	0.03*** (4.6)	0.005*** (5.05)	0.005*** (6.2)	0.01*** (5.25)	0.008*** (8.3)
IS	0.002*** (2.57)			-0.001*** (-2.4)		-0.001 (-1.4)
lnCGDP	-1.05*** (-11.1)	-0.93*** (-9.34)	0.03*** (3.5)		0.03** (2.49)	
C	12.96*** (20.2)	12.0*** (15.7)	-0.12** (-2.07)	0.1*** (4.98)	-0.26*** (-3.14)	-0.08*** (-3.32)
R^2	0.94	0.96	0.84	0.87	0.83	0.85
F统计量	152.2***	210.1***	925.8***	61.4***	44.7***	50.9***
Hausman检验	33.9***	31.0***	19.83***	36.27***	39.56***	69.2***
估计方法	FE - FGLS	FE - FGLS	FE - FGLS	FE - FGLS	FE - FGLS	FE - FGLS
修正方法	White cross-section	Cross-section SUR	White cross-section	White cross-section	White cross-section	White cross-section
样本量	372	372	372	372	372	372

注：*** 表示假设检验在置信水平为99%时统计显著，** 表示置信水平95%时统计显著；* 表示置信水平90%时统计显著，括号内为T统计量，FE表示固定效应。

表3中的模型1和模型2汇报了财政支农规模、劳动力流动对城乡间收入不平等的影响，而模型3和模型4，模型5和模型6则分别展示了财政支农规模、劳动力流动对城镇内部收入不平等、农村内部收入不平等的作用。从参数估计结果来看，表现出以下特点：

一是三类财政支农规模变量对不同类型不平等表现出较强异质性。人均财政支农总支出会一定程度加剧城乡间、城镇内或农村内的收入不平等；但人均救济性支农支出则能有效缩小城镇内或农村内部的收入差距；而人均开发性支农支出最为特殊，其更为突出的作用是针对城乡间收入不平等问题，其对缩小城乡间收入差距具有积极意义。

二是劳动力流动方向和劳动力流动规模对城乡收入不平等的作用存在显著差别。城镇偏向的劳动力迁入虽易使得城镇内部差距和农村内部差距拉大，但有助于缩小城乡间整体不平等。而劳动力流动总规模的扩张却在全国层面上同时缩小了城乡间、城镇内部和农村内部的不平等性，改善收入分配的积极效果更为普遍。

三是控制变量均与城乡收入不平等间呈现出符合理论假说的关联性。特别是经济增长变量，其对城乡收入不平等的冲击明显高于劳动生产率和产业结构变化，经济增长更利于缓解城乡间收入不平等，具有显著的“涓滴效应”特性、产业结构更加偏爱抑制城镇或农村内部的收入差距拉大，而劳动生产率的增进则容易产生收入分配的“马太效应”后果。

更进一步地，我们同时分析了财政支农规模、劳动力流动与城乡收入不平等的关联，与表3中的方法相似，使用逐步回归估计的待估参数结果如表4所示。

表4　财政支农结构与劳动力流动影响城乡收入不平等的静态面板模型估计（全国样本）

变量	因变量：城乡收入比（URI）		因变量：城镇居民基尼系数（UGN）		因变量：农村居民基尼系数（RGN）	
	（7）	（8）	（9）	（10）	（11）	（12）
RES	1.22*** (2.62)	1.41* (1.98)	-0.32*** (-5.31)	-0.48*** (-6.6)	-0.63*** (-7.5)	-0.34*** (-2.97)
DES	-3.03*** (-9.34)	-2.9*** (-8.98)	0.08* (1.8)	0.27*** (4.23)	0.37*** (3.97)	0.09* (1.66)
UMR		-0.62* (-1.88)		-0.17* (-1.87)		0.26* (3.27)
SFP	-0.64** (-2.28)		-0.23** (-8.39)		0.08** (2.41)	
TLP	0.03*** (3.86)	0.04*** (6.49)	0.01*** (21.6)			0.02*** (18.7)
IS	0.002*** (4.73)		-0.001*** (-2.31)		0.001*** (4.64)	
lnCGDP	-1.03*** (-17.1)	-1.04*** (-20.6)		0.09*** (22.4)	0.14*** (23.0)	
C	13.5*** (22.9)	13.5*** (28.9)	0.39*** (57.1)	-0.51*** (-11.0)	-0.95*** (-14.1)	0.36*** (28.2)
R^2	0.95	0.79	0.85	0.83	0.86	0.76
F统计量	176.2***	276.2***	53.7***	49.9***	57.8***	31.3***

续表

变量	因变量：城乡收入比（URI）		因变量：城镇居民基尼系数（UGN）		因变量：农村居民基尼系数（RGN）	
	（7）	（8）	（9）	（10）	（11）	（12）
Hausman 检验	10.3*	6.04	9.33*	37.5***	57.9***	80.36***
估计方法	FE – FGLS	RE – FGLS	FE – FGLS	FE – FGLS	FE – FGLS	FE – FGLS
修正方法	White diagonal	White cross-section	Cross-section weights（PCSE）	Cross-section weights（PCSE）	White cross-section	White cross-section
样本量	372	372	372	372	372	372

注：*** 表示假设检验在置信水平为99%时统计显著，** 表示置信水平95%时统计显著；* 表示置信水平90%时统计显著，括号内为T统计量，FE表示固定效应，RE表示随机效应。

在表4中，我们分别汇报了救济性支农比重变动和开发性支农比重变动对城乡收入不平等的影响，也同时给出了劳动力流动与城乡收入不平等间的关联。从表4中可以发现如下规律：

其一，救济性财政支农结构的提升具有显著改善城镇内部和农村内部收入不平等的积极效应。但可能会促使城乡间收入差距的进一步扩大；开发性支农结构则恰好与之相反，其在遏制城乡间收入差距方面具有得天独厚的优势，但在改善城镇内部或农村内部收入差距上却显得无能为力。从系数大小来看，救济性支农资金在“扶贫”和“兜底”方面的分配效应更强，而开发性支出在城乡协调方面的分配效应更强。

其二，方向性劳动力流动的增长和规模性劳动力流动的提升在结论中依然表现为有利于消除城乡间收入差距，但在对城镇内部和农村内部收入差距的作用效果上不确定，表明模型的稳健性需要进一步提升，以便获得更为可靠的参数估计结果。

（二）考虑地区因素：面板Robust模型估计分析

虽然全国层面上的分析一定程度上揭示了财政支农和劳动力流动对城乡收入不平等的影响，但我国地缘辽阔且地区间发展不平衡不协调性突出，全国层面的分析结果和潜在政策意义在不同区域层面上并不能适用，因此需要纳入地区因素加以分析。在地区样本分析中，由于前文的参数估计已经出现了符号逆转的不稳健现象，所以针对更小样本的地区因素分析中需要着力解决这一问题，相比其他方法而言，使用针对小样本或离散样本分布的面板Robust估计具有不可替代的优势，因为该方法专门针对特殊样本且一定程度上放宽了模型的经典假设条件，因此能够有效解决待估参数间的共线性、内生性等问题，我们使用EViews9.0软件实施面板Robust模型的结果如表5和表6所示。

表 5　财政支农规模与劳动力流动影响城乡收入不平等的面板 Robust 模型估计（地区样本）

变量	东部			中部			西部		
	因变量：城乡收入比（URI）	因变量：城镇居民基尼系数（UGN）	因变量：农村居民基尼系数（RGN）	因变量：城乡收入比（URI）	因变量：城镇居民基尼系数（UGN）	因变量：农村居民基尼系数（RGN）	因变量：城乡收入比（URI）	因变量：城镇居民基尼系数（UGN）	因变量：农村居民基尼系数（RGN）
	（13）	（14）	（15）	（16）	（17）	（18）	（19）	（20）	（21）
lnFSA	-0.06*** （-16.5）	0.005*** （3.2）	0.01*** （5.0）	-0.07*** （1.8）	0.007* （22.4）	0.03*** （7.0）	-0.21*** （-22.4）	-0.03*** （-34.2）	-0.01*** （-8.3）
lnRE	-0.06*** （-18.4）	0.008*** （5.9）	0.025*** （16.9）	0.001** （1.98）	0.001** （2.17）	-0.01*** （-3.3）	0.3*** （9.2）	0.02*** （33.9）	0.02*** （24.8）
lnDE	-0.28*** （-125.7）	0.007*** （7.9）	0.01*** （8.3）	-0.38*** （-34.8）	-0.03*** （-11.3）	-0.02*** （-8.8）	-0.004*** （-19.4）	0.03*** （41.5）	0.02*** （16.5）
UMR	-0.58*** （-10.4）	-0.12*** （-5.4）	-0.09*** （-3.4）	1.98*** （5.12）	0.05*** （6.9）	-0.1* （-1.62）	-2.7*** （-9.1）	0.51*** （15.9）	0.44*** （10.4）
SFP	-0.42*** （-25.2）	-0.21*** （-30.3）	-0.26*** （-34.8）	0.88*** （13.1）	-0.29*** （-21.2）	-0.37*** （-24.2）	0.65*** （17.5）	-0.01*** （-2.88）	-0.05*** （-10.1）
TLP	0.002* （1.96）	0.005*** （16.1）	0.004*** （12.5）	0.02*** （-0.03）	0.01*** （10.1）	0.01*** （10.3）	0.04*** （13.9）	0.007*** （21.9）	0.01*** （21.7）
IS	0.0001* （1.89）	0.0002*** （7.4）	0.0002*** （11.3）	0.02*** （28.1）	0.01*** （70.2）	0.01*** （63.2）	0.06*** （42.1）	-0.003*** （-17.9）	-0.002*** （-9.11）

续表

变量	东部			中部			西部		
	因变量：城乡收入比（URI）	因变量：城镇居民基尼系数（UGN）	因变量：农村居民基尼系数（RGN）	因变量：城乡收入比（URI）	因变量：城镇居民基尼系数（UGN）	因变量：农村居民基尼系数（RGN）	因变量：城乡收入比（URI）	因变量：城镇居民基尼系数（UGN）	因变量：农村居民基尼系数（RGN）
	（13）	（14）	（15）	（16）	（17）	（18）	（19）	（20）	（21）
lnCGDP	-0.3** （-47.8）	0.01*** （5.5）	0.03*** （10.3）	-0.45*** （-15.2）	-0.004 （-0.7）	4.88*** （90.4）	-1.22*** （-63.8）	0.03*** （15.2）	0.03*** （10.4）
C	6.5*** （109.0）	0.21*** （8.5）	-0.01 （-0.6）	8.8*** （33.5）	0.26*** （4.3）	-48.2*** （-72.2）	15.5*** （98.9）	0.13*** （7.5）	0.04** （1.9）
Rw^2	0.69	0.39	0.55	0.77	0.7	0.73	0.8	0.71	0.7
Rn^2 统计量	59 349***	6 565***	11 745***	14 721***	9 991***	12 225***	36 571***	23 396***	22 022***
估计方法	M估计	M估计	M估计	M估计	M估计	M估计	M估计	M估计	M估计
样本量	156	156	156	72	72	72	144	144	144

注：*** 表示假设检验在置信水平为99%时统计显著，** 表示置信水平95%时统计显著；* 表示置信水平90%时统计显著，括号内为Z统计量。

表 6　财政支农结构与劳动力流动影响城乡收入不平等的面板 Robust 模型估计（地区样本）

变量	东部			中部			西部		
	因变量：城乡收入比（URI）	因变量：城镇居民基尼系数（UGN）	因变量：农村居民基尼系数（RGN）	因变量：城乡收入比（URI）	因变量：城镇居民基尼系数（UGN）	因变量：农村居民基尼系数（RGN）	因变量：城乡收入比（URI）	因变量：城镇居民基尼系数（UGN）	因变量：农村居民基尼系数（RGN）
	（22）	（23）	（24）	（25）	（26）	（27）	（28）	（29）	（30）
RES	6.48*** （35.9）	0.05* （1.61）	0.15*** （3.8）	−0.04*** （12.7）	0.18*** （4.3）	0.08* （26.8）	4.6*** （60.8）	0.25*** （29.3）	0.2*** （17.3）
DES	−1.46*** （−19.5）	−0.03* （−1.81）	−0.1*** （−6.6）	−2.72*** （−17.4）	0.03*** （5.1）	0.44* （1.62）	−0.98*** （−9.5）	0.49*** （42.5）	0.22*** （13.8）
UMR	0.95*** （8.0）	−0.22*** （−9.5）	−0.32*** （−12.6）	3.6*** （8.4）	0.21*** （2.8）	−1.4** （−2.1）	−2.16*** （−7.8）	0.28*** （9.1）	0.13*** （3.2）
SFP	−0.01*** （−10.4）	−0.24** （−36.1）	−0.34*** （−45.2）	0.38*** （5.2）	−0.28*** （−20.9）	−0.34*** （−22.8）	1.05*** （35.5）	0.06*** （18.8）	0.05*** （9.9）
TLP	−0.03*** （−16.8）	0.01*** （23.2）	0.01*** （25.4）	0.01** （2.04）	0.01*** （7.8）	0.01*** （8.7）	0.04*** （15.3）	0.004*** （14.4）	0.003*** （8.5）
IS	0.003*** （29.1）	0.0001*** （5.4）	0.0001*** （4.2）	0.02*** （23.5）	0.01*** （72.2）	0.01*** （65.9）	0.06*** （47.2）	−0.002*** （−13.6）	−0.001*** （−7.3）
lnCGDP	−0.26*** （−18.4）	0.01*** （5.1）	0.03*** （10.6）	−0.8*** （−24.5）	−0.01** （−2.04）	0.014** （2.2）	−1.1*** （−72.4）	0.07*** （39.1）	0.09*** （37.0）

续表

变量	东部			中部			西部		
	因变量：城乡收入比（URI）	因变量：城镇居民基尼系数（UGN）	因变量：农村居民基尼系数（RGN）	因变量：城乡收入比（URI）	因变量：城镇居民基尼系数（UGN）	因变量：农村居民基尼系数（RGN）	因变量：城乡收入比（URI）	因变量：城镇居民基尼系数（UGN）	因变量：农村居民基尼系数（RGN）
	（22）	（23）	（24）	（25）	（26）	（27）	（28）	（29）	（30）
C	5.3*** （-37.4）	0.28*** （10.3）	0.09*** （2.82）	10.8*** （35.6）	0.42*** （7.6）	0.15** （2.37）	13.8*** （95.6）	-0.28*** （-17.6）	-0.46*** （-20.9）
Rw^2	0.45	0.4	0.5	0.71	0.69	0.72	0.8	0.71	0.68
Rn^2 统计量	8 527***	5 740***	9 417***	10 997***	10 006***	12 286***	39 216***	24 143***	20 317***
估计方法	M 估计	M 估计	M 估计	M 估计	M 估计	M 估计	M 估计	M 估计	M 估计
样本量	156	156	156	72	72	72	144	144	144

注：*** 表示假设检验在置信水平为99%时统计显著，** 表示置信水平95%时统计显著；* 表示置信水平90%时统计显著，括号内为Z统计量。

与前文一致，表 5 中我们优先考察了财政支农规模与劳动力流动对城乡收入不平等的影响。结果显示：

第一，人均财政支农总支出在改善城乡间收入不平等层面具有地区普及性，但是除西部之外，人均财政支农总额扩大一定程度上助长了东部和中部地区城镇内与农村内不平等现象。

第二，人均开发性支农支出与总支出相似，其有利于遏制城乡间收入差距，但是在改善城镇内与农村内收入差距方面，开发性支农支出则仅在中部地区呈现出积极表现。

第三，人均救济性支农支出在城乡收入再分配领域上贡献甚微，除一定程度上促进了东部地区城乡间收入差距的缓解之外，在中西部地区并未显示出典型的分配调节功能。

第四，劳动力流动在东部地区产生了明显的城乡收入再分配效应，积极改善了城乡收入不平等，但在中西部地区再分配效应则明显衰减，对于中部地区而言，劳动力流动更加有利于城镇和农村内部收入差距改善，但是在西部地区劳动力流动多为跨省净流出，导致其对城乡收入不平等的作用效果不甚明确。

第五，其他控制变量参数估计结果表明：劳动生产率增长在地区尺度上均不利于缩小城乡收入差距，经济增长有利于缩小城乡间收入差距，但对于城乡内部群体的不平等有进一步推动作用，产业结构升级不利于发达地区城乡不平等问题的消解，但对于欠发达地区能够起到一定的“回流效应”。

为了更加深入地分析地区尺度因素的差异性影响，我们进一步引入财政支农结构变量实施模型重估，结果如表 6 所示。

表 6 的变量估计结果大致与表 5 一致，有所区别的是财政支农结构性变量的参数含义。两类财政支农结构变量对城乡收入不平等的相关关系显示：若不断提升救济性财政支农比重，则这种“输血式”支出并不能起到改善城乡收入差距的积极效果，反而会助长更为严重的群体内不平等。而逐步提升开发性财政支农比例则在一定水平上会积极消除城乡收入不平等现象，且这种改善城乡不平等的机制随着经济发展阶段逐步走强。

（三）考虑劳动力流动中介因素：面板联立方程模型（PSEM）估计分析

根据前文的研究我们不难看出，不论是在全国层面上抑或是地区层面上，财政支农对城乡收入不平等的作用机理是非常明确的，但劳动力流动对城乡收入不平等的作用却比较模糊，特别是在地区样本尺度上，劳动力的方向性流动指标与净流动指标之间往往存在冲突或存在区域异质性，使得我们无法得到一致性估计结论。为什么劳动力流动因素与城乡收入不平等间存在如此明显的波动性呢？核心原因是因为劳动力流动一定程度上受到财政支农的冲击，使得其无法独立对城乡收入不平等发挥作用，为此，我们需要将财政支农对劳动力流动因素的冲击考虑进来，将劳动力流动作为中介条件，统筹考虑其对城乡收入不平等的综合影响。

从理论上来看，财政支农作为一种惠农或转移性扶持政策，会在一定程度上调节劳动力流动意愿、改变劳动力流动方向预期而对城乡收入不平等产生派生影响（熊娜，2018）。是故，要测度这一效应必须借助联立方程模型（SEM）才能实现，在我们的研究中，财政支农分别借助总量和结构变化两个层面冲击劳动力流动指标，既影响方向性劳动力流动也影响净流动规模，进而作用于城乡间、城镇内和农村内收入差距。根据上述机理，我们分别构建所使用的面板联立方程模型，具体形式如下：

$$
\begin{cases}
Inequality_{it} = \eta_i + \alpha_1 UMR_{it} + \alpha_2 SFP_{it} + \alpha 3TLP_{it} + \alpha 4IS_{it} + \alpha_5 lnCGDP_{it} + \mu_{it} & (10) \\
UMR_{it} = \kappa_i + \beta_1 lnFSA_{it} + \beta_2 lnRE_{it} + \beta_3 lnDE_{it} + \beta_4 TLP_{it} & \\
\qquad + \beta_5 IS_{it} + \beta_6 lnCGDP_{it} + \pi_{it} & (11) \\
SFP_{it} = \lambda_i + \gamma_1 lnFSA_{it} + \gamma_2 lnRE_{it} + \gamma_3 lnDE_{it} + \gamma_4 TLP_{it} & \\
\qquad + \gamma_5 IS_{it} + \gamma_6 lnCGDP_{it} + \nu_{it} & (12)
\end{cases}
$$

$$
\begin{cases}
Inequality_{it} = \eta_i + \alpha_1 UMR_{it} + \alpha_2 SFP_{it} + \alpha 3TLP_{it} + \alpha 4IS_{it} + \alpha_5 lnCGDP_{it} + \mu_{it} & (13) \\
UMR_{it} = \kappa_i + \beta_1 RES_{it} + \beta_2 DES_{it} + \beta_3 TLP_{it} + \beta_4 IS_{it} + \beta_5 lnCGDP_{it} + \pi_{it} & (14) \\
SFP_{it} = \lambda_i + \gamma_1 RES_{it} + \gamma_2 DES_{it} + \gamma_3 TLP_{it} + \gamma_4 IS_{it} + \gamma_5 lnCGDP_{it} + \nu_{it} & (15)
\end{cases}
$$

其中，$Inequality_{it}$表示第 i 省第 t 年的城乡收入不平等指标，这里我们依次使用URI_{it}、UGN_{it}和 RGN_{it}代替。η、α、κ、β、λ 和 γ 为待估参数，μ_{it}、π_{it}和 ν_{it}为随机误差项，性质满足高斯—马尔科夫定律。

对于联立方程模型而言，最关键的是对简化式模型进行识别，而常用的识别方法是联立方程的阶条件。经过阶条件识别，公式（11）、公式（12）、公式（14）和公式（15）均为恰好识别模型，公式（10）和公式（13）为过度识别模型，因此我们使用系统方法中的三阶段最小二乘估计（3SLS）来估计过度识别模型，参数估计结果如表 7 所示。

表 7　财政支农规模、结构与劳动力流动影响城乡收入不平等的面板联立方程模型估计（全国样本）

变量	财政支农规模方程			财政支农结构方程		
	因变量：城乡收入比（URI）	因变量：城镇居民基尼系数（UGN）	因变量：农村居民基尼系数（RGN）	因变量：城乡收入比（URI）	因变量：城镇居民基尼系数（UGN）	因变量：农村居民基尼系数（RGN）
	（31）	（32）	（33）	（34）	（35）	（36）
UMR	-5.1*** （-3.35）	-0.43*** （-2.7）	-0.66*** （-3.7）	2.1* （1.62）	-0.32** （-2.1）	-0.47*** （-2.6）

续表

变量	财政支农规模方程			财政支农结构方程		
	因变量：城乡收入比（URI）	因变量：城镇居民基尼系数（UGN）	因变量：农村居民基尼系数（RGN）	因变量：城乡收入比（URI）	因变量：城镇居民基尼系数（UGN）	因变量：农村居民基尼系数（RGN）
	（31）	（32）	（33）	（34）	（35）	（36）
SFP	-0.78*** (-3.37)	-0.08*** (-3.1)	-0.17*** (-5.6)	-0.86*** (-3.7)	-0.08*** (-2.9)	-0.16*** (-5.5)
TLP	0.06*** (3.72)	0.005*** (2.8)	0.006*** (2.8)	0.07*** (3.97)	0.005*** (2.9)	0.006*** (2.9)
IS	0.004** (2.2)	-0.0002* (-1.87)	-0.0002* (-1.72)	0.001 (1.02)	-0.0002** (-2.0)	-0.0002* (-1.9)
lnCGDP	-1.06*** (-10.8)	0.03*** (3.1)	0.06*** (4.4)	-1.1*** (-11.1)	0.03*** (3.04)	0.05*** (4.2)
C	13.6*** (14.6)	0.07 (0.67)	-0.14 (-1.2)	13.8*** (14.8)	0.08 (0.8)	-0.12 (-1.03)
R^2	0.56	0.4	0.47	0.56	0.4	0.46
估计方法	3SLS	3SLS	3SLS	3SLS	3SLS	3SLS
样本量	372	372	372	372	372	372

注：*** 表示假设检验在置信水平为99%时统计显著，** 表示置信水平95%时统计显著；* 表示置信水平90%时统计显著，括号内为t统计量。

表7中的模型31到模型33汇报的是将财政支农规模因素纳入劳动力流动指标后对城乡收入不平等影响的参数结果，模型34到模型36汇报了考虑财政支农结果对劳动力流动因素冲击后其对城乡收入并对影响的估计结果。从表7的参数情况来看，可以总结出以下特征。

一是在考虑财政支农对劳动力流动直接冲击的条件下，城镇偏向的劳动力流动指标和净流动规模指标对调节城乡收入不平等显示出更为强大的平抑作用，这种缩小城乡差距的积极效应不仅表现在城乡间，也表现在城镇内部和农村内部。

二是城镇化背景下大规模的农转非、乡到城劳动力迁徙对缩小城乡收入差距的边际贡献甚至要高于单纯城乡劳动力双向流动的贡献。将劳动力流动作为中介变量之时，财政支农规模对城乡收入不平等变动的影响要高于财政支农结构调整，说明在城镇化快速推进背景下统筹财政支农政策的设计尺度上，优先注重各领域支农政策总量的扩张比优化财政支农内部结构更有调节城乡收入分配的现实意义。

五、稳健性检验

从前文的估计结果来看，多数变量已经得到了一致性估计，但仍有部分变量因内生性问题的存在，无法得到无偏一致性的估计结果，为了进一步验证核心变量参数估计的准确性和有效性，我们需要实施稳健性检验来确认变量的相关性关系。

理论界一般进行稳健性检验，多偏好使用更换样本、使用工具变量（IV）或更换估计方法等策略，我们使用的是工具变量和更换估计方法等后两种策略。由于在前文的估计中我们发现：财政支农规模系列变量中，人均财政支农总支出和人均开发性支农支出两个变量在具体估计之时具有参数符号逆转的情形出现，所以我们使用工具变量法重点对这两个变量实施稳健性检验，在工具变量选择过程中，经过测试，发现使用农业机械总动力（PAM）指标和农作物播种面积（CAP）指标作为工具变量较为科学，因此我们分别用这两个工具变量替换原人均财政支农总支出和人均开发性支农支出指标。同时，针对模型中可能存在的内生性问题所引发的不稳健现象，我们同步使用动态面板系统广义距估计（SYS - GMM）方法对模型实施重估，并在模型修正上进一步使用了二阶段稳健估计方法，工具变量法和系统广义距估计法的重估结果如表 8 所示。

表 8 中的模型（39）、模型（42）和模型（45）展示的是工具变量法的重估结果。其他则展示的是动态面板系统广义距估计的参数估计结果。从估计结果来看，可以发现：

人均财政支农总支出扩张的确不利于削减城乡收入不平等；但需要搭配人均救济性支农支出和人均开发性支农支出予以解决，人均救济性支农支出重在化解城镇和农村内部的收入差距问题，而城乡间收入差距则要依靠人均开发性支出的增长来破解。

由于我国的城乡收入不平等是一个发展阶段问题，也是一个历史遗留问题，因此必须重点关注城乡收入不平等的路径依赖和制度惯性问题，动态面板模型证实了这一现象的客观存在性。为此，除了财政支农外，构建劳动力流动机制和体制是破解城乡收入差距问题积重难返的突破口。

研究显示：促进劳动力流动对消弭城乡收入不平等具有重要意义，其贡献边际要普遍高于财政支农政策，特别是持续加强并仍然会延续一段时期的大规模从乡到城的方向性流动，要比单纯考虑流动性劳动力对缓解城乡收入不平等更具政策意义。

表 8 **财政支农与劳动力流动影响城乡收入不平等的稳健性估计**

变量 序列	因变量：城乡收入比（URI）			因变量：城镇居民基尼系数（UGN）			因变量：农村居民基尼系数（RGN）		
	(37)	(38)	(39)	(40)	(41)	(42)	(43)	(44)	(45)
URI（-1）	0.94*** (87.7)	0.98*** (65.8)							
UGN（-1）				0.92*** (39.9)	0.97*** (132.3)				
RGN（-1）							0.97*** (37.7)	0.95*** (43.9)	
lnFSA	0.05*** (5.9)			0.01* (1.9)			0.01** (2.4)		
lnRE	-0.98*** (-9.2)		0.49*** (18.2)	-0.01* (-1.65)		-0.04*** (-13.5)	-0.005** (-2.1)		-0.08*** (-12.1)
lnDE	0.06*** (3.5)			0.01*** (5.9)			0.01** (2.7)		
RES		3.07*** (6.7)	7.9*** (10.1)		-0.11*** (-4.9)	-0.82*** (-8.0)		-0.3*** (-3.6)	-1.7*** (-10.6)
DES		-0.29** (-2.2)	-3.5*** (-9.6)		0.29*** (19.1)	0.23*** (3.9)		0.4*** (-6.2)	0.4*** (4.1)
UMR	-2.48*** (-3.8)	-3.42*** (-7.1)	-1.62*** (-3.2)	0.29*** (3.2)	-0.18*** (-3.4)	0.08* (1.99)	0.1* (1.84)	0.21* (1.7)	0.12* (1.61)

续表

变量序列	因变量：城乡收入比（URI）			因变量：城镇居民基尼系数（UGN）			因变量：农村居民基尼系数（RGN）		
	（37）	（38）	（39）	（40）	（41）	（42）	（43）	（44）	（45）
SFP	-0.28*** （-6.1）	-0.23*** （-5.42）	1.3*** （6.5）	-0.03* （-1.62）	-0.02*** （-3.1）	0.11*** （6.9）	0.02* （1.62）	0.04** （-2.3）	0.07** （2.1）
PAM			-0.00001* （-1.61）			0.00001*** （11.3）			0.00003* （1.61）
CAP			0.00005*** （2.9）			0.00002** （2.3）		0.07*** （4.0）	0.00004** （3.2）
C	-0.05 （-0.7）	0.22*** （4.6）	4.2*** （35.4）	-0.05*** （-3.0）	0.05*** （9.2）	0.33*** （33.2）	-0.1*** （-8.1）		0.2*** （5.9）
Arellano - Bond test for AR（1）	-4.2***	-4.17***		-3.93***	-3.91***		-4.5***	-4.7***	
Arellano - Bond test for AR（2）	-1.5	-1.03		-1.45	-1.6		-0.89	0.82	
Sargan test	98.4（1）	85.1（1）		78.9（1）	112.7（1）		50.8（1）	43.3（1）	
R^2			0.94			0.86			0.82
估计方法	系统广义矩估计 SYS - GMM	系统广义矩估计 SYS - GMM	工具变量法 IV	系统广义矩估计 SYS - GMM	系统广义矩估计 SYS - GMM	工具变量法 IV	系统广义矩估计 SYS - GMM	系统广义矩估计 SYS - GMM	工具变量法 IV
样本量	372	372	372	372	372	372	372	372	372

注：*** 表示假设检验在置信水平为99%时统计显著，** 表示置信水平95%时统计显著；* 表示置信水平90%时统计显著，括号内为t统计量。Sargan test 中的括号表示卡方检验的显著性概率值，URI（-1）表示 URI 的滞后1期变量。

六、结论与政策启示

逐步解决城乡收入不平等问题是我国新时代贯彻落实新发展理念中“协调发展”和“共享发展”的重要内容。而在社会主义市场经济条件下实现城乡收入不平等问题的破题，关键在于用好财政支农和劳动力流动这两个主要“手段”。

以我国2007~2018年31个省份为研究对象，详细考察了财政支农、劳动力流动影响城乡收入不平等的机理和效应，并重点探讨了当财政支农冲击劳动力流动的条件下，劳动力流动如何进一步作用于城乡收入不平等变化，由于得到的结论较多，故总结如下：

第一，研究发现：财政支农规模和财政支农结构变动均会对城乡收入不平等产生影响，但影响的效果存在显著性差别。总量水平上的财政支农无助于缩小城乡收入差距，但特定领域的支农支出对消弭城乡收入差距具有积极意义，如救济性支农可有效防止城镇和农村内部差距拉大，开发性支农可有效抑制城乡间收入差距拉大，这一效应在支农结构变动中依然存在。

第二，研究表明：增强劳动力的流动性和形成劳动力自发流动机制对消除城乡收入不平等现象意义重大。劳动力流动性的系统增强能够在整体层面缩小城乡收入差距，而不论该差距来自城镇内部、农村内部抑或是城乡之间，而劳动力自发流动所形成的方向性流动则有助于快速消弭城乡间收入差距，尽管可能会促进农村的进一步衰退，但“涓滴效应”已经在逐步增强。

第三，更进一步可以观察到，劳动力流动对城乡收入不平等的影响还受到财政支农的叠加性冲击作用。财政支农虽独立对城乡不平等发挥作用，也可以通过影响劳动力流动特征而进一步对城乡不平等发挥协同效果，实证结果表明：当考虑到这种叠加性影响之时，劳动力流动将更大程度地促进城乡收入的平等化，其中“由乡入城”这一特定方向的劳动力流动将极大程度地缩小城乡收入差距。

第四，不同区域的研究发现：仅有财政支农总支出在改善城乡间收入不平等层面具有地区普及性，而劳动力流动仅在东部地区产生了显著的城乡收入再分配效应。中西部地区因贫困群体规模大，经济发展阶段落后、农村人口净流出规模大等诱因，其地区收入差距的缩小可能更加依赖于救济性支出和开发性支出。

根据上述研究结论，我们可以提出一些政策建议供各级地方参考：

一是在统筹推进新型城镇化和乡村振兴战略的实施过程中，构建城乡融合的劳动力自由流动体制机制最为关键。当前改革过程中的误区在于：认为进一步释放劳动力农转非的空间推进新型城镇化转型可能会造成农村的进一步衰退而恶化城乡收入差距，实际上我们的研究表明：造成这一恶果的原因在于财政支农政策的不匹配，因此，在当前的改革中，应尽快出台与劳动力自由流动相适应的“人钱”挂钩政策，并加大财政支农对农村潜在流动人口的针对性扶持，来改变劳动力转移主观意愿，让更多劳动力扎根或返回农村，促进乡村发展。

二是在财政支农资金中，要加大细分领域的统筹和财力调整，在涉农资金整合框架下进一步加大开发性资金和救济性资金的比例，同时改进分区域财政支农绩效评价管理办法，强化财政支农对城乡融合的引领作用。针对西部地区，重点考核救济性支农资金绩效、对中部地区则重点考核开发性资金绩效，适时将城乡收入差距作为重要指标纳入财政支农总体评价体系中。

三是重视城镇内部不平等和农村内部不平等的变动侦测及化解。针对城镇内部不平等问题，重点是外来人员和农村务工人员的市民化问题，而针对农村内部不平等现象，重点是财政支农资金的低效率、不公正问题，因此，应区分不同领域分批分步骤化解，并注重与经济增长、产业结构调整和劳动生产率变动相协同。

参考文献

1. 蔡昉、王美艳：《为什么劳动力流动没有缩小城乡收入差距》，载《经济学动态》2009 年第 8 期。

2. 邓翔、朱海华、路征：《劳动力流动与工资收入差距：理论和实证分析》，载《人口研究》2018 年第 7 期。

3. 呼倩、黄桂田：《改革开放以来中国劳动力流动研究》，载《上海经济研究》2019 年第 6 期。

4. 胡志军、谭中：《我国居民收入基尼系数的估计及城乡阶层效应：基于城镇、农村收入 20 分组数据的研究》，载《南方经济》2016 年第 6 期。

5. 匡远凤、詹万明：《选择性转移、转移成本与中国城乡收入差距变动》，载《中国人口资源与环境》2016 年第 8 期。

6. 李富有、黄梦琳：《城乡收入流动预测与收入差距：区域及来源结构分析》，载《经济问题探索》2020 年第 8 期。

7. 林平、郭继强、费舒澜：《中国城乡综合基尼系数测算的一种新改进：基于间接洛伦茨曲线加总的视角》，载《数量经济与技术经济研究》2013 年第 11 期。

8. 刘一伟：《劳动力流动、收入差距与农村居民贫困》，载《财贸研究》2018 年第 5 期。

9. 卢晶亮、冯帅章：《贸易开放、劳动力流动与城镇劳动者性别工资差距：来自 1992－2009 年中国省际面板数据的经验证据》，载《财经研究》2015 年第 12 期。

10. 吕炜、张晓颖、王伟同：《农机具购置补贴、农业生产效率与农村劳动力转移》，载《中国农村经济》2015 年第 8 期。

11. 田卫民：《中国基尼系数计算及其变动趋势分析》，载《人文杂志》2012 年第 2 期。

12. 王湘红、孙文凯、任继球：《相对收入对外出务工的影响：来自中国农村的证据》，载《世界经济》2012 年第 5 期。

13. 熊娜：《财政支农支出与农户生产投资对农村劳动力外流的影响》，载《西南民族大学学报（人文社会科学版）》2018 年第 8 期。

14. 徐斌、陈建宝：《财政支农支出、经济增长、收入差距与区域农村居民消费：基于非参数可加模型的实证研究》，载《数理统计与管理》2015 年第 5 期。

15. 杨思莹、丁琳琳：《财政支农与城乡二元收入格局》，载《学习与探索》2020 年第 5 期。

16. 张军涛、张英杰：《财政支农与城乡居民收入差距：基于山东省 17 个地级以上城市的实证分析》，载《广东社会科学》2015 年第 6 期。

17. 甄小鹏、凌晨：《农村劳动力流动对农村收入及收入差距的影响：基于劳动异质性的视角》，载《经济学（季刊）》2017 年第 3 期。

18. 周芳丽：《劳动力流动为何没有缩小城乡收入差距》，载《首都经济贸易大学学报》2019 年第 1 期。

19. 邹杰、段龙龙、郭世芹：《财政支农对城乡转移性收入不平等的影响：基于 2000 - 2013 年的省级面板数据》，载《经济问题探索》2016 年第 6 期。

20. Amara M, Ayadi M, Jemmali H. Rural-urban migration and income disparityin Tunisia: A decomposition analysis. *Papers in Regional Science*, 2019, (98): 1053 - 1083.

21. Anderson E, Orey M, Duvendack M, Esposito L. Does Government Spending Affect Income Poverty? A Meta-regression Analysis. *World Development*, 2018, (103): 60 - 71.

22. Athukorala P, Wei Z, Economic Transition and Labour Market Dynamics in China: An Interpretative Survey of the "Turning Point" Debate. *Journal of Economic Surveys*, 2018, (32): 420 - 439.

23. Hering L, Poncet S. Income Per Capita Inequality in China: The Role of Economic Geography and Spatial Interactions. *The World Economy*, 2010, (66): 655 - 678.

24. Imai K, Gaiha R, Garbero A. Poverty reduction during the rural-urban transformation: Rural development is still more important than urbanisation. *Journal of Policy Modeling*, 2017, (39): 963 - 982.

25. Kassiola J. Coordinated Rural - Urban Development in China: a New Social Spatial Reorganization Plan for Urbanization, Migration, and Rural Development. *Journal of Chinese Political Science*, 2017, (22): 77 - 95.

26. Luo X, Lu X, Zhang Z, Pan Y. Regional differences and rural public expenditure cyclicality: evidence from transitory and persistent shocks in China. *The Annals of Regional Science*, 2020, (65): 281 - 318.

27. Mogues T, Rosario D. The Political Economy of Public Expenditures in Agriculture: Applications of Concepts to Mozambique. *South African Journal of Economics*, 2016, (84): 20 - 39.

28. Pi J, Zhou Y. The impacts of corruption on wage inequality and rural-urban migration in developing countries. *Annals of Regional Science*, 2015, (54): 753 - 768.

29. Sun S, Lopez R, Liu X. Property rights, labor mobility and collectivization: The impact of institutional changes on China's agriculture in 1950 - 1978. *International Review of Economics and Finance*, 2017, (52): 345 - 351.

30. Tahlin M. Opposites Attract? How Inequality Affects Mobility in the Labor Market. *Research in Social Stratification and Mobility*, 2004, (20): 255 - 282.

31. Wang S, Fu Y. Labor mobility barriers and rural-urban migration in transitional China. *China Economic Review*, 2019, (53): 211 - 224.

32. Yuan Y, Wang M, Zhu Y, Huang X, Xiong X. Urbanization's effects on the urban-rural income gap in China: A meta regression analysis. *Land Use Policy*, 2020, (99): 104 - 125.

Fiscal Support to Agriculture, Labour Mobility and Rural - Urban Income Inequality

Duan Longlong　Wang Linmei

Abstract: Strengthening fiscal support to agriculture and reshaping the integrated urban-rural labor market pattern is a major strategic initiative to crack the urban-rural income gap and promote urban-rural integration in China in the new era. On the basis of constructing the theoretical framework of fiscal support to agriculture, labor mobility and urban-rural income inequality transmission, the impact of interprovincial fiscal support to agriculture and labor mobility on urban-rural income inequality in China between 2007 and 2018 is deeply investigated with the help of panel feasible least squares estimation (FGLS), robust regression and panel simultaneous equations models (PSEM), and it is found that: the proportion and scale of relief support to agriculture expenditures Expansion can effectively alleviate income inequality within urban and rural areas, and the increase in the proportion and scale of development spending on agriculture can significantly improve income inequality between urban and rural areas. Enhancing labour mobility, especially the spontaneous movement of labour from rural to urban areas, can significantly reduce the urban-rural income gap. In addition to their individual effects on urban-rural inequality, fiscal support to agriculture and labor mobility also have typical inequality-resolving synergies, and labor mobility can play a "ripple effect" to quickly curb the urban-rural income gap under the conditions of expanding fiscal support to agriculture. Both fiscal support to agriculture and labor mobility have the positive effect of improving urban-rural income inequality in the eastern part of the country, but in the central and western part of the country, this effect is often poor, and the conclusion still holds after the implementation of the robustness test. This provides a new policy perspective and decision-making line of thought for governments at all levels in China to better play the role of financial support to agriculture in the process of promoting urban-rural integration and development, and to improve the effectiveness of income redistribution through the free allocation of urban and rural labor factors at different levels and by different regions.

Key words: *fiscal support to agriculture　labour mobilit　yurban-rural integration　income inequality*

1980年以来我国劳资关系领域的发展演进

——基于CiteSpace的文献计量分析

孙卓华　马晓慧*

摘　要：自1980年以来，我国对劳资关系研究的进展加快，劳资关系问题日渐成为学术界关注和讨论的焦点，并且也形成了一定的研究成果，但不难发现，其中大多都是一些综述性研究，通过文献计量来探究其发展轨迹及未来演进的研究较少。本文选取了1980年以来CNKI数据库中劳资关系领域的相关文献，通过共词分析、聚类分析以及战略坐标图等文献计量方法分析我国对该领域的研究现状、热点问题及潜在热点问题，以期探究当前我国劳资关系研究的特征及未来的发展演进。研究结果显示，"社会保障""人力资源""经济发展"是目前学术界关注的热点研究方向，"劳动关系治理""共享经济""直播平台"是一些新颖问题，有待以后进一步深入研究。

关键词：劳资关系　文献计量　发展演进

一、引言

劳资关系是通过劳工和资方所建立的劳动契约或劳动协议而形成的一种关系，涉及双方的权利和义务问题。作为现代社会最重要的社会经济关系之一，劳资关系一直是并将持续是劳动者赖以在劳动法和社会保障领域获得与就业相关的权利和利益的主要载体，也是确定雇主对劳动者的权利和义务的性质和范围的关键参照点（国际劳工组织，2005）。劳资关系是否健康良好，关系到劳动者的合法权益、企业的生产秩序以及国家社会的安全与稳定。因此，所有的市场经济国家都把建立协调稳定的劳资关系作为重要目标（赵小仕，2009）。自新中国成立以来，中国的劳资关系随着社会经济的发展而发生变动，尤其是改革开放以来，经过了社会主义市场经济体制改革，市场经济蓬勃发展，我国的劳资关系出现了转型，变得更加市场化，矛盾冲突也随之增加，越来越多的学者开始关注劳资关系并展开相关研究。时至今日，学术界研究中国劳资关系的成果颇丰，劳资矛盾、劳动关系、劳动资源、

* 孙卓华，山东大学法学院（威海）副教授，E-mail：bigsun68@sina.com；马晓慧，山东大学法学院（威海）硕士研究生。

劳动者合法权益等都是经济学界普遍关注的重要研究方向，众多的学者从多个角度对劳资关系进行了论述，较为全面地反映了我国劳资关系研究现状，但现有文献大多都是基于劳资关系的定性研究，定量研究比较缺乏。

本研究利用信息可视化软件 CiteSpace5. 7. R2，从 CNKI 数据库中选取 1980 ~ 2020 年的 8 794 篇劳资关系领域的有关文献作为计量数据，定量分析这些文献的年度分布情况、载文期刊分布、高产作者、高产机构等内容，同时结合关键词共现、共词聚类以及战略坐标图示等可视化方法，探究目前国内劳资关系的研究特征及未来的发展趋势，把握该领域研究热点与潜在热点，对 1980 年以来国内学者对劳资关系的研究做定量分析。结合以上可视化结果，以期为深入研究 1980 年以来劳资关系的发展提供借鉴和参考，为后期国内研究劳资关系提供新颖热点及关键点，以推动后续劳资关系研究的进一步发展。

二、数据来源与统计分析

（一）数据来源

本研究关注的是 1980 年以来劳资关系领域的发展演进，因此在 CNKI 数据库中利用从劳资关系概念中提炼出的反映劳资关系内容的相关词语（雇佣关系、劳动关系、劳雇关系、劳工问题、劳资纠纷、劳资合作）和“劳资关系”作为篇名检索词，选择类型为“学术期刊”，语言为“中文”，时间范围为“1980 ~ 2020 年”，检索时间为 2020 年 12 月 10 日，共获得文献 10 424 篇。通过剔除会议通知和综述、书评、稿约、举办报道以及征稿通知等不相关的文献数据，最终获得有效数据 8 794 篇文献。

（二）年度分布

图 1 显示了 1980 ~ 2020 年历年劳资关系研究领域的发文量。将 1980 年以来劳资关系领域的发文数量分为三个阶段，第一阶段为 1980 ~ 2005 年，其特征是发文数量始终处于较低水平，每年发表论文数量大多不超过 200 篇，但总体来看发文数量呈现上升趋势，2005 年已达到 263 篇，这说明此阶段劳资关系研究刚刚处于萌芽状态，劳资关系问题尚未得到研究者的普遍关注，但已引起有关专家学者的重视。第二阶段为 2006 ~ 2016 年，2006 年《劳动合同法》开始酝酿，形成研究热潮，研究劳资关系的文献数量迅速增加，2006 年发文数量达到 401 篇，2007 年《劳动合同法》颁布之后，2007 年、2008 年发文数量分别达到 569 篇和 606 篇，之

后几年的年发文数量也都超过500篇，2011年的发文数量达到最大值658篇，尽管2014年发文数量有所下降，但是发文数量也达到431篇。由此可以发现，2006～2016年这一时期是我国劳资关系研究蓬勃发展阶段，发表论文数量大幅度攀升，劳资关系进入了众多学者的视野，引起了学术界的关注及重视。第三阶段为2017～2020年，这一阶段可以明显地看出劳资关系领域的发文数量逐年减少，由2017年的397篇下降到2020年的285篇，下降幅度超过28%。尽管发文数量仍维持在一个较高水平，但可以看出此阶段专家学者对劳资关系领域研究关注有所下降，这说明中国劳资关系的变革与发展是一个热门的研究话题，但能否一直受到学术界关注还有待验证。

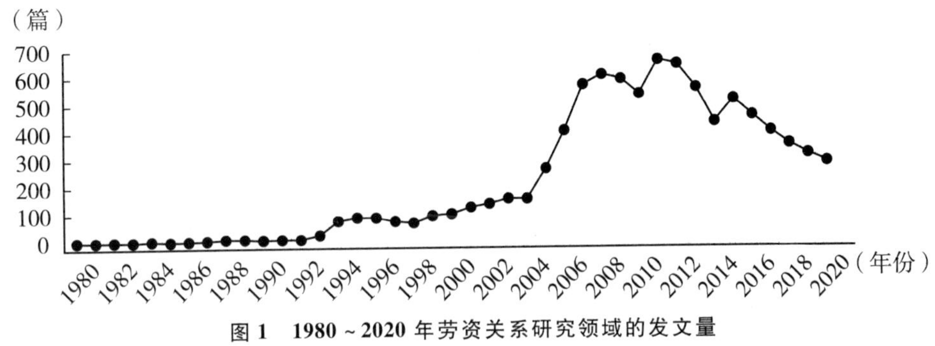

图1　1980～2020年劳资关系研究领域的发文量

（三）期刊分布

表1列出了劳资关系领域发文量前14的期刊名称及发文的数量。1980～2020年劳资关系相关领域文献发表期刊众多，其中有13种学术期刊发文量在100篇以上，其中《中国劳动》载文量最高（420篇），该刊由中国劳动和社会保障科学研究院和中国劳动学会主办，主要宣传劳动保障理论、政策及企业人力资源管理方面的最新研究成果，反映在全国带有普遍指导意义的成功的改革经验，2020年综合影响因子为0.3500。《中国劳动关系学院学报》载文375篇，居于第二位，该刊曾获全国高校百强社科期刊、Caj-cd规范获奖期刊、北京高校人文社科学报名刊等荣誉，重点研究劳动关系、劳动法律、劳动保障、工会以及职工队伍等内容。发文量位于第三位（286篇）的是《中国工运》，它由中华全国总工会主办，该刊以工会为重点，旨在加强各地工会的沟通交流，分享先进工作经验，促进工会的进一步发展。发文量位居第4～10位的期刊分别是：《工会信息》载文253篇、《四川劳动保障》载文204篇、《中国人力资源开发》载文190篇、《中国人力资源社会保障》载文169篇、《劳动保障世界》载文164篇、《山东人力资源和社会保障》载文156篇、《工会理论研究（上海工会管理职业学院学报）》载文134篇。

表1　1980～2020年劳资关系期刊论文的发文量统计（前14位）

期刊	发文量（篇）	期刊	发文量（篇）
中国劳动	420	劳动保障世界	164
中国劳动关系学院学报	375	山东人力资源和社会保障	156
中国工运	286	工会理论研究（上海工会管理职业学院学报）	134
工会信息	253	山东工会论坛	130
四川劳动保障	204	工会博览	127
中国人力资源开发	190	法制与社会	102
中国人力资源社会保障	169	中国社会保障	93

分析表1中期刊的主办单位发现，绝大多数期刊的主办单位为国家相关机构、国家或地方研究单位，主办单位为高校的只有《中国劳动关系学院学报》（中国劳动关系学院主办）、《工会理论研究（上海工会管理职业学院学报）》（上海工会管理职业学院主办）两家期刊，说明在劳资关系研究领域内，政府及社会方面的关注度较高，高校科研力量还需增强。

（四）作者分布

对文献的作者及其之间合作关系进行研究分析，有利于从整体上掌握我国劳资关系领域的高产作者和学术群体。将CiteSpace工具中分析项目选择为“Author”，Top N%设定为10，绘制1980～2020年我国劳资关系研究相关作者的共现图谱（见图2），图谱中每个节点代表一个作者，节点大小与该作者发文量呈正相关，即发文量越多节点越大。节点间的连线反映不同作者间的合作关系。图2共包含2 450个网络节点，826条连线，网络密度为0.0003。可以看出，目前我国对劳资关系领域研究的学者及合作关系主要呈现出以下特征：

第一，从作者发文量来看，很多研究者对于劳资关系领域的关注度较高，部分学者已成为研究的中坚力量。郭军发表文章数量最多，以第一作者和合作作者身份共计发文20篇，其次为胡磊和刘军胜，发文量为19篇，占据了图谱中的最大节点位置。研究统计了发文量排名前10的作者和其发文数量，大多数研究者发文数量都在10篇以上，其中，谭泓、袁凌以及赵曙明分别发文17篇、郑桥、常凯分别发文15篇、董保华发文14篇、冯同庆发文13篇。这些学者成为推动我国劳资关系领域研究的中坚力量。

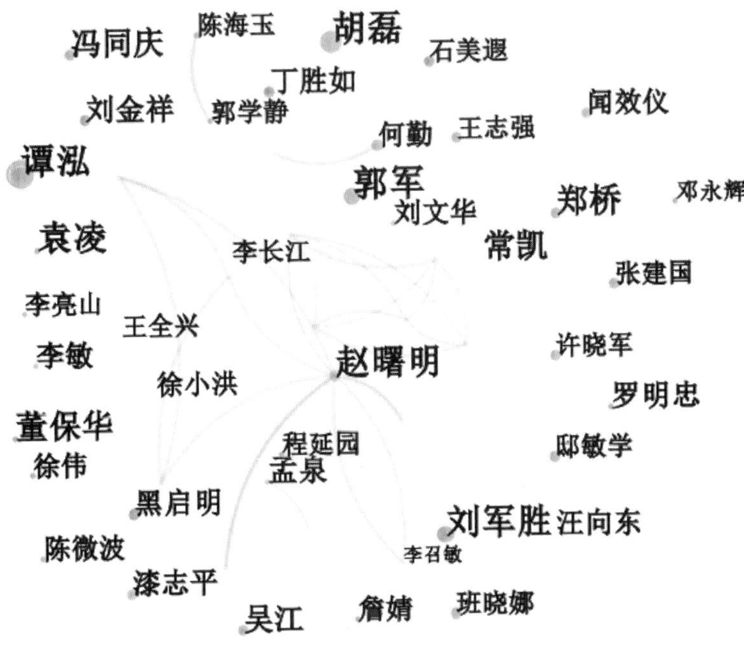

图 2　1980～2020 年我国劳资关系研究相关作者的共现图谱

第二，从合作情况来看，研究劳资关系领域的学者相对较多，但大部分节点是孤立的，即大部分作者间不存在合作关系。发文量排名前 10 的作者几乎均无合作研究成果发表，少量学者存在合作关系，比如赵曙明的合作群体，以他为中心呈放射状发散出多条连线，包含李召敏等人，陈海玉与郭学静也有合作关系，但总体而言，劳资关系研究的群体较为分散，大部分学者连接点仍然孤立存在，这是因为劳资关系是法律、教育、经济、管理、政治等多个学科形成的交叉领域，学者们分别从不同专业角度开展劳资关系的研究。

（五）机构分布

对研究机构及其合作关系进行研究分析，有利于从整体上掌握我国劳资关系领域相关研究机构的实力与影响力。本研究将样本文献进行规范化处理后的数据导入 CiteSpace，时间选择 1980～2020 年，Top N% 设定为 10，分析项目选择为 "Institution"，绘制国内劳资关系领域相关研究机构的共现图谱（见图 3），图谱中每个节点表示一个研究机构，节点大小与该研究机构发文量呈正相关，即发文量越多节点越大。节点间的连线反映不同研究机构间的合作关系。

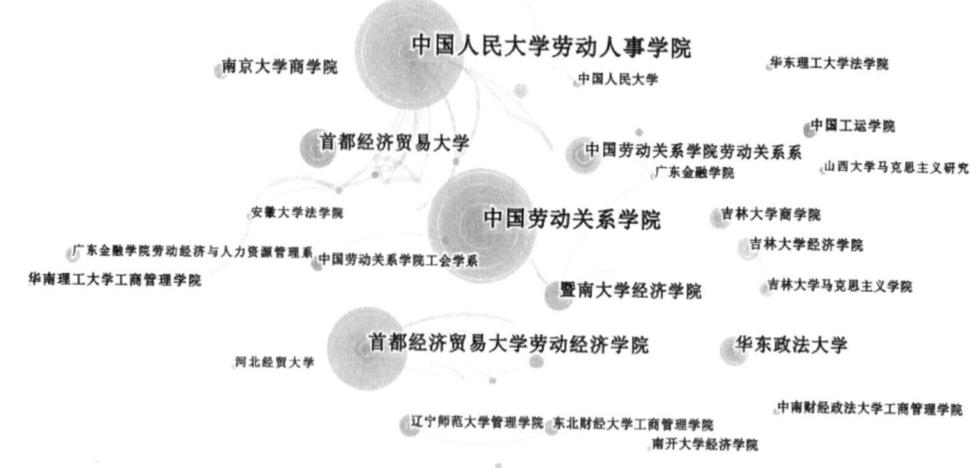

图 3　1980 ~ 2020 年我国劳资关系研究相关机构的共现图谱

图 3 共包含 2 270 个网络节点，可以看出发文量较多的节点为中国人民大学劳动人事学院、中国劳动关系学院、首都经济贸易大学劳动经济学院、首都经济贸易大学、华东政法大学、暨南大学经济学院等，这些机构成为国内劳资关系领域研究的核心力量。图 3 共包含连线 281 条，网络密度为 0.0001，进一步研究可以发现，对劳资关系展开研究的机构展现出以下几个特征：一是同机构合作较多、跨机构合作较少，例如，吉林大学的研究合作主要呈现为吉林大学商学院、吉林大学经济学院、吉林大学马克思主义学院之间的合作；二是同区域合作较多、跨省份较少，例如，发文量最多的中国人民大学劳动人事学院，其主要与中国劳动关系学院、首都经济贸易大学进行合作；三是成果分布并不均衡，例如，绝大多数研究成果都集中于北京几所研究机构，虽然我国劳资关系的研究逐渐受到各地学者的关注，但是地理位置分布仍较为分散。

三、研究工具及方法

本文采用的研究工具是陈超美（Chen C.，2006）开发的 CiteSpace 可视化软件，这是一款应用于科学文献中识别并显示科学发展新趋势和新动态的软件，该软件能够可视化分析输入的文献数据并生成矩阵，接着通过得到的矩阵来生成关键词共线矩阵。本文通过共词分析、聚类分析、战略坐标等研究方法来展示劳资关系领域的研究现状及研究热点。

（一）共词分析（co-word analysis）

共词分析是一种典型的内容分析方法，这种方法通过计算一组词语在同一篇文献中同时出现的频次来展现这组词语间的亲疏联系程度，以这些词语为基础进行聚类分析，进而反映这些词语所各自代表的研究方向、研究主题的结构变化及发展趋势（冯璐、冷伏海，2006）。目前，这一方法被学者们广泛应用于诸多研究领域，例如医学领域（崔雷等，2009）、能源材料（郝韦霞等，2011）、图书情报（杨颖，2011）、劳动经济学（罗润东，2016；课题组，2016）、人力资源（刘文、夏爽，2019）等，运用这一方法，可以直观有效地揭示该领域的研究现状、热点及未来的研究前沿。

（二）聚类分析（cluster analysis）

聚类分析是一种广泛应用于数据挖掘中的文献计量及可视化分析方法，该方法划分聚类的基础是各个关键词之间的共现强度，共现强度较大的关键词即可聚集为一个聚类。划分聚类的算法多种多样，例如层次聚类、非层次聚类、智能聚类、K均值聚类等。传统的聚类算法只是简单地将词间距离最短的词聚集在一起，这样便会存在一系列局限性，比如缺少中心概念、无法体现聚类间的相互关系、同一聚类的词未必能反映同一内容等。因此本文采用卡龙（Callon，1991）构建子簇的方法，即一个子簇中最多只存在10个关键词，共现矩阵中余弦指数最高的一对关键词就是该聚类的主题词，以此来代表聚类的研究方向及研究内容。

在可视化图谱中，各个节点表示关键词，节点间的连线表示各个关键词间存在共现关系，连线的强度则反映了关键词的共现强度，一般由余弦指数来进行测度，其公式如下：

$$\text{Cosine} = \frac{F(A,\ B)}{\sqrt{F(A)F(B)}} \tag{1}$$

在公式中，F(A)、F(B) 分别表示关键词A、B在给定关键词集合中出现的次数，F(A) F(B) 代表关键词A、B共同出现的次数。余弦指数的值越大，表明共现强度越高，其取值范围是0－1。

（三）战略坐标（strategic diagram）

1988年，劳等提出了一种新的可以用来描述某一研究领域研究热点及研究趋势的方法，即战略坐标法（Law et al.，1988）。本文以共词分析和聚类分析为基础，以聚类的新颖度指标为横轴，聚类的关注度指标为纵轴，构建一个战略坐标二维平面图，通过分析聚类在四个象限中的分布位置，可以展示相关领域的研究现状、研究热点以及未来一段时间内的研究趋势。

1. 新颖度

新颖度（novelty）的本质是一种离均差，其计算原理是：首先计算各聚类的平均共现时间，以此代表该聚类的平均年龄，其次计算所有聚类的平均共现时间即平均年龄，接着用某一聚类的平均年龄减去所有聚类的平均年龄，求出两者之差，这就是新颖度。若新颖度为正值，说明该聚类的研究时间较晚，若新颖度为负值，则说明该聚类的研究时间较早（沈君等，2012）。

假设存在 N 个共现关键词，每一聚类中关键词的个数为 M，共构成 K 个聚类，Y 代表共现年份，得到“新颖度”公式如下：

$$ND_i = \frac{1}{M}\sum_{j=1}^{m} Y_{ij} - \frac{1}{N}\sum_{g=1}^{n} Y_g \quad (i = 1,2,\cdots,K) \tag{2}$$

其中，ND_i 表示第 i 个聚类的新颖度，$\frac{1}{M}\sum_{j=1}^{m} Y_{ij}$ 表示第 i 个聚类的 M 个关键词的共现年份平均值，$\frac{1}{N}\sum_{g=1}^{n} Y_g$ 为共现的 N 个关键词的共现年份平均值。

2. 关注度

关注度（concern）的本质也是一种离均差，其计算原理是：以各关键词的共现频次为基础，首先计算各聚类的平均共现频次，以此代表该聚类的受关注程度，其次计算矩阵中所有聚类的平均共现频次，接着用某一聚类的平均共现频次减去所有聚类的平均共现频次，得到一个离均差，这就是关注度。若关注度为正值，说明该聚类受到研究者关注程度较高，若关注度为负值，则说明该聚类受到研究者关注程度较低。

假设存在 N 个共现关键词，每一聚类中关键词的个数为 M，共构成 K 个聚类，得到“关注度”公式如下：

$$C_i = \frac{1}{M}\sum_{j=1}^{m} F_{ij} - \frac{1}{N}\sum_{g=1}^{n} F_g \quad (i = 1,2,\cdots,K) \tag{3}$$

其中，C_i 表示第 i 个聚类的关注度，$\frac{1}{M}\sum_{j=1}^{m} F_{ij}$ 代表第 i 个聚类的 M 个关键词的共现频次的平均值，$\frac{1}{N}\sum_{g=1}^{n} F_g$ 代表共现的 N 个关键词的共现频次的平均值。

四、可视化分析结果

（一）关键词共现图呈现

关键词是一篇文章的核心概念，是对文章内容的精炼性概括，通过分析关键词本身能够发现劳资关系领域的研究重点及发展变化，而各关键词之间的连线可以更直观地反映劳资关系的研究网络，展现整体知识结构、研究重点及热点。

使用 CiteSpace 导入数据，时间切片选择 1 年，节点类型选择“Keyword”，阈值项选择“Thresholds”（c；cc；c：2；2；20、6；6；20 和 3；3；20）得到节点数为 328，连线为 933 条，网络密度为 0.0174（见图 4）。对文献关键词进行分析，得到关键词频次、中介中心性统计表以及关键词共现图。节点越大，说明其相对应的关键词出现的频次越高。观察图 4 可以看出，在该研究领域内最大的关键词节点为“劳动关系”，其他的重要节点为“劳资关系”“和谐劳动关系”“劳动合同”“用人单位”“企业劳动关系”等。从这些研究热点可以看出，劳资关系领域研究内容广泛，涉及民营、国企、工会组织等众多主体，但是只依靠节点大小来确定热点缺乏严谨性，还应当结合关键词的频次和中心性进行整合分析。

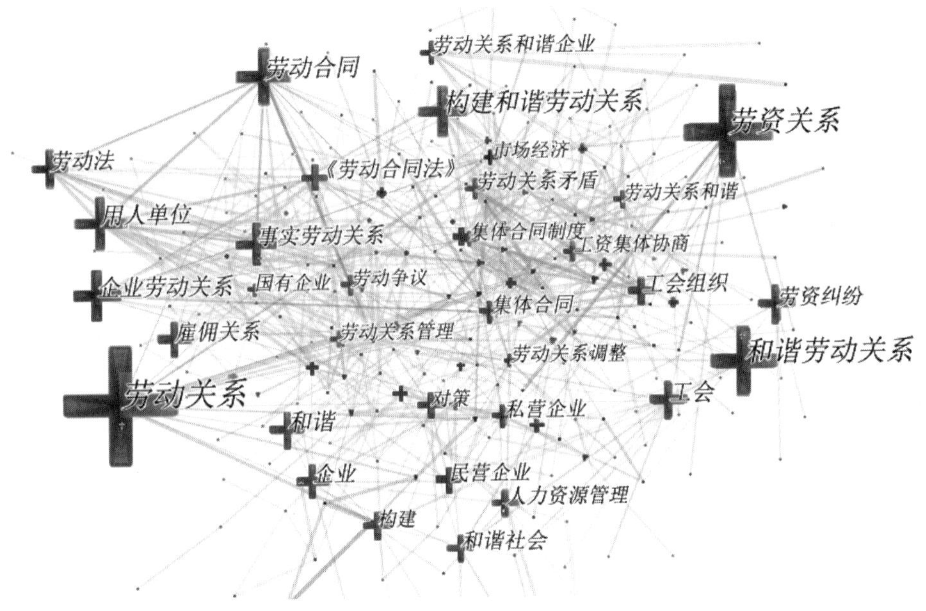

图 4　1980～2020 年我国劳资关系研究关键词的共现图谱

根据关键词的频次前 15 进行排名得到表 2，除去研究主题和专业术语以及不能代表热点的关键词，可以将前 15 的关键词分为劳资关系主体（用人单位、工会）、劳动相关法律（《劳动法》《劳动合同法》）、劳资关系种类（事实劳动关系、企业劳动关系）三个方面。从关键词首次出现的年份可以看出，大多数都是在 1988 年后劳资关系不断发展和完善留下的热点，1995 年《劳动法》的颁布，促使众多研究者开始关注劳资关系领域，2005 年，原劳动和社会保障部下发关于确立劳动关系有关事项的通知，提出构建和谐劳动关系，该词的提出为劳资关系领域内的相关研究指明了方向，其也成为近些年劳资关系的研究热点，2007 年《劳动合同法》的颁布同样吸引了众多学者的关注，引起了一波研究热潮。

表 2　关键词频次和中心度统计表（前 15）

排序	关键词	频次	中心度	年份
1	劳动关系	2 790	0. 11	1993
2	劳资关系	1 136	0. 07	1988
3	和谐劳动关系	1 034	0. 02	2005
4	构建和谐劳动关系	527	0. 04	2005
5	和谐	383	0. 03	2005
6	劳动合同	360	0. 08	1994
7	用人单位	316	0. 03	1995
8	企业劳动关系	309	0. 08	1989
9	工会	289	0. 08	2003
10	《劳动合同法》	238	0. 07	2007
11	劳资纠纷	229	0. 03	1994
12	雇佣关系	222	0. 03	2000
13	事实劳动关系	217	0. 02	1999
14	《劳动法》	197	0. 09	1995
15	工会组织	193	0. 06	1995

（二）关键词时区图

通过 CiteSpace 将 1980～2020 年我国劳资关系领域的高频关键词投放到以时间为纵轴的图谱中，可以反映劳资关系研究的演化和发展趋势。图 5 是由一系列时间纵轴组成，每个时间轴上对应着该期间的研究关键词，图中的十字节点所在的时段则是该关键词在分析数据中首次出现的年份。

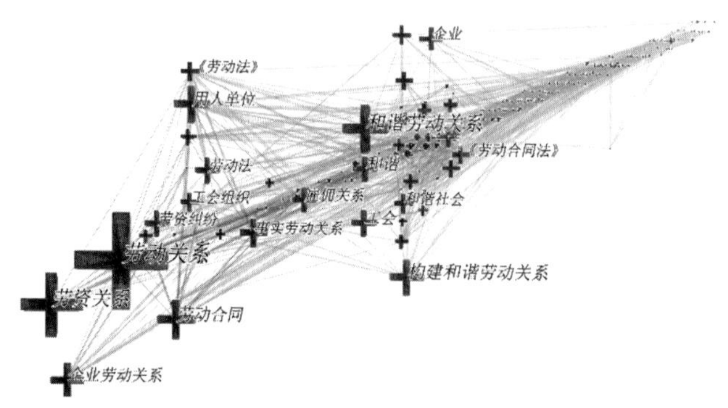

图 5　1980～2020 年我国劳资关系研究关键词的时区图谱

1. 发展萌芽阶段（1980～1995 年）

分析图 5 所展示的时区图谱，可发现这一时期劳资关系研究大都围绕着“劳资关系”“劳动关系”“企业劳动关系”等，大多是对基础概念及劳资关系现状展开研究，同时还有众多文献具体分析了国外的劳资关系。尤其是 20 世纪 80 年代的文献，绝大多数都是描述西方国家劳资关系的变化情况。如肖德周的《发达资本主义国家劳资关系的新变化》一文指出，在当时资本主义国家的劳资关系产生了新的变化，但总体来说劳资矛盾还是比较缓和（肖德周，1987）。黄传杰在《联邦德国劳资关系紧张的由来》一文中表明联邦德国的劳资关系已经不再处于缓和状态，劳资矛盾逐渐激化，劳工和资方之间的冲突日益扩大，由此恶化了政府及工会的关系，并对整个德国的政治局面带来了不小的影响（黄传杰，1986）。

到了 20 世纪 90 年代，尽管还是有绝大多数文章描述国外劳资关系的特点和变化趋势，但是针对我国劳资关系的现状及发展走向展开研究也已成为热点。由于改革开放打破了我国僵化的经济模式，形成了多元化的经济格局，从而也培育和造就了独具特色的“三资”企业这一经济形式。不少学者针对“三资”企业进行了研究探讨。王文慧学者指出随着国企改革的逐步深入，我国各种企业经济实力的进一步加强，私营企业及“三资”企业的数量不断增加，在这样的背景下，我国“三资”企业的劳资关系处于一个相对缓和的状态（王文慧，1995）。但是后来学者俊冲指出由于管理不当，“三资”企业中开始产生一些劳资矛盾，这些矛盾对企业及我国经济的发展都造成了不良影响，他指出要协调缓和劳资关系，发挥工会组织的积极作用，完善相关法制建设，并且加强监督检查工作（俊冲，1995）。

2. 发展快速阶段（1996～2007 年）

历经发展萌芽期学者们对于国内外劳资关系概念内涵、现状等内容的探究，从发展快速期所呈现的关键词“劳动合同”“劳动法”“用人单位”“和谐劳动关系”“事实劳动关系”等内容来看，这一时期学者的关注点开始转移到中国劳资关系的本土化研究中。

我国当时处于改革发展的关键时期，社会主义市场体制逐步确立，企业和劳动者的关系、用工和就业的关系都发生了深刻的变化。劳动关系的主体不论是企业还是劳动者，他们的行为和权利、义务，都要用法律来规范和维护，所以《劳动法》适应市场经济发展的需要而产生，使得我国劳资关系法律的研究得到了前所未有的机遇，1996 年前后，关于《劳动法》的文献大幅度增加。而《劳动法》实施后，我国也正式确立了劳动合同制度，规定建立劳动关系的同时必须订立劳动合同，因此，劳动合同也成为当时的一个研究热点。学者们分别从劳动合同定位、劳动合同特点、劳动合同与劳资关系之间的联系等多个方面进行中国劳动合同的本土化研究。

2006 年党的十六届六中全会提出构建和谐劳动关系以来，和谐劳动关系问题就成为劳资关系研究的一个热点。戴春指出劳工和资方之间的矛盾问题不容忽视，企业、工会及政府都要积极作为，正视双方之间的利益矛盾，运用相应的制度去规范二者的行为，加强二者间的合作，推动和谐劳动关系的构建（戴春，2006）。陈雪平认为在当前我国经济社会发展的过程中，劳资纠纷问题至关重要，应采取多方面的措施来正确处理，解决好劳资纠纷问题有利于构建和谐劳动关系，并促进我国社会主义市场经济的进一步发展（陈雪平，2006）。同样 2007 年通过的《劳动合同法》也引发了一波学术热潮，吸引了众多学者的广泛关注，研究者从它的意义、法律定位、实施问题、对劳资关系的影响等多个不同维度出发进行探讨，如郑桥、姜颖等指出《劳动合同法》的实施对于劳动者、雇主以及政府劳动部门产生了新的影响并带来了新的要求，而这劳动关系三方在今后的行为也将影响到我国劳动关系的新发展（郑桥、姜颖，2008）。

3. 发展稳定阶段（2008～2020 年）

这一阶段的文献在研究主题上更为丰富，在时区图谱上并没有显现出尤为明显的关键词，但是通过阅读相关的文献可以发现，这一阶段针对劳资关系展开的研究主要包括以下几个方面：一是对现实劳动者权益被侵犯的回应。胡乐明、彭五堂等提出雇主、工会及政府三方主体都要承担责任，在平衡劳资权益方面发挥积极作用，不断建立健全法律法规，加强制度建设，同时加大执法检察力度，保护劳动者合法权益（胡乐明、彭五堂，2008）。二是针对劳动争议及处理的研究大幅增加。不少学者分别从劳动争议的内涵、劳动争议制度、劳动争议处理的国际经验以及我国劳动争议现状和存在的问题展开研究，并提出未来的展望。三是集体合同和集体协商制度引起广泛关注。谢玉华在书中指出在集体协商工作推行的十几年来，我国的劳资平等协商的平台仍没有完全形成，一些地区的集体协商和集体合同存在高签订率和低参与度的问题（谢玉华，2017）。郑桥认为随着我国市场经济体制改革的深化，集体合同制度也要进一步完善，要使制度跟得上整个市场大环境的运行，促使集体谈判双方不断发展成熟，谈判能力进一步提升（郑桥，2009）。胡磊指出在推动我国集体协商制度发展完善的过程中，我们需要在多个方面下功夫，要坚定不移的支持我国工会的发展，提高工会的数量和质量，推进集体协商机制自上而下及自下而上发展的融合，以此推动集体协商制度的完善，发展和谐劳动关系（胡磊，2012）。四是共享经济背景下劳动关系的发展变化。陈微波认为近几年共享经济发展迅猛，这给很多空闲的人力资源提供了新的劳动机会，借助于互联网，一种新的劳动关系形式正在悄然形成，这改变了传统劳动关系的特征，促使劳动关系形态发生变化（陈微波，2016）。

（三）关键词突变

关键词突变能够更加直观地展现劳资关系领域的发展动态，因为这些突变性关键词并不是普通的关键词，而是在某一时间内突然受到较多关注的词条，一般来说，时间最晚的突变型关键词就是最近的研究热点，由此可以推断未来一段时期该领域的研究趋势。

由图6可以看出，在30年间劳资关系领域的前沿热点一直在不停地发生变化。2018~2020年，国内劳资关系研究进入相对稳定阶段，分析关键词共现时区视图和关键词突显图谱，可以得出，当前劳资关系研究热点集中于“共享经济”领域。随着信息技术的飞速跃进及大数据时代的到来，一种新兴的经济运行模式正在悄然而至，这就是共享经济，近几年借助于互联网平台，共享经济已经逐渐成为影响人们生活及社会经济发展的重要力量，但同时，共享经济的发展也使得劳资关系领域产生了一些新变化，而这也引起了学者的注意。曹磊等指出在共享经济中，由于很多人都有闲置的资源，通过网络可以将这些资源让渡给需要的人，由此获得一定的报酬，改变了过去单一的就业形式，并对传统的生产制造关系产生冲击，总之共享经济重新整合了劳资关系，缓和了劳资矛盾（曹磊等，2015）。刘瑞华指出共享经济背景下，劳动关系有了很多明显的变化，如劳动关系更加灵活，从属性也不断加强，劳资收入差距明显扩大等（刘瑞华，2020）。还有研究者们指出共享经济用工对劳动法提出了挑战。比如王文珍、李文静认为共享经济下企业与网约工之间的关系模糊不清，这给劳动关系的认定标准带来了新的难题，给部分劳动基准适用提出了挑战，还会对其他方面的民主参与、集体协商及劳动保障监察产生一定程度的影响（王文珍、李文静，2017）。总之，现有劳资关系的制度设计与安排已经不能很好解决当前共享经济背景下新经济形态所产生的各种复杂多样的矛盾和问题。因此，针对劳资关系变化所带来的现实困境，需要从多方面进行协调，需要学者们的深入研究。

Keywords	Year	Strength	Begin	End
企业劳动关系	1980	47.42	1989	2004
市场经济	1980	37.86	1993	2005
劳动合同制	1980	19.19	1993	2000
劳动合同	1980	40.21	1994	2005
劳动关系调整	1980	32.94	1994	2006
《劳动法》	1980	56.18	1995	2005
集体合同	1980	15.05	1995	2006
集体合同制度	1980	22.02	1996	2005
事实劳动关系	1980	34.13	1999	2006
经济补偿金	1980	25.61	2000	2006
和谐社会	1980	33.7	2005	2008
《劳动合同法》	1980	25.91	2007	2009
劳动合同法	1980	24.28	2008	2010
工资集体协商	1980	16.47	2011	2012
共享经济	1980	20.83	2018	2020

图6　1980~2020年我国劳资关系研究的突变性关键词（前15）

（四）战略坐标分析

本文首先根据聚类的方法和原则划分聚类，将 328 个关键词划分出 47 个聚类，以此来归纳出该领域的研究方向。但划分出的聚类中有些只有两个构成成员，不能准确代表某一研究方向，因此将这些聚类删除，最终得到 35 个有效聚类。根据每个聚类中的关键词概括出聚类名称，以此作为该领域的某一研究方向（见表 3）。

表 3　聚类名称及聚类成员

聚类号	聚类名称	聚类成员
1	劳权保护	《劳动合同法》、劳权保护、和谐社会
2	社会保障	法定退休年龄、养老保险待遇、用人单位、劳动者权益、最高人民法院、劳务关系、双重劳动关系、劳动关系认定
3	社会保险	社会保险关系、国有企业下岗职工、再就业服务中心、劳动关系、隐性就业、经济补偿金
4	集体谈判	集体谈判、市场经济、社会主义、企业并购、工会组织、集体劳动争议、集体合同制度、劳动力、劳资关系、雇主组织
5	新就业形态	灵活用工、问题及对策、新就业形态、雇佣关系、经济从属性、劳动关系管理、用工模式、新业态
6	中国特色	中国特色、维护职工权益、劳动关系矛盾、国务院、政府、劳动关系协调、基层调解组织、协调机制、群体性事件、企业劳动关系
7	劳动合同	评价指标、劳动关系调整、劳动争议处理、构建和谐社会、劳动合同制、劳动合同管理、人力资源管理、《劳动法》、外资企业、劳动保障监察
8	劳动关系治理	利益相关者、员工创新行为、劳动关系治理
9	构建和谐企业	劳动关系和谐企业、创建活动、泰州市、厂务公开民主管理、构建和谐企业、企业和谐劳动关系、济宁市、创建工作、劳资双方、工资集体协商
10	无固定期限合同	无固定期限劳动合同、劳务派遣单位、书面劳动合同、无固定期限合同、劳动争议调解组织、用工形式、同工同酬、劳务派遣
11	事实劳动关系	事实劳动关系、用工、法律风险、社会保险费、工伤保险责任、劳动合同期限、非标准劳动关系、劳动合同、工伤保险、劳动者
12	共享经济	网约车、分享经济、认定标准、快递员、共享经济、互联网平台

续表

聚类号	聚类名称	聚类成员
13	互联网经济	权益保护、网约工、劳动法、劳动用工、网络平台、互联网经济、互联网 +
14	农民工	工伤认定、劳动保障、监察执法、劳动争议案件、和谐、农民工
15	人力资源	管理、人力资源、创新、对策、中小企业、企业管理、法治化、和谐稳定、事业单位、企业
16	直播平台	网络主播、直播平台、从属性、劳动权益保障
17	集体协商机制	集体协商机制、工资集体协商制度、国际金融危机、工会工作、职工维权、劳动合同制度
18	新型劳动关系	新型劳动关系、现代企业制度、体面劳动、新常态、小微企业、特征、社会主义和谐社会、儒家、经济新常态
19	企业民主管理	企业民主管理、职代会制度、厂务公开制度、以人为本、厂务公开、集体合同、工会会员、经济转型期
20	治理	资本、劳动、权益、关系、治理
21	劳动争议	预警机制、劳动争议、社会保险、劳动报酬、影响因素、工会、三资企业
22	劳务派遣工	劳务派遣工、用工单位、劳务派遣用工、专项集体合同、构建和谐
23	非公有制企业	党建、劳资矛盾、集体协商、非公企业、非公有制企业、私营企业、民营企业
24	三方协调机制	三方协调机制、劳动关系三方机制、劳动关系协调机制、三方机制、工会维权
25	维护职工合法权益	维护职工合法权益、构建社会主义和谐社会、工资协商、构建和谐劳动关系、集体协商制度、合法权益、富士康
26	加班工资	劳资纠纷、nba_、特点、加班工资、深圳市、外来务工人员、劳资关系问题
27	经济发展	发展、经济、构建
28	企业文化	民主管理、电力企业、企业文化
29	劳动契约	劳动契约、心理契约、实证研究
30	风险防范	劳动关系和谐、社会和谐、风险防范、用工管理
31	国有企业	问题、措施、建议、国有企业、“互联网 +”、机制
32	三方协商	三方协商机制、作用、集体劳动关系、和谐企业
33	员工参与	职工之家、员工参与、劳资合作
34	金融危机	策略、金融危机、和谐劳动关系
35	新生代农民工	现状、对策建议、新生代农民工

接着通过得到的聚类绘制战略坐标图，将“关注度”作为纵坐标，“新颖度”作为横坐标，最终形成一个四象限坐标图。通过计算聚类的关注度和新颖度得出每个聚类在坐标图中对应的位置，能够直观地展现聚类所代表的研究主题的关注度及新颖度。“新颖度”是通过计算各个聚类中关键词的平均年份与本研究所有关键词平均年份之差得出的，用来衡量各个聚类出现的时间早晚，正值表示该聚类所代表的主题研究时间较晚，负值表示该聚类所代表的主题研究时间较早。“关注度”是通过计算各个聚类中关键词的共现频次的平均值与本研究所有关键词共现频次的平均值之差得出的，用共现的频次来衡量聚类得到关注的程度，正值表示该聚类所代表的研究主题得到了较多关注，负值表示该聚类所代表的研究主题受到关注较少。图7为战略坐标图，表3为聚类名称及构成成员。

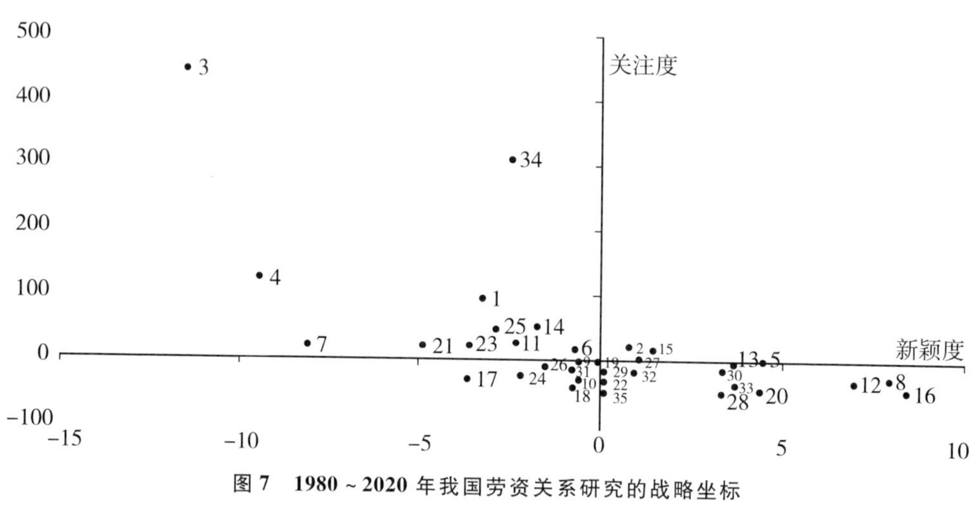

图7　1980～2020年我国劳资关系研究的战略坐标

1. 研究领域象限分布

第一象限：主要包括聚类2、15、27，涉及“社会保障”“人力资源”“经济发展”等聚类，此象限聚类的关注度与新颖度均大于0，表明这些聚类所代表的内容是在1980～2020年劳资关系领域关注较多，较为成熟的领域，是这一时期的研究热点。其中聚类2距离纵轴更近，横轴更远一些，即“社会保障”相比于此象限的其他研究方向来说关注度更高，新颖度更低，说明研究劳资关系中的“社会保障”问题早就得到了学者的重视，不过“人力资源”“经济发展”新颖度更高一些，可见这两个聚类都可作为未来进一步深入研究的课题方向。

第二象限：主要包括聚类1、3、4、6、7、11、14、21、23、25、34，涉及“劳权保护”“社会保险”“集体谈判”“中国特色”“劳动合同”“事实劳动关系”“农民工”“劳动争议”“非公有制企业”“维护职工合法权益”“金融危机”等聚类，此象限聚类的关注度大于0、新颖度小于0，表明这些聚类所代表的内容是在

1980～2020 年劳资关系领域中早已受到关注的课题，但并不是近几年新兴的课题。其中 1、3、4、34 关注度较高，即“劳权保护”“社会保险”“集体谈判”“金融危机”是劳资关系领域最为基础的研究内容，早些年受到学者的关注，但是新颖度较低，并不是最新最热的课题。

第三象限：主要包括聚类 9、10、17、18、19、24、26、31，涉及“构建和谐企业”“无固定期限合同”“集体协商机制”“新型劳动关系”“企业民主管理”“三方协调机制”“加班工资”“国有企业”等聚类，此象限聚类的关注度和新颖度都小于 0，表明这些聚类所代表的内容是在 1980～2020 年劳资关系领域中时间较早并且逐渐被边缘化的领域。其中聚类 17、24、26 距离纵轴更远，说明“集体协商机制”“三方协调机制”“加班工资”是时间较为久远的研究内容，例如有关于劳资关系中集体协商问题的文献大都发表于 2011～2012 年，之后的发文量逐渐减少，说明受到学者重视的程度也在降低。而聚类 9、10、18、19、31 则更接近原点，说明这些聚类虽然新颖度和关注度也不高，但是相比于第三象限的其他聚类来说淡出研究者视野的程度较低。

第四象限：主要包括聚类 5、8、12、13、16、20、22、28、29、30、32、33、35，涉及“新就业形态”“劳动关系治理”“共享经济”“互联网经济”“直播平台”“治理”“劳务派遣工”“企业文化”“劳动契约”“风险防范”“三方协商”“员工参与”“新生代农民工”等聚类，此象限聚类的关注度小于 0，新颖度大于 0，表明这些聚类所代表的是在 1980～2020 年劳资关系领域中关注度较弱、新出现的潜在研究内容，这些内容一旦被专家学者广泛研究，那么将极有可能从第四象限移动到第一象限，成为劳资关系领域的热点研究内容。相比于其他聚类，聚类 8、12、16 的新颖程度更大，说明“劳动关系治理”“共享经济”“直播平台”是近几年的新兴研究内容，未来极有可能受到研究者的广泛关注，引发研究热潮。

2. 研究热点和潜在热点

在以新颖度为横轴、关注度为纵轴的战略坐标图中，可以清楚地看到当前劳资关系领域的研究热点和潜在热点。图 7 中聚类 2、15、27 都位于第一象限，说明现阶段劳资关系集中在“社会保障”“人力资源”“经济发展”三个方面，这是由于经济的发展，尤其是数字经济的到来，重构了劳动与资本的结合方式，使得劳资关系发生了新的变化，劳动者的权益受到了深刻的影响，社会保障也将面临一些新的挑战，从而引起众多学者的关注。

图 7 中聚类 8、12、16 都位于第四象限，表明“劳动关系治理”“共享经济”“直播平台”是劳资关系领域的研究潜在热点。劳动关系治理是国家治理体系和治理能力现代化的一个中心议题，中国特色社会主义进入新时代以来，为我国劳动关系治理指明了新的历史方向，关于新时代如何推进我国劳动关系治理的问题上，学者们在方法论层面以及劳动关系治理自身发展逻辑展开了深入研究。而近几年在共

享经济背景下，新经济形态产生了各种复杂多样的矛盾和问题，学者们对共享经济下“劳资关系的认定”“劳动者权益保障”“对劳动法的挑战”等问题展开了一些讨论，但讨论的结论不一，因此这些问题还有进一步深入研究的价值。直播平台也是随着新媒体技术的发展而应运而生的，但由于发展时间尚短，在薪资、权益保障等劳动相关问题存在一定纠纷，而且目前的劳动法尚未对此作出准确界定，所以给网络直播者的劳动关系的认定带来了困境，引发学者们的关注，可能成为未来一段时间内劳资关系研究的热点问题。

五、结语

本文主要采用文献计量软件 CiteSpace 5.7.R2，通过关键词共现分析、聚类分析以及战略坐标图探究 1980～2020 年以来国内学者对劳资关系的研究现状、研究热点以及研究前沿。结果显示“社会保障”“人力资源”“经济发展”等内容是当前学术界讨论的热点；“劳权保护”“社会保险”“集体谈判”“金融危机”并不是最新最热的课题，但是属于劳资关系领域最为基础的研究内容；“无固定期限合同”“新型劳动关系”“加班工资”等基本已淡出了学者的视野，属于比较陈旧的研究方向，处于边缘化的位置；而“劳动关系治理”“共享经济”“直播平台”虽然目前关注度较低，但这是新兴的研究方向，新颖度高，这表明在劳资关系领域中，这些是目前学术界比较新的问题，有待于进一步研究。此外，本文还进一步分析了 1980～2020 年中国劳资关系领域发文量居前的期刊、作者、研究机构等信息，希望能为今后我国劳资关系领域的研究起到参考和借鉴的作用。需要说明的是，在利用文献计量软件进行可视化分析的过程中，存在一定的局限性，比如阈值的设定和数据的标准化处理都会对最终的结果产生影响，但是不会影响本文的基本结论。

参考文献

1. 陈雪平：《对构建我国和谐劳动关系应对措施的探讨》，载《福建论坛（人文社会科学版）》2006 年第 4 期。

2. 陈微波：《共享经济背景下劳动关系模式的发展演变——基于人力资本特征变化的视角》，载《现代经济探讨》2016 年第 9 期。

3. 曹磊、柴燕菲、沈云云、曹鼎喆：《Uber：开启“共享经济”时代》，机械工业出版社 2015 年版。

4. 崔雷、杨颖、王孝宁：《重点学科发展战略情报研究（二）——共词战略坐标》，载《情报理论与实践》2009 年第 7 期。

5. 戴春：《构建和谐劳动关系中值得思考的几个问题》，载《中国劳动关系学院学报》2006 年第 2 期。

6. 冯璐、冷伏海：《共词分析方法理论进展》，载《中国图书馆学报》2006 年第 2 期。

7. 国际劳工组织：《雇佣关系》，国际劳工局出版处2005年版。

8. 郝韦霞、滕立、陈悦等：《基于共词分析的中国能源材料领域主题研究》，载《情报杂志》2011年第6期。

9. 胡磊：《在构建中国式集体协商制度中发展和谐劳动关系》，载《现代经济探讨》2012年第8期。

10. 黄传杰：《联邦德国劳资关系紧张的由来》，载《西欧研究》1986年第5期。

11. 胡乐明、彭五堂：《劳动者权益保护的理论思考》，载《当代经济研究》2008年第5期。

12. 俊冲：《试论协调三资企业劳资关系的有效途径》，载《辽宁大学学报（哲学社会科学版）》1995年第2期。

13. 课题组：《中国人力资源管理研究文献计量报告》，载《劳动经济评论》2016年第1期。

14. 罗润东等：《劳动经济理论研究前沿文献分析》，载《劳动经济评论》2016年第2期。

15. 刘瑞华：《共享经济背景下劳动关系变化及协调对策》，载《人力资源》2020年第10期。

16. 刘文、夏爽：《国内外人才引进领域研究的发展演进——基于CiteSpace的可视化分析》，载《劳动经济评论》2019年第2期。

17. 沈君等：《技术坐标视角下的主题分析：以第三代移动通信技术为例》，载《情报学报》2012年第6期。

18. 王文珍、李文静：《平台经济发展对我国劳动关系的影响》，载《中国劳动》2017年第1期。

19. 王文慧：《我国劳资关系现状及其发展走势初探》，载《上海企业》1995年第2期。

20. 肖德周：《发达资本主义国家劳资关系的新变化》，载《中国工运学院学报》1987年第2期。

21. 谢玉华：《中国劳动关系的治理变革》，中国工人出版社2017年版。

22. 杨颖：《国际图情学领域研究热点的引文战略坐标分析》，载《情报杂志》2011年第3期。

23. 赵小仕：《转轨期中国劳动关系调节机制研究》，经济科学出版社2009年版。

24. 郑桥：《中国劳动关系变迁30年之集体协商和集体合同制度》，载《现代交际》2009年第2期。

25. 郑桥、姜颖：《劳动合同法的实施对我国劳动关系的影响》，载《新视野》2008年第1期。

26. Callon M., Courtial J. P., F. Laville. Co-word analysis as a tool for describing the network of interactions between basic and technological research: The case of polymer chemistry. *Scientometrics*, 1991, 22 (1): 155 – 205.

27. Chen C. CiteSpace Ⅱ: Detecting and visualizing emerging trends and transient patterns in scientific literature. *Journal of the American Society of Information Science and Technology*, 2006, 57 (3): 359 – 377.

28. Law J. et al. Policy and the mapping of scientific change: A co-word analysis of research into environmental acidification. *Scientometrics*, 1988, 14 (3): 251 – 264.

The Development and Evolution of Labor Relations in China Since 1980

—A Bibliometric Analysis based on CiteSpace

Sun Zhuohua　Ma Xiaohui

Abstract: Since 1980, the increase of labor relations research progress, industrial relations problem increasingly become the focus of academic attention and discussion, and also formed a certain research results, but it's not hard to find, most of them are review study, through literature metrology to explore its trajectory and the future evolution of the research is less. This article selects the CNKI database since 1980 related literature in the field of industrial relations, and word analysis, clustering analysis and strategy coordinate diagram of bibliometrics methods to analyze the research status and hot issues in the field and potential issues, in order to explore the characteristics of the current our country labor relations research evolution and future development. The research results show that "social security", "human resources" and "economic development" are the hot research directions of current academic circles, and "labor relations governance", "sharing economy" and "live-streaming platform" are some novel issues that need further research in the future.

Key words: *labor relations　Bibliometrics　evolution*

非正规就业者在不同部门的工资劣势差异
——基于复合样本选择的修正

孙红晔　朱丽敏　高功敬*

摘　要： 在新经济形势下，非正规就业的规模和形式发生了前所未有的变化，非正规就业者的就业保障对经济发展和社会稳定的影响也日渐显著。借助复合样本选择修正模型，本文在消除选择偏误后获得不同部门内正规就业与非正规就业工资差距的实证结果。结果表明，国有部门工资分布的高分位和私有部门工资分布的中间分位出现更高的工资差距。私有部门的工资差距更大，这种差距大部分可以由特征因素解释。国有部门的工资差距虽然比私有部门低，但非正规就业者受到更大歧视，这种歧视主要来自工作特征以及制度障碍，为了保障非正规就业人员的就业稳定和工资提高，应当在打破制度障碍的基础上建立以培养及提高非正规就业者工作技能为主的就业保障政策。

关键词： 非正规就业　工资差距　控制函数　就业保障

一、绪论

党的十九大报告强调要通过供给侧结构性改革调整就业质量和就业模式，如何提升城乡间流动人口的劳动技能、技术人才制度性流动障碍以及高校毕业生的就业匹配是当前面临的难题，而这三个问题都是目前引发劳动力市场中非正规形式就业的主要原因。我国已经实现全面消除绝对贫困，但未来仍会存在大量相对贫困的个人和家庭，相对贫困群体主要包括低技术低生产力劳动者以及由于落后地区就业机会缺乏造成的失业者。发展中国家在政策层面解决贫困的有力工具是扩大非正规就业①，由于经济的波动和周期性，发达国家在特定时期解决相对贫困则更强调“柔

* 孙红晔，济南大学政法学院讲师，E - mail：sss_sunhy@ ujn. edu. cn；朱丽敏，济南大学政法学院副教授；高功敬，济南大学政法学院教授。本文受国家社科基金一般项目“资产建设理论下中国贫困家庭儿童发展账户建构研究”（项目编号：17BSH133）、国家社科基金一般项目“新业态职业伤害风险特点及保障路径研究”（项目编号：19BSH148）、山东省社会科学规划项目“非正规就业者就业质量多维测度及就业保障路径研究”（项目编号：20DSHJ01）的资助。感谢张国栋博士、仝西艳博士、刘康磊博士、李慧明博士对本文的建议和帮助，文责自负。

① 1980～1990 年在很多东欧国家进行经济转型的时期，曾出现政府刺激非正规就业增长以避免失业的情况产生。

性”雇佣[①]，而实际上发达国家的这一雇佣政策也是非正式雇佣的一种间接扩大形式[②]。因此，不论经济发展到何种阶段都需要依赖非正规就业提高或维持经济增长和就业稳定。

非正规就业者通常被认为是劳动力市场中的弱势群体（吴要武、蔡昉，2006；姚宇，2006），雇用非正规就业者对于企业最大的利益就是避税和降低社会保障支出。由于其低工资、低声誉、就业环境差以及具有不稳定性和脆弱性，大量文献表明非正规就业是一种被迫的就业形式。但是，最近的文献已经逐渐开始强调非正规就业的“自发选择”，因为其优势是具有高度的自主性和灵活性，并且有可能产生较大的（禀赋要素或风险）回报率。在近年的新增就业中，非正规就业所占比例越来越高（吴要武、蔡昉，2006）。而新增就业主要产生在新兴部门中，尽管如此，以国有部门为主的传统部门也出现了临时工大幅度增加的情况。我国劳动力的特点是数量大、人均生产率较低，市场经济转型初期大量劳动力集中于非城镇地区，加之为了实现充分就业以及维持国有企业的高福利名誉，结果是国有企业承担了几乎所有城镇就业。但是随着市场化转型深入以及户籍政策的放开，大量农村剩余劳动力涌向城镇，国有企业与国际市场融合的同时也不得不进行改革以提高生产效率和竞争水平。新兴部门的绝大多数劳动者和传统部门的部分劳动者构成非正规就业的主力。此外，虽然 2008 年《劳动合同法》的建立有利于雇佣正规化，但经济发展模式的不断调整仍需要大量非正规就业支撑[③]。经济市场化改革以来，私有部门在我国得到迅速发展，同时国有部门与私有部门存在显著不同的工资决定结构，这使得劳动力市场在所有制结构上存在市场分割，国有部门有压缩高技能回报率的“共享式”工资决定模式（张车伟、薛欣欣，2008）。从整体看，国有企业与私有企业间存在较大工资差距（夏庆杰等，2012），但是随着市场化改革的深入，私有部门的扩大造成异质性的增强，结果使得工资差距呈现多样化。总体来看，私有部门的工资决定机制相对国有部门更加以市场为导向（Meng，2000），两部门内的工资分配形式存在较大差异。

劳动力从事非正规就业是存在选择性的，非正规就业对劳动者就业结果往往有负面影响，如果不考虑非正规就业的样本选择性会产生有偏结果。本文使用无条件分位数结合半参样本选择修正法探索正规就业与非正规就业的工资结构影响机制和工资差距形成机理，这种方法可以有效地控制个体异质性、随机误差异方差和极端值问题。本文将回答以下三个问题：第一，影响国有部门和私有部门内正规就业和非正规就业的因素有哪些异同；第二，在均值以及整个工资分布的各特征回报率在

① 过去发达国家倾向于更小规模的非正规就业，在当前世界经济形势下大部分发达国家已经发展转变。柔性“雇佣”（如临时合同、兼职、自雇、家庭劳动）是一种非正规就业并且带来大量就业机会。

② 目前发达国家的非正规就业规模也在逐渐扩大并逐步进行发展模式的常态化。

③ 非正规就业具有吸纳大量劳动力的“海绵”功能，可以有效缓解就业压力（魏下海、余玲铮，2012）。

两种就业形式下分别是多少，结果在两个部门间又如何呈现；第三，在处理样本选择（包括样本非随机损耗和部门选择）后得出的回归结果和分解结果与处理前存在何种差异，这种差异如何影响政策制定。本研究对文献的补充和贡献主要包括以下两点：首先，国有部门与私有部门内的要素回报率存在显著不同，这种区别不仅存在于部门之间，也存在于部门内正规就业与非正规就业之间；其次，我们在剔除选择异质性的基础上使用工资分解技术发现国有部门的工资差异在高分位显著高于低分位，而私有部门中的工资差异最高点则位于中低分位，这一结果与未考虑异质性的文献结果差异较大。

本文第二部分进行概念和相关文献的梳理及讨论；第三部分展示数据及相关统计分析；第四部分介绍实证框架；第五部分展示和讨论实证结果；最后进行总结并给出政策建议。

二、脉络梳理及相关研究发现

（一）非正规就业在我国的过去、现在和未来

非正规就业对我国改革开放四十多年取得的经济增长起到重要作用。我国在改革开放初期并未把非正规就业放在重要位置（Park et al.，2012），1978 年非正规就业只占全部就业人员的 1%，1994 年这一比例仍然只占 5%，随着市场化和私有化改革的深入，非正规就业的规模和需求都发生了显著改变，2004 年非正规就业占总就业人数的比例已经超过 50%。1990 年之前，大多数城镇居民附属于一个固定工作单元（或称单位），单位可以提供职工一系列综合的社会保障和社会福利（比如医疗、教育、住房、养老）。从 20 世纪 90 年代中期开始，大量国有企业开始重组或私有化改革，产生了大量的失业（下岗）人员，也是在同时期，中国对社保进行了“五险一金”结构改革。到 2000 年，虽然“城居保”和“新农合”已经大范围覆盖正规就业职工之外的其他人员，其保障程度仍然无法和职工保险相比。很显然，如果使用非职工保险保障非正规就业，其力度远远不够。2017 年，非正规部门中有养老金的比例约为 57%，正规部门这一比例达到 93%。如果一个人缺少健康和失业保险，那么他很可能因为失业或者疾病而导致贫困。事实上，城市贫困已经成为政策制定者需要处理的一个棘手问题。中国的社会福利到县级，在贫穷和非正规部门占主要比重的地区，通常福利比富裕地区低很多，这也导致这部分劳动者更倾向于储蓄而不是购买社会保险。由于户口限制（吴晓刚、张卓妮，2014），他们不能通过购买保险享受当地的医疗和教育，所以也造成他们加入社会保险的意愿不高，从而提高了就业非正规性的比例。另外，由

于社会保险的制定机制问题，造成富有的非正规就业者购买社会保险的兴趣较低。

非正规就业的扩大背景是经济非正规化的需求，在经济全球化的条件下如果要继续提高市场占有需要劳动力市场的规制放松（Williams，2009）和雇佣柔性化，因为柔性是应对潜在危机和经济停滞最好的良药。世界曾经在二战后出现过一段时间的雇佣正规化浪潮，这种现象的出现主要是伴随着战后国有大型企业的成长，随之而来的是福利系统的提升以及社会保障权利和工会组织在雇佣关系中的改革和扩大。从近年起中国的经济已经迈向了另一个阶段（Acemoglu，2019），工资增长造成制造业成本升高，劳动需求减少，对外贸易不稳定性同样影响非正规就业。此外，非正规就业规模和结构也正在发生前所未有的改变。（1）特别是基本保险全覆盖和劳动合同制度的完善，结果就是以前用无劳动合同和养老保险衡量的非正规就业规模的减少；（2）新经济形势下自主创业的增多，结果很可能造成非正规就业人员的增加；（3）人们教育水平的提高和观念的转变，进入工作越来越晚，就业规模下降的同时引起非正规就业降低，从国外的经验看，教育水平的增加必然导致人们预期工作水平的增加，同时增加了个人在工作中的学习能力，那么首份工作极有可能是作为跳板的工作，这就造成了首份工作离职率的增加和工作时间的降低。另外，获得更高教育的个人很可能倾向于获得稳定的工作如企事业单位和政府机关部门，会造成他们进入工作的延误和非正规就业的降低。

传统和现代生产模式的转变带来对非正规就业不一样的需求。育儿费用的升高和子女数量的增加会导致家庭经济活动策略发生转变，由于在两性关系中男性仍处于强势地位，女性更有可能进入非正规就业群体，由于在正规或非正规部门中也存在男性和女性的权利不对等，如果扩大非正规占比女性更有可能进入这一部门。地区和城乡发展不均衡，城市化带来的移民也更容易进入非正规就业。高等教育扩张造成高校毕业生也更可能进入非正规就业。非正规就业可能是一个跳板，但是对于年轻人需要保持和重造技术。在劳动分层的底部，移民男性更可能进入建筑业、制造业和农业。我国在当前经济背景下强调新业态和灵活就业，也是一种鼓励自我创造的刺激政策，是一种劳动力的柔性安排。当然这种柔性也有负面作用，比如无限制的工作时间、长期失业、无社会保障、快速的知识和技术贬值。

（二）非正规就业和正规就业工资差距研究的相关文献

工资是个人收入里最重要的组成部分，工资的高低可以决定个人幸福，工资差距是一个重要的衡量组间不平等的测定手段。对工资差距的测量可以帮助政策制定者制定更适合全社会福利提升的实证依据。根据国内现有文献，我国正规就业与非正规就业工资差异在2005年为1.65（薛进军、高文书，2012），2009年为1.55（魏下海、余玲铮，2012），2014年为1.36（张抗私等，2018）。关于产生两个群体间工资差距的原因，从工作特征出发解释非正规就业工资（王庆芳、郭金兴，2017）的研究较少，较多从个体特征差异角度进行阐述。有研究认为差距主要来自：（1）市场中的歧视和职业分割（魏下海、余玲铮，2012）；（2）教育回报率和经验回报率之间的巨大区别（吴要武，2009；常进雄、王丹枫，2010）；（3）歧视（约占25%）以及人力资本因素的加总（薛进军、高文书，2012）；（4）特征或禀赋差异（Chen and Hamori，2013；张抗私等，2018），因此，多种结论造成难以确定人力资本效能释放和资源配置的合理性。虽然从总体看，正规就业与非正规就业之间存在显著的工资差距，但是非正规就业是否是“就业陷阱”仍存疑问。因为有部分劳动者认为非正规就业只是他们从事更好职业的“垫脚石”，他们积累的工作经验有助于他们更好地从事正规就业（Hurst and Pugsley，2000）。此外，非正规就业可以充分发挥比较优势并且具有更强的时间自由和工作自主（Karabchuk and Soboleva，2020）。两级劳动力市场理论把劳动力市场分为一级部门（core sector）和次级部门（peripheral sector）[①]，发达国家和发展中国家的劳动力市场中都存在正规与非正规就业的市场分割，但在某些发达地区其工资也可能不存在明显差异（Pratap and Quintin，2006），或至少在某些特殊群体之间不存在差异（Tansel，2000）。多个研究质疑了双重劳动力市场视角并且表示非正规就业是某些情况下的更优选择（Gunther and Launov，2012）。

在正规就业与非正规就业工资差距的研究中不考虑样本选择偏误会因为样本不可观测及个体异质引起结果的低估或高估，处理此类内生性问题可以采用Heckman修正模型或基于Heckman两阶段法的多项就业选择偏差修正模型（杨正雄、张世伟，2020）。此外，有学者分别在性别分析中通过插补法补齐不可观测的工资修正了选择性偏差，结果表明选择问题造成的工资差距估计偏误甚至达到一半（Blau and Khan，2006；Olivetti and Petrongolo，2008）。王庆芳、郭金兴（2017）使用倾向得分匹配法探索非正规就业与正规就业之间的工资差距，在考虑个体和非正规就业形式异质性的情况下，结果显示仍然存在较大的工资差距。张延吉、秦波（2015）使用PSM法在控制就业类型选择内生性的条件下发现非正规就业者的小时工资不低于正规就业。普拉塔普和昆廷（Pratap and Quintin，2006）同样发现在控制选择内生性后，正规就业不存在工资溢价。

在使用分位数结合分解技术分析两种类型就业工资差距和原因的研究中，实证发现在我国市场化改革早期非正规就业具有比正规就业更有优势的工资（李雅楠等，2013），非正规就业与正规就业的差距随工资的增加而降低，中低分位

① 例如，韩国的一级部门包括大企业和高学历的正式员工，次级部门则包括在小企业中工作的低学历非正式员工（Cho et al.，2014）。根据他们的测算，最低等级就业的小时工资仅占最高级就业群体的33%。

上的工资差异主要由市场歧视造成，而高分位数上的差异主要来自个体禀赋特征的差异（魏下海、余玲铮，2012）。王学军（2017）使用无条件分位回归和 CHNS 数据发现非正规就业与正规就业之间的工资差距存在“粘地板效应”，原因主要在于低工资群体存在较为严重的市场分割和就业歧视，其中特征差异占总差异的比例从 1990 年的 43% 上升到 2010 年的 70%。非正规和正规就业的工资差距在分布上受到选择性的影响，在不同群体中结果也存在较大区别[①]，一旦考虑不可观测异质性，这种工资差距就会消失或减小（Bargain and Kwenda，2014）。巴达维等（Badaoui et al.，2008）发现南非男性非正规就业与正规就业的工资差距 75% 可以用个体特征差异解释，在控制个体异质性之后工资差距显著下降。诺德曼等（Nordman et al.，2016）使用均值和分位数固定效应模型发现非正规就业的工资差距随分位的增加而增加，并且具有强烈异质性（即受雇和自雇）。莱曼和皮尼亚蒂（Lehmann and Pignatti，2018）也采用固定效应模型处理不可观测异质性，发现并不是所有的非正规就业都降低了生活水平和福利。同时他们发现非自愿非正规就业（6%）和自愿非正规就业（15%）具有相反的回归结果，高分位的自愿非正规就业具有较高工资溢价，低分位的非自愿非正规就业具有更高的工资惩罚。

总体而言，国内现有文献针对正规就业与非正规就业工资差距的分析并没有在考虑样本非随机损耗和部门选择双重修正下进行整个工资分布的实证考察。另外也没有文献针对国有部门和私有部门内的正规就业和非正规就业现状和工资问题进行深层次比对与探索。非正规就业在新时代新业态发展背景下成为我国经济可持续发展的关键推动力，获取反映非正规就业者在劳动力市场中现状的实证证据有助于经济增长、就业保障方面的政策制定和改革以及劳动者整体福利的提升。

三、数据

本文使用的数据来自中国人民大学中国调查与数据中心开展的中国综合社会调查（Chinese General Social Survey，CGSS）。CGSS 是一项全国范围的大型家户截面数据调查，开始于 2003 年并在之后每年进行一次[②]。CGSS 的调查采用多阶分层随机抽样，调查范围覆盖全国 10 000 多户家庭，问卷涵盖受访者在社会层面、经济层面、家庭层面的多项内容。本文采用 CGSS 在 2012 年、2013 年收集的数据进行样本混合实证分析，由于经济体制市场化之后中国的退休年龄不断增加，我们把样

① 例如，坦赛尔（Tansel，2000）发现在土耳其正规就业与非正规就业的工资差距仅存在于男性中。

② 中间存在个别未调查或数据未公开的间隔年份。

本年龄限制在 16 ~65 周岁，在剔除掉非城镇受访者、缺失及无效样本后，最终我们筛选出 6 758 个有效样本，包括 5 201 个工作者和 1 002 个因家务活动未进入或退出劳动力市场的受访者，其中调查样本在国有部门中的数量为 1 824，在私有部门中的数量为 3 377。

表 1 为本研究使用的变量名及定义，我们使用年工作工资和每周平均工作时间计算小时工资，每月的平均周数设定为 4.28。在原始调查中教育水平为针对学历的分类变量，共被分位 14 类①，我们依据各学历所需平均教育时间计算教育年限。经验为从第一个非农工作开始到接受调查时的工作年限。CGSS 的访问时间集中在 6 ~12 月并且有详细的记录，我们以此为基础计算精确到月的受访者年龄。从整体看，75% 的受访者具有较高的自评健康情况，68% 的城镇受访者具有非农业户口，有 59% 的受访者从事受雇工作。工作单位类型分为 3 类，行业和职业分为 5 类，地区在国家标准经济区域划分的基础上被合并为 5 个分组。

（一）非正规就业的定义及正规就业与非正规就业的工资分布

当前不论国际还是国内对非正规就业与正规就业之间都没有明确划分（张抗私等，2018；Aguilar and Guerrero，2020）。ILO 对非正规就业的定义为非正规部门的就业，即自我雇佣及低组织水平、低技术含量的家族式或小微型企业，国内部分研究采用基于 ILO 标准调整后的分类方法（胡鞍钢、赵黎，2006；姚宇，2006）。而在基于家庭调查基础上，目前为止国内最具代表性的分类方式为把缺乏劳动合同或社会保险（通常采用养老保险）作为非正规就业的划分标志（常进雄、王丹枫，2010；魏下海、余玲峥，2012；王海诚、郭敏，2015）。在本文中我们采用多数国内文献对非正规就业和正规就业的分类方法，即把在城镇工作并且没有正式劳动合同或养老保险的劳动年龄人口划分为非正规就业者（见表 1）。

表 1　变量及定义

变量	定义	均值	S. D.
Hwage	小时工资 = 年工资/12 × 周工作时间 ×4.28	18.21	24.57
lnHwage	小时工资对数	2.46	0.91
Men	男性 =1，女性 =0	0.51	0.50
Age	问卷调查时年龄	38.34	10.86

① 教育年限的计算方式为回答没受过教育个体 =0，小学 =6，初中 =9，高中 =12，大专和职业学校 =14，大学 =16，硕士研究生 =18.5，博士研究生 =23。

续表

变量	定义	均值	S. D.
Married	初婚有配偶、再婚有配偶 = 1，未婚、同居、分居未离婚、离婚、丧偶 = 0	0.81	0.39
Health	很健康、比较健康 = 1，一般、比较不健康、很不健康 = 0	0.75	0.44
BMI	身高/体重	22.92	3.45
BMI2/100	身高/体重的平方/100	5.37	2.55
Han	汉族 = 1，其他 = 0	0.94	0.24
Hukou	目前户口登记为非农业户口或居民户口 = 1，农业户口及其他 = 0	0.68	0.47
Party	党员 = 1，非党员 = 0	0.14	0.35
Exp	从第一份非农工作到目前的工作年限	16.05	10.73
Exp2	工作年限的平方/100	3.73	4.25
Employed	受雇 = 1，自己是老板、个体工商户、自由职业、零工散工、帮工、其他 = 0	0.59	0.49
Guanli	有一定管理权管理别人 = 1，没有管理权管理别人 = 0	0.28	0.45
Union	工会成员或曾经为工会成员 = 1，非公会成员 = 0	0.27	0.44
Firmtp	企业 = 1，党政机关、事业单位 = 2，自雇及其他 = 3	1.79	0.89
Indus	批发、零售、餐饮 = 1，制造业、电力煤气、水利 = 2，金融保险、房地产、社会服务 = 3，卫生体育、教育文化、科技服务 = 4，农林牧渔、采掘、建筑、交通运输 = 5	2.93	1.39
Occup	管理人员、专家 = 1，技术人员、初级管理人员 = 2，办公室人员 = 3，售卖人员、服务人员 = 4，手工制造业人员、机器操作人员、初级工作 = 5	3.18	1.67
Prov	东北、内蒙古、新疆经济区 = 1，北部沿海经济区 = 2，东部沿海、东南沿海经济区 = 3，黄河中上游、长江中上游经济区 = 4，珠江中上游经济区 = 5	3.05	1.26
样本量		6 758	

图 1 展示了国有部门和私有部门中的正规就业与非正规就业小时工资核密度分布。国有部门内正规就业与非正规就业有相似的峰度和纬度分布，但正规就业的均值工资在非正规就业右侧，而非正规就业略向左倾斜。这一结果表明国有部门中正规就业者相比非正规就业者平均工资更高，并且非正规就业规模在低工资群体中更为集中。在私有部门中非正规就业者与正规就业者的均值工资差距更大，而且非正规就业更多存在于中低工资阶层，向右延伸的长尾表明非正规就业内存在一定数量的高工资群体。

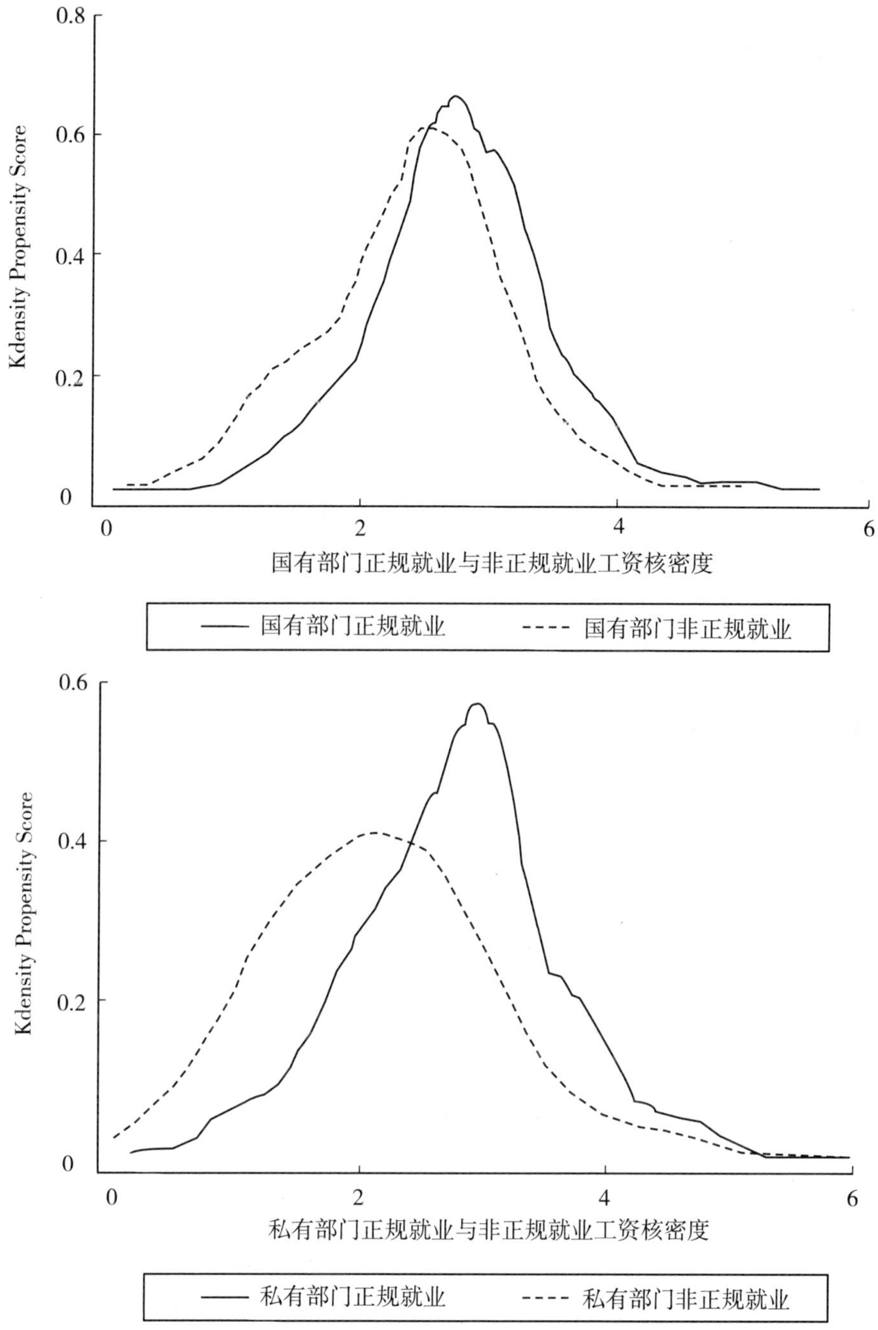

图 1　正规和非正规就业在两个部门中的工资核密度分布

(二) 职业和行业 (产业) 分类

调查数据中的行业编码采用2002年第1次修订的《国家经济行业分类》，数据清洗后的调查样本中总共包括了16个大类。由于正规就业和非正规就业在所从事职业和行业分类上偏向性很强，而且在社会调查中不同行业和职业间编码的结果一致性均存在较大差异（任莉颖等，2012），因此直接使用原始行业分类可能造成结果偏差。法马和弗伦奇（Fama and French，1997）提出一种依据4 - digit标准分类分为多组的分类策略，由于样本数量限制我们把行业分成5组。图2展示了各行业分类的小时工资和人数占比，国有部门正规就业工资最高的分组为金融保险、房地产、社会服务业，有趣的是，这一组的非正规就业工资反而最低，这种现象毫无疑问形成正规就业和非正规就业之间最高的工资差距。私有部门正规就业的小时工资在5个行业分类中逐渐上升，正规就业和非正规就业工资差距最小的组出现在卫生体育、教育文化、政党机关、社会团体分组中。

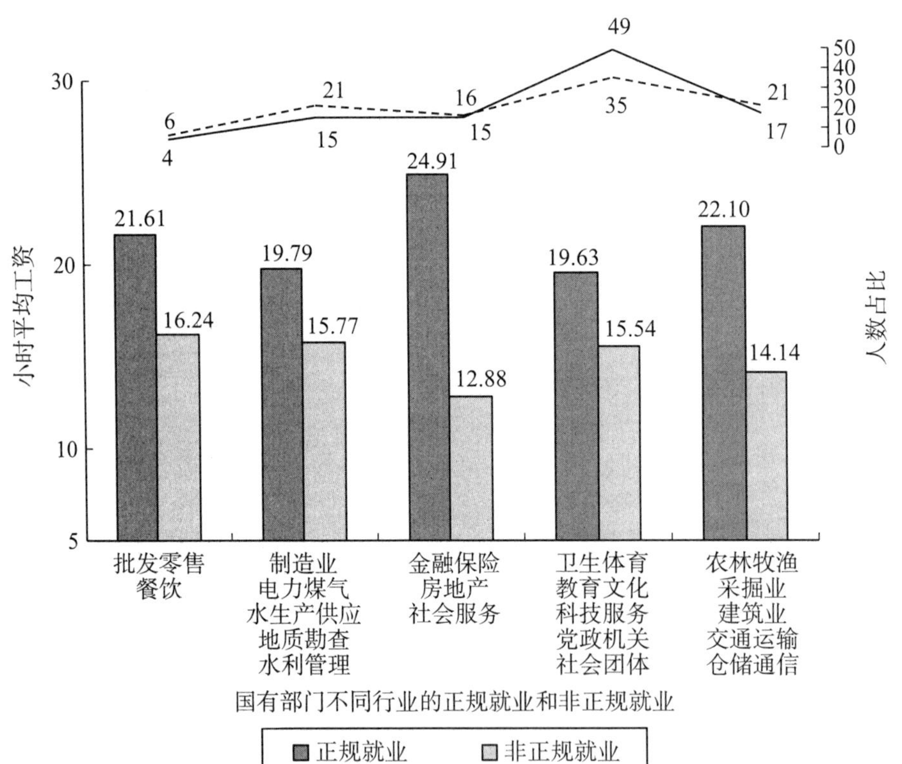

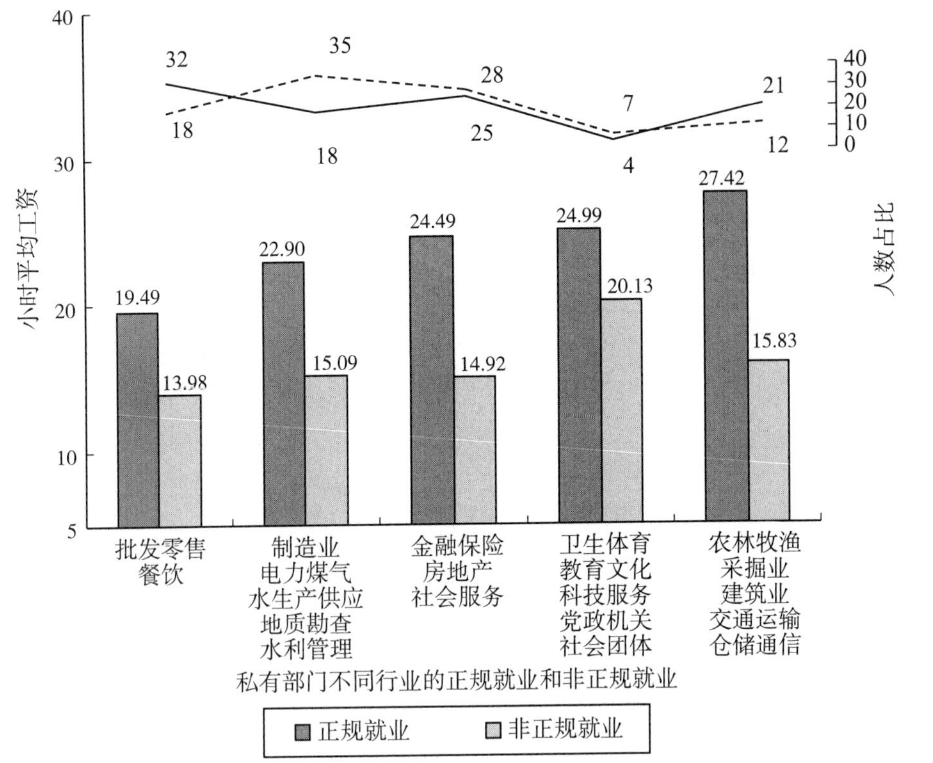

图 2　国有和私有部门不同行业内正规和非正规就业平均工资和人员比例

CGSS2012－2013 的职业分类[①]采用 ILO 在 1988 年发布的《国际标准职业分类》，我们首先将其转换成 2008 年修改后的标准分类，然后把 4－digit 的职业编码整合为 5 个大分类。图 3 显示，国有部门和私有部门间各职业的小时工资和职业人数分布都有较大差距，并且两个部门内的正规就业和非正规就业间工资差距和分布差异也呈现两种结果。从工资水平看，国有部门的正规就业和非正规就业都呈现阶梯式下降的图案，非正规就业工资占比正规就业在 68% 左右，私有部门内这一比例虽远高于国有部门但各职业间差异很大。从人员分布看，国有部门内两种形式就业都呈现“U”形分布，而在私有部门内正规就业人员在各职业间分布较为平均，非正规就业在低工资水平的职业占比则超过了 75%。

（三）变量基本统计值

表 2 展示了国有部门和私有部门内正规就业、非正规就业以及退出劳动力市场群体的个体特征和社会经济特征。非正规就业占总部门内就业比例在国有部门和私

① 也有部分研究使用基于职业分类转换的职业社会经济地位指标，主要通过 3 个维度进行指标设置：声望维度、社会经济维度和阶级维度（黄国英、谢宇，2012）。

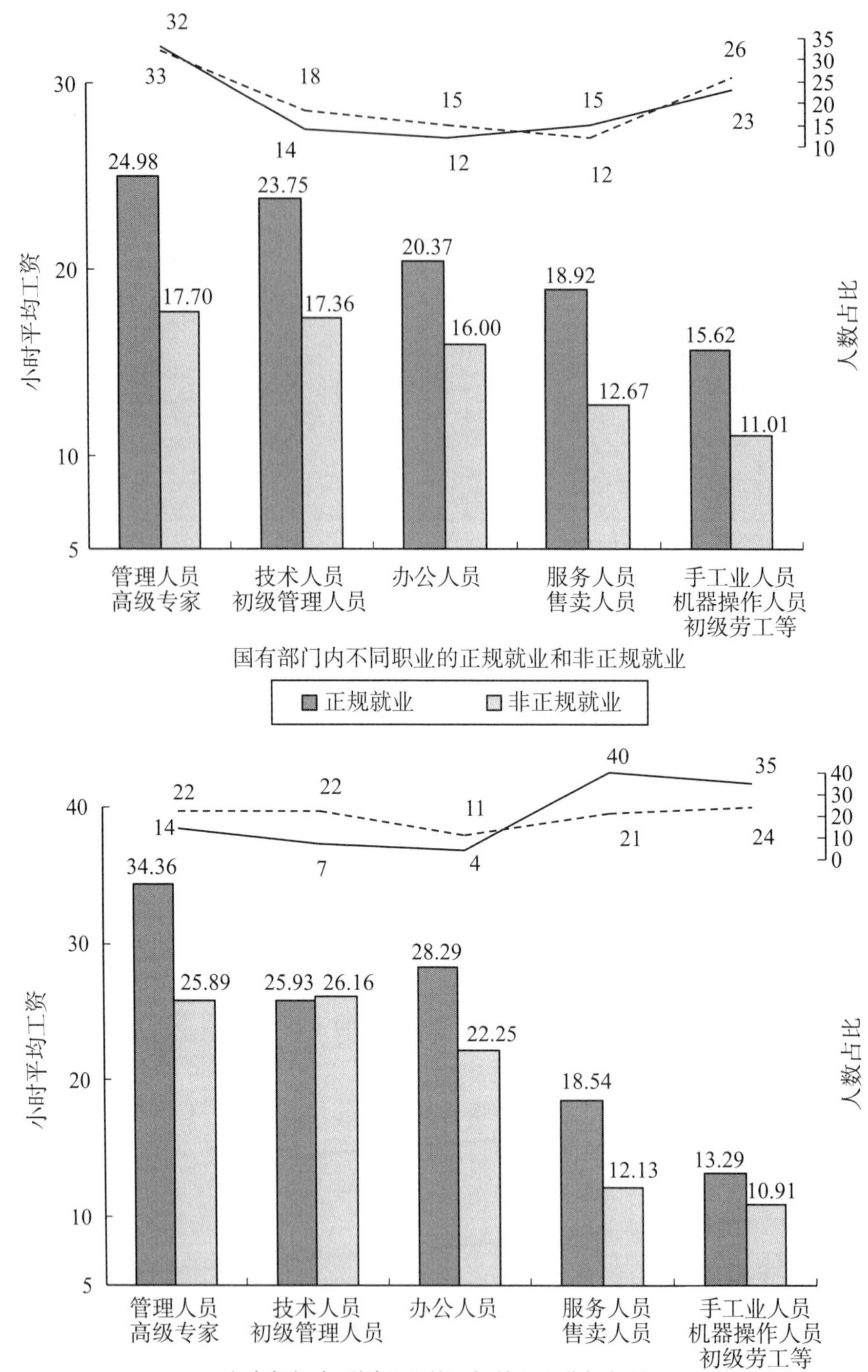

图 3　国有和私有部门不同职业内正规和非正规就业平均工资和人员比例

有部门中分别为28%和70%。相比于国有部门，私有部门内的正规就业和非正规就业者都有更高的平均工资，但是经过自然对数转换后私有部门内这两个群体的平均工资反而低于国有部门，这一结果反映了私有部门内工资分布具有很强的偏态及非均衡性。文献表明性别是造成正规就业与非正规就业工资差距的重要因素，从分布上看，国有部门正规就业中男性占比最高，而在私有部门中两种形式就业的性别比差距仅有1%。国有部门正规就业者的平均年龄比私有部门正规就业者高约2.8岁，这一差距在非正规就业者中只有1岁。户籍歧视被认为是正规就业进入的关键障碍，91%和79%的国有部门和私有部门正规就业者具有城市户籍，私有部门非正规就业者中非城市户籍人员比例达到46%。此外，我们并没有发现各个分组中存在显著的健康差异，BMI指数的差异只存在于两个部门的对比而不存在于两种就业形式之间。两种就业形式在国有部门中的工作经验都要明显长于私有部门，在国有部门内正规就业者的工作经验大于非正规就业约1年。仅有37%的私有部门非正规就业者从事受雇工作，说明大量非正规就业人员可能是小微型企业业主、个体工商户或其他形式的自雇人员。总体来看，国有部门具有比私有部门更高的人力资本特征，并且国有部门内的正规就业与非正规就业者具有的人力资本积累都高于私有部门的相同对照组。

表2　分部门和就业形式的基本统计描述

变量	国有部门			私有部门			无工作
	正规就业	非正规就业		正规就业	非正规就业		
	均值	均值	T. Stat.	均值	均值	T. Stat.	均值
Hwage	21.15	14.97	6.18***	23.42	15.04	8.38***	
lnHwage	2.78	2.42	0.36***	2.77	2.17	0.60***	
Men	0.61	0.58	0.03	0.59	0.58	0.01	0.05
Age	38.13	38.38	-0.25	35.33	37.31	-1.98***	0.88
Married	0.82	0.83	-0.01	0.74	0.81	-0.07***	0.94
Han	0.95	0.93	0.02	0.97	0.93	0.04***	0.45
Hukou	0.91	0.82	0.10***	0.79	0.54	0.26***	3.50
Famsize	2.91	2.97	-0.06	2.94	3.10	-0.16***	0.64
Health	0.76	0.78	-0.02	0.79	0.76	0.03	22.62
BMI	23.13	23.02	0.11	22.85	22.88	-0.03	5.21
BMI2/100	5.55	5.40	0.14	5.33	5.33	-0.00	0.02
Party	0.25	0.24	0.01	0.12	0.06	0.06***	
Exp	18.60	17.24	1.36*	14.71	14.72	-0.01	

续表

变量	国有部门			私有部门			无工作
	正规就业	非正规就业		正规就业	非正规就业		
	均值	均值	T. Stat.	均值	均值	T. Stat.	均值
Exp2/100	4.63	4.28	0.36	3.22	3.23	-0.01	
Employed	0.95	0.96	-0.01	0.88	0.37	0.52***	
Manage	0.32	0.25	0.07**	0.34	0.24	0.10***	
Union	0.57	0.40	0.17***	0.32	0.13	0.19***	
Firmty = 1	0.56	0.35	0.21***	0.91	0.38	0.53***	
Firmty = 2	0.40	0.55	-0.15***	0.01	0.00	0.01	
Firmty = 3	0.04	0.10	-0.06***	0.08	0.62	-0.54***	
Prov = 1	0.11	0.16	-0.06**	0.06	0.14	-0.08***	0.13
Prov = 2	0.29	0.23	0.06**	0.34	0.18	0.16***	0.14
Prov = 3	0.31	0.18	0.13***	0.41	0.24	0.17***	0.20
Prov = 4	0.21	0.35	-0.14***	0.13	0.35	-0.22***	0.45
Prov = 5	0.09	0.08	0.01	0.06	0.10	-0.04***	0.07
观测值	1 313	511	1 824	1 014	2 363	3 377	1 002

注：*、**、***分别代表显著性拒绝1%、5%、10%统计水平上的归无假设（Null hypothesis）。

四、实证策略

（一）分位数回归和样本选择修正

1. 条件分位数和无条件分位数

传统的条件分位数结果只能反映协变量在因变量条件分布处的边际影响程度。如果需要分析协变量在因变量整个分布上的影响，由于存在分位回归线的交叉重叠使得这种技术变得非常困难。菲尔波等（Firpo et al.，2009）借助再构中心影响函数（re-centered influence function，RIF）估计因变量和解释变量间直观的相关关系，得出的结果可以反映协变量对因变量自身在任意分位上的边际影响，因此，这种技术也被称为无条件分位回归（UQR）。菲尔波等（2009）提出的无条件分位数回归提供了非线性分布函数的线性解决方式，无条件分位回归方法的基础是计算协变量分布变动对分布统计函数的偏效应作用，核心是式（1）中的影响函数：

$$IF(\log W;\ q_\tau,\ F_{\log W}) = \frac{\tau - \psi\{\log W \leqslant q_\tau\}}{f_{\log W}(q_\tau)} \tag{1}$$

其中 $\psi\{\cdot\}$ 为一个指征函数，τ 代表分位，$F_{\log W}$ 是正规就业和非正规就业的分类变量，q_τ 代表 τ 分位处的个体可观测特征，logW 是小时工资对数，$f_{\log W}$ 是小时工资对数的边际概率密度分布函数①。通过上式可以构建如下再构中心影响函数：

$$RIF(\log W;\ q_\tau,\ F_{\log W}) = q_\tau + IF(\log W;\ q_\tau,\ F_{\log W}) \tag{2}$$

式（2）中由于 $E[RIF\ (y;\ q_\tau \mid X)] = X'\beta$，求解条件期望便可以获得解释变量在因变量 τ 分位上直接的边际结果。

2. 选择偏误和 SNP 半参控制函数修正法

解决选择性偏误是劳动经济学和应用微观中的常见问题。选择问题②可能包括样本选择（sample selection）、部门转换③（endogenous switching）或两者同时存在（Chiburis and Lokshin，2007）。模型中如果存在估计变量或不可观测样本与残差之间的相关关系都会造成估计偏差，赫克曼（Heckman，1979）给出了均值回归条件下部门转换和样本选择问题的处理模型④。这种基于两步法的“嵌入式”方法可以估计线性和非线性下的样本选择问题，并且可以修正当处理效应异质时的估计偏差（Wooldridge，2014），这种方法被称为截面和面板数据中的控制函数法（Cameron and Trivedi，2005）。李（Lee，2007）给出了控制函数法在条件分位数中处理变量与残差相关时的数学证明，阿尔布雷克特等（Albrecht et al.，2009）扩展了样本选择修正在条件分位数中的应用，借助布钦斯基（Buchinsky，1998）提出和证明的两步法（等同于控制函数法）结合 Single - Index 半参估计（Ichimura，1993）处理了条件分位数模型下的样本非随机损耗偏差⑤。菲尔波等（Firpo et al.，2009）提到控制函数可以保证无条件分位数估计时独立变量或不可观测样本与残差的正交性（orthogonality），因此我们也可以使用控制函数法来修正无条件分位数内不可观

① 本文采用核密度分布。

② 通常认为样本选择为模型估计中发生内生性问题的一种情况，另外的情况还包括不可观测的主观动机、不可观测能力、测量误差和同步性（互为因果或反向因果）。

③ 也称 Tobit - 5 类模型。

④ 贝拉（Vella，1998）以及穆里根和鲁宾斯坦（Mulligan and Rubinstein，2008）都使用增加逆米尔斯比率项的回归方法处理样本选择偏误。在 Heckman 两步法之外还有其他方式处理样本选择问题，比如奥利维蒂和彼得佩特罗戈洛（Olivetti and Petrongolo，2008）使用面板数据结合插值法处理样本非随机损耗造成的估计偏差。

⑤ 阿尔布雷克特等（2009）采用 Machado - Mata 分解方法结合条件分位数回归对荷兰的全职就业者性别工资差异进行分解分析，奇珍和芒福德（Chzhen and Mumford，2011）采用同样的方法分解了英国的全职就业者性别工资差异。

测异质性或样本选择造成的估计偏误。目前仅有少数研究①使用了这种方法控制无条件分位数的内生性偏差（Slade，2017）。

使用残差符合正态假设的次序 Probit 估计量有可能因为对条件概率形态的强加假设造成估计偏误，因此我们使用斯图尔德（Steward，2004）和德卢卡（De Luca，2008）提出的半参（SNP）估计量作为基础来修正选择性误差。德卢卡（2008）把 SNP 估计量扩展为可以解决单变量或双变量双向选择的方法②。这种思想基于存在一种可观测和不可观测严格二分类的选择，在此基础上存在可观测样本中呈序列排列的可选择多项被解释变量。离散选择模型的参数估计受到分布假设的影响，在同时存在样本非随机损耗和就业部门及就业类型自选择的情况下，使用半参估计法可以同时避免强加给二值 Probit 和次序 Probit 误差项的分布假设。在不考虑样本非随机损耗的情况下，首先把雇佣部门和类型按照次序进行如下排列：

$$\log W_i = \begin{cases} 1, & \gamma_0 \leqslant \log W_i^* \leqslant \gamma_1 \\ 2, & \gamma_1 \leqslant \log W_i^* \leqslant \gamma_2 \\ 3, & \gamma_2 \leqslant \log W_i^* \leqslant \gamma_3 \\ 4, & \gamma_3 \leqslant \log W_i^* \leqslant \gamma_4 \end{cases} \tag{3}$$

其中，$i=1, 2, 3, 4$ 代表城镇劳动者依据雇佣部门和就业形式被分为依照优先级从最低逐渐提高的次序排列 4 分类，第 1 类为私有部门非正规就业；第 2 类为国有部门非正规就业；第 3 类为私有部门正规就业；第 4 类为国有部门正规就业。γ_j，$j=1, 2, 3$ 为 4 类次序排列就业形式的实际有效阈值，γ_0 和 γ_4 代表无穷小和无穷大的两端极值。

在使用 Mincer 工资方程的情况下，假设 $F(\cdot)$ 为其函数形式，如果误差项 ε_i 为正态分布，则 $F(\gamma_j - X_i'\beta)$ 表示正态概率分布函数。进一步的，回归系数可以通过对数似然函数求极大估计得出，对数似然函数为：

$$\log W = \sum_{i=1}^{N} \sum_{j=1}^{J} \log[F(\gamma_j - X_i'\beta) - F(\gamma_{j-1} - X_i'\beta)] \tag{4}$$

如果误差项满足 $\varepsilon_i \sim N(0, \sigma^2)$，并且采用 $\sigma=1$ 和 0 截距，在此条件下概率估计中的 $F(\cdot)$ 形式函数就可以用 $\Phi(\cdot)$ 代替，因为 $\Phi(\cdot)$ 代表了二元标准正态下的累积分布函数。如果考虑样本非随机损耗，即存在式（5）中仅进入劳动力市场的城镇劳动者的工资被观测，模型修正需要加入赫克曼（Heckman，1979）提

---

① 我们仅发现文献中使用控制函数法修正变量与残差相关造成的分位数估计偏误，荣格（Jung，2017）和亚赫迈德（Yahmed，2018）使用李（Lee，1983）和 Dubin – McFadden 方法在假设自选择为分类多变量（multinomial category）的基础上分析了均值处的韩国和巴西性别工资差距，目前并未找到文献使用控制函数法处理样本非随机损耗造成的无条件分位数估计偏差。

② 德卢卡（2008）与德卢卡和佩罗蒂（De Luca and Perotti，2011）在其基础上分别扩展出了半参双变量双向选择模型和半参次序 Probit 模型的样本选择修正模型。

出的两步法解决。

$$C \equiv \sum_{i=1}^{n} \begin{cases} \log L_i^{y} & 如果被观测 \\ \log L_i^{\cdot} & 如果未被观测 \end{cases} \tag{5}$$

其中，C 为全部样本中的二分类 0 或 1，$\log L_i^{y}$ 表示被观测个体的实际工资，$\log L_i^{\cdot}$ 为未被观测的个体的潜在工资，在同时考虑样本非随机损耗和部门选择的情况下次序 Probit 估计模型变为：

$$\log W_H = \sum_{i=1}^{N_0} \log[1 - \Phi_U(Z'_U\delta_U)] + \sum_{i=1}^{N_1}\sum_{j=1}^{4} \log[\Phi(Z'_U\delta_U, \gamma_j - X'_i\beta; -\rho) - \Phi(Z'_U\delta_U, \gamma_{j-1} - X'_i\beta, -\rho)] \tag{6}$$

其中，N_0 代表未被观测的个体，N_1 为被观测的个体，Φ_U 为标准累积正态分布函数，Z'_U为选择过程中使用的协变量，δ'_U是选择系数，$\Phi_U(\cdot)$ 为标准累积正态分布函数，$\Phi\cdot$ 是双变量累积正态分布函数。另外 $\Phi_U(Z'_U\delta_U) = Z'_U\delta_U + \nu_i$，$\rho$ 是误差项 ε_i 和 ν_i 的相关系数。SNP 方法假设 $F_j^*(\cdot)$，j = 1，2，3，4 是潜在回归误差 U_e，e = 1，2，3，4 下未知的边际分布函数，$F^*(\cdot)$ 是（ε_i，ν_i）未知的联合分布函数。依照加伦特和尼奇卡（Gallant and Nychka，1987）提出的方法，可以使用埃尔米特方法推导回归误差 ϕ 的未知联合密度函数：

$$\phi^*(\varepsilon, \nu; \Gamma) = \frac{1}{\psi_S(\Gamma)}\pi_S(\varepsilon, \nu; \Gamma)^2\phi(\varepsilon)\phi(\nu) \tag{7}$$

其中，$\phi(\cdot)$ 为标准正态密度函数，$\pi_S(\varepsilon, \nu; \Gamma)$ 是 ε 和 ν 内的 S_i，i = 1，2 阶多项式，Γ 代表一组 $S_1 \times S_2$ 的未知参数向量。$\psi_S(\Gamma)$ 是一个正态化因子并且保证了 $\phi^*(\cdot)$ 存在一个合理的密度形态分布。然后，两个误差项的边际分布函数可以写成：

$$F_1^*(\varepsilon; \Gamma) = \Phi(\varepsilon) - \frac{1}{\psi_S(\Gamma)}\pi_S(\varepsilon; \Gamma)^2\phi(\varepsilon) \tag{8}$$

$$F_2^*(\nu; \Gamma) = \Phi(\nu) - \frac{1}{\psi_S(\Gamma)}\pi_S(\nu; \Gamma)^2\phi(\nu) \tag{9}$$

把假定形式为标准正态累积分布 $F(\cdot)$ 放松为分布未知的 $F^*(\cdot)$ 形式，通过把上式按照传统次序 Probit 类似的方式进行拟对数似然函数最大化就可以获得一组参数向量 $\delta = (Z, \beta, \rho, \Gamma)$。样本选择和部门转换都可以借助控制函数法进行估计，同时我们使用 Bootstrap 抽样法获取估计的一致标准误①。使用控制函数法的核心是获得逆米尔斯比率（Inverse Mills ratio），加入米尔斯比率的小时对数工资进行样本修正的估计等式（Wooldridge，2014）可以改写成 $\log W_H = X'\beta + \lambda_{op}\rho\sigma + \upsilon$，$\sigma$ 为 ε_i 的标准差。

逆米尔斯比率 λ_{op} 在次序 Probit 模型中可以通过下式导出：

① 使用全信息极大似然法（full-information maximum likelihood，FIML）也是一种获取一致标准误的有效方式，但是使用这种方法会带来极大的计算量。

$$\widehat{\lambda_{op}} \equiv \frac{\phi\ (\widehat{\gamma_j} - \widehat{\log W_i^*})\ -\phi\ (\widehat{\gamma_{j+1}} - \widehat{\log W_i^*})}{\Phi\ (\widehat{\gamma_{j+1}} - \widehat{\log W_i^*})\ -\Phi\ (\widehat{\gamma_j} - \widehat{\log W_i^*})} \tag{10}$$

而在 SNP 半参模型中，逆米尔斯比率的获取来自修改后的下列等式：

$$\widehat{\lambda_{op}^*} \equiv \frac{\phi^*\ (\widehat{\gamma_j} - \widehat{\log W_i^*})\ -\phi^*\ (\widehat{\gamma_{j+1}} - \widehat{\log W_i^*})}{F^*\ (\widehat{\gamma_{j+1}} - \widehat{\log W_i^*})\ -F^*\ (\widehat{\gamma_j} - \widehat{\log W_i^*})} \tag{11}$$

其中，$\phi(\cdot)$、$\Phi(\cdot)$ 由标准累积正态密度函数和正态累积分布函数变为 $\phi^*(\cdot)$、$F^*(\cdot)$ 未知的密度函数和未知的累积分布函数。直接使用控制函数法“嵌入”逆米尔斯比率会造成估计标准误的微弱非一致估计结果（Jann，2008），使用 Bootstrap 估计标准误差虽然能获得较为稳健标准误，但同时损耗估计效率（Albrecht et al.，2009）。

3. 识别问题

使用样本选择性问题识别工具可以解决依赖简约形式的工资估计等式造成的误差。为了识别选择性偏差造成的估计偏误，我们使用符合排他假设（exclusion restrictions）的变量进行函数形式的修正。首先需要识别造成样本非随机损耗的混杂因素，这种识别要求需要一组变量决定工作参与与否但不直接影响工资。我们采用如下变量：家庭成员中从事正规就业的比例、是否有孩子、孩子的数量、婚姻状态、是否是单身母亲、家庭成员中是否有人需要照料（孩子小于 12 岁或者老人大于 75 岁）。这些变量比仅仅只包括有没有孩子或孩子数量对模型的识别要准确。另外需要识别影响个体就业形式选择的混杂因素，我们采用家庭成员从事的工作类型识别部门选择，由于养老保险覆盖与就业保障的完善程度密切相关，国内文献中较多采用省级养老保险覆盖率（孙睿君、李子奈，2010；王海诚、郭敏，2015；丁述磊，2017）识别正规就业与非正规就业的参与与否，我们使用 2011 年的省级养老保险覆盖率。各省份的养老保险覆盖受到较大国家层面政策影响，我国于 2011 年启动城镇居民社会养老保险试点，2012 年底实现两项制度的全覆盖，2014 年和 2015 年，为进一步扩大参保覆盖面，人社部相继发布关于“全民参保登记计划”的通知从而大范围的增加了参保覆盖。虽然 2012～2013 年国家层面出台扩大养老保险覆盖方案，该方案仍在推进和修改中，在全面覆盖之前的养老保险覆盖率仍能客观反映各省份劳动保护的内在禀赋水平。使用 2012 年和 2013 年的《中国劳动统计年鉴》，可以得到城镇就业总人数和城镇职工养老保险参保人数，进而计算各个省份的城镇职工养老保险参与率，平均值约为 83.1%。

（二）基于 Oaxaca－Blinder 形式的 Oaxaca－Ransom 分位数分解技术

群体间差异识别和量化的方法通常是基于因变量均值处的线性分解，其结果是把两个群体间的差异分解为可观测个体特征引起的特征（禀赋）差异以及由结构差别造成的系数效应差异，这种基于均值的分解由瓦哈卡和彼林德（Oaxaca and Blinder）（简称 O&B）在 1973 年提出。传统基于 Mincer 工资方程形式或因变量为连续变量的多元或简化简约型函数可以写成：

$$\log W_S = \sum X\beta + \varepsilon \tag{12}$$

其中，$\log W_S$ 包括正规就业和非正规就业者的工资对数，X 表示一组全部外生或内生修正后的个人经济、社会、家庭特征向量，β 为一组向量的估计参数矩阵，ε 为随机误差项。根据上式，如果存在两个因变量和自变量相同的群组：正规就业 F 和非正规就业 I，O&B 分解法可以把上式改写成：

$$\log W_F - \log W_I = \beta_F(\bar{X}_F - \bar{X}_I) + (\beta_F - \beta_I)\bar{X}_I + \varepsilon_F + \varepsilon_I \tag{13}$$

其中，$\beta_F(\bar{X}_F - \bar{X}_I)$ 代表由正规就业和非正规就业者个人特征差异引起的小时工资对数可观测差距，$(\beta_F - \beta_I)\bar{X}_I$ 是由系数或结构差异引起的歧视性差距。传统 O&B 分解法的核心是构建无歧视工资结构，而无歧视工资结构的关键是需要确定无歧视系数。进一步的，我们可以把 O&B 分解写成更为一般的形式：

$$\begin{aligned}\log W_F - \log W_I = &(\Omega\beta_F + (I - \Omega)\beta_I)(\bar{X}_F - \bar{X}_I) + (\beta_F - \beta_I)\\ &((I - \Omega)\bar{X}_F - \Omega\bar{X}_I) + \varepsilon_F + \varepsilon_I\end{aligned} \tag{14}$$

式（14）中，Ω 代表一组权重矩阵（weighting matrix），I 是一个识别矩阵（identity matrix），传统的 O&B 指数把 Ω 当作空矩阵（null matrix）或者是把其等同于识别矩阵 I。虽然之后出现了多种对于权重矩阵的调整方式来修正无歧视系数，但是仍然无法解决“指数偏误”问题。在此基础上，瓦哈卡和兰塞姆（Oaxaca and Ransom，1994）提出使用一组混合模型来获取反事实的无歧视系数向量，由于包括了所有待估计变量的信息，这种方式（也称 O&R 分解技术）被认为可以获取更准确和稳健的分解结果。在分解中对于误差项的处理，虽然使用条件分位数和无条件分位数都可以借助 O&R 方法获取工资差距的分解结果，但是由于条件分位数并非随因变量线性排列①，条件分位上的差距不同于因变量分位上的差距（Abadie et al.，2002）。在借助无条件分位数估计量的基础上使用 O&R 分解技术的工资差距分解需先借助迪纳尔多等（DiNardo et al.，1996）的方法进行权重重置构造反事实工资边际分布函数，然后使用 RIF 把工资变动进行协变量分解，其等式如下：

$$\begin{aligned}Q_\tau(\log W_F) - Q_\tau(\log W_I) &= [Q_\tau(\log W_F) - Q_\tau(\log W_C)] + [Q_\tau(\log W_C) - Q_\tau(\log W_I)]\\ &= [\Omega\beta_F(\tau) + (I - \Omega)\beta_I(\tau)](\bar{X}_F - \bar{X}_I)\\ &\quad + [\beta_F(\tau) - \beta_I(\tau)][(I - \Omega)\bar{X}_F - \Omega\bar{X}_I] + \varepsilon_F^\tau + \varepsilon_I^\tau\end{aligned} \tag{15}$$

其中，$Q_\tau(\log W_C)$ 是我们构建的反事实工资分布，$[\Omega\beta_F(\tau) + (I - \Omega)\beta_I(\tau)](\bar{X}_F - \bar{X}_I)$ 为每个协变量在 τ 分位特征差异的总和，$[\beta_F(\tau) -$

① 即存在无法克服和难以处理的排列不一致（Rank Invariance）。

$\beta_I(\tau)][(I-\Omega)\bar{X}_F-\Omega\bar{X}_I]$为每个协变量在τ分位系数效应或结构差异的总和，$\varepsilon_F^\tau+\varepsilon_I^\tau$代表正规就业和非正规就业两组估计中的标准误差。虽然使用O&R方法可以构建包含整体样本信息的无歧视系数，事实上，歧视或系数效应仍有可能因为存在遗漏变量而被低估（Jann，2008）。由于控制函数法中存在“嵌入”的控制变量，即：

$$Q_\tau(\log W_F)-Q_\tau(\log W_I)=[Q_\tau(\log W_F)-Q_\tau(\log W_C)]+[Q_\tau(\log W_C)-Q_\tau(\log W_I)]+(\lambda^*_{op(F)}\rho_F\sigma_F-\lambda^*_{op(I)}\rho_I\sigma_I)+\varepsilon_F^\tau+\varepsilon_I^\tau \quad (16)$$

其中，$(\lambda^*_{op(F)}\rho_F\sigma_F-\lambda^*_{op(I)}\rho_I\sigma_I)$是样本选择偏误的SNP半参数修正项，我们采用分解中移动控制项的方法（Neuman and Oaxaca，2004）进行该变量的处理。

五、实证结果

我们分四部分展示实证结果，第一部分首先展示使用OLS及两步法回归得到的均值工资影响因素，然后展示使用控制函数法结合无条件分位回归得到的自变量对整个工资分布的影响结果。第二部分展示多种分解技术得到的正规就业和非正规就业在国有部门和私有部门的工资差距及构成机制。第三部分使用基于双重反概率权重和匹配技术的分位数分解进行内生性检验。第四部分使用分组回归分解以及调整反事实构建决定因素检验模型和结果的有效性和稳健性。

（一）工资均值及整个分布上的工资影响因素分析

表3展示了国有部门和私有部门中正规就业与非正规就业在消除样本选择偏误后均值处的工资影响因素结果，为了方便比较，我们把OLS的回归结果作为基准参照列在表中。λ为控制函数法中对模型进行样本选择修正的控制变量，国有部门和私有部门的正规就业与非正规就业模型回归中这一变量都呈现显著结果。其中，国有部门正规就业中误差修正项的结果表明σp为统计显著的负值，说明选择方程的误差项与工资决定方程的误差项负相关，即未选择参与组如果进入这一形式和部门的就业更可能带来更低的工资。但是相比于私有部门正规就业，国有部门正规就业的λ回归系数在数值和显著性上都略低，说明如果其他部门就业者选择进入私有部门正规就业会造成这一群体更低的平均工资。形成这一结果的可能原因是国有部门内在进入正规就业时仍存在制度障碍，而私有部门中正规就业的进入更可能受到个人禀赋和能力的影响。

表 3　国有部门和私有部门的正规就业及非正规就业工资影响因素

变量	国有部门				私有部门			
	正规就业		非正规就业		正规就业		非正规就业	
	OLS	TS	OLS	TS	OLS	TS	OLS	TS
Edu	0.082*** (0.010)	0.081*** (0.010)	0.084*** (0.013)	0.080*** (0.013)	0.112*** (0.010)	0.110*** (0.010)	0.071*** (0.007)	0.070*** (0.007)
Men	0.087** (0.035)	0.085** (0.036)	0.041 (0.063)	0.018 (0.063)	0.166*** (0.047)	0.150*** (0.048)	0.234*** (0.037)	0.232*** (0.038)
BMI	-0.007 (0.008)	-0.006 (0.008)	0.047 (0.090)	0.093 (0.091)	0.033 (0.060)	0.049 (0.062)	0.176*** (0.058)	0.179*** (0.058)
BMI2	0.003 (0.005)	0.003 (0.006)	-0.082 (0.185)	-0.181 (0.186)	-0.071 (0.127)	-0.108 (0.131)	-0.343*** (0.123)	-0.348*** (0.124)
Exp	0.019*** (0.002)	0.018*** (0.002)	0.021*** (0.003)	0.021*** (0.003)	0.023*** (0.009)	0.022*** (0.009)	0.010* (0.006)	0.010* (0.006)
Exp2	-0.031 (0.019)	-0.031 (0.019)	-0.046** (0.021)	-0.046** (0.021)	-0.062*** (0.021)	-0.060*** (0.020)	-0.013 (0.016)	-0.012 (0.016)
Employed	-0.088 (0.057)	-0.086 (0.057)	-0.144 (0.120)	-0.119 (0.112)	-0.109 (0.081)	-0.105 (0.081)	-0.193*** (0.045)	-0.193*** (0.045)
Manage	0.102*** (0.039)	0.102*** (0.039)	0.222*** (0.068)	0.211*** (0.068)	0.252*** (0.055)	0.252*** (0.055)	0.484*** (0.046)	0.485*** (0.046)
Firmty2	-0.075* (0.043)	-0.074* (0.043)	-0.025 (0.070)	0.002 (0.072)	-0.229 (0.212)	-0.222 (0.208)	-0.390 (0.287)	-0.391 (0.287)
Firmty3	-0.472*** (0.078)	-0.473*** (0.078)	-0.521*** (0.100)	-0.521*** (0.099)	0.078 (0.087)	0.089 (0.087)	-0.132*** (0.046)	-0.131*** (0.046)
λ		-0.054** (0.152)		0.508*** (0.102)		-0.251*** (0.083)		0.064** (0.035)
Observations	1 313	1 313	511	511	1 014	1 014	2 363	2 363
R - squared	0.354	0.354	0.397	0.407	0.436	0.438	0.334	0.334
σ		0.562		0.763		0.684		0.783
ρ		-0.096		0.666		-0.366		0.081

注：括号中为 Bootstrap 标准差，抽样 reps 设定为 200。全部模型都包括所有控制变量。*、**、*** 分别代表显著性拒绝 1%、5%、10% 统计水平上的归无假设（Null hypothesis）。

国有部门中正规就业和非正规就业的教育收益率大于私有部门非正规就业，但小于私有部门的正规就业[①]。在私有部门的正规就业者可以获得每增加一年正规教育提高11%的小时工资，而同一部门的非正规就业者只能获得7%的工资增长。除去教育回报本身差别，私有部门内不同就业形式产生的教育收益率的较大差异还可能由其他两方面引起，一是由于职业和行业分布存在严重不均，即使纳入足够控制变量仍可能由于分布侧偏产生估计偏误；二是由于个体特征在工资方程内存在遗漏变量，由于教育可能包括无法观测的个人认知及非认知能力，我们虽然使用父亲的教育水平作为个体能力的代理变量，但仍可能存在其他形式能力和特征无法被观测的情况，特别是在私有部门高工资者中凸显的组织力、适应力以及风险偏好特性，而目前的数据尚无法进行完整处理[②]。另外，进行样本选择修正后的结果略小于修正之前，因为我们通过半参序数 Probit 模型计算参与概率从而估计出控制函数的控制变量，因此在具备选择条件的国有部门非正规就业和私有部门正规就业中控制函数的控制变量对模型的修正程度更高，结果造成教育收益率的修正幅度在这两组中大于国有部门正规就业和私有部门非正规就业。

在经济市场化条件下，由于雇主偏好的存在，通常女性处于就业的不利位置，我们发现男性的性别优势在私有部门中更为显著，特别是私有部门非正规就业群体中男性的工资约是女性的1.26倍。性别差异在国有部门的正规就业中虽然存在，但系数要远小于私有部门，而国有部门非正规就业则不存在性别溢价。国有部门的非正规就业大多从事“科教文卫”相关工作，在这些行业内男性性别优势和权利优势相关性较强，而非正规就业显然不能获得较高权利优势，也造成这一群体的男性受雇者无法获得较高的性别溢价。此外，国有部门相比私有部门拥有更大比例的大型企业和公共机构，使得男性受雇者具有较低性别上的工资谈判优势。健康释放高生产率的信号，而外貌通常可以代理可观测健康信息，BMI 作为健康和外貌的代理变量被纳入解释变量中。我们发现 BMI 在私有部门非正规就业中对工资有显著影响，并且影响随工资呈现倒“U”形增长，其最高点约为25.3。工作经验的增长在国有部门正规就业和私有部门非正规就业中都呈现与工资的线性正相关，而在国有部门非正规就业和私有部门正规就业这一图案为倒“U”形，工作经验为5年和7年的两个群体平均工资最高。结果证明国有部门存在工资按资历排位的情况，私有部门则只存在较低经验和工资的长期正向关系。此外，只有私有部门非正规就业的受雇者存在比同群体自雇者更低的工资，具有管理权力对所有形式和部门的就业者都有显著影响，影响程度在私有部门中高于国有部门相同就业形式参照组的2倍，企业类型的回归结果并没有发现党政机关、事业单位和企业间显著的工资差异。

使用均值分析不能全面反映整个工资分布的工资决定机制，也无法观测样本选

---

① 由于近几十年我国国有部门和私有部门规模变化较大，数据采集时间和抽样方式差异可能是造成很多文献分析比较两种就业形式的教育收益率时得出相反结果的原因。

② 工具变量法或控制函数法也可以实现遗漏变量估计偏误的修正，但这种方法强烈依赖外生工具变量的有效性。

择修正对各工资分布上的各分位造成的影响程度。表4为使用控制函数法修正无条件分位数回归中样本选择偏误后的估计结果。国有部门 λ 的估计系数在正规就业中随工资分位的增加而提高，根据 λ 可以得出 ρ 在25分位到90分位都显著为负，表明未进入国有部门正规就业的其他就业群体如果选择进入这一组别会造成本组中高分位工资的下降，下降幅度在最高分位高于低分位的3倍，说明在不同分位个体间存在较大异质，而高分位 λ 更大的原因可能是因为高分位群体具有更高的人力资本积累和更具优势的工作特征。国有部门非正规就业的选择偏误修正项在整个分布上都在高于或等于10%的统计水平上统计显著，回归系数均为正且在中低分位大于高分位，说明其他群体中的就业者如果进入国有部门非正规就业会引起工资在整个分布特别是中低分布的提高，证实了国有部门非正规就业者在中低分位具有较低个人禀赋的事实。有趣的是，我们发现私有部门正规就业存在和国有部门非正规就业分布类似但系数相反的 λ 回归结果，表明非随机损耗的样本如果进入私有部门正规就业的低工资群体，会由于他们存在的较低个体特征而大幅拉低工资，而如果进入中高工资群体，虽然仍然会拉低工资，但由于存在多种“能力”和“运气”因素存在，所以个人可观测特征可能不会产生大幅度影响。

表4　　无条件分位数回归结果

变量	正规就业						非正规就业			
	10th	25th	50th	75th	90th	10th	25th	50th	75th	90th
国有部门：										
Edu	0.100*** (0.021)	0.079*** (0.012)	0.069*** (0.010)	0.062*** (0.012)	0.120*** (0.023)	0.088*** (0.026)	0.097*** (0.022)	0.078*** (0.014)	0.070*** (0.015)	0.059** (0.023)
Men	0.009 (0.083)	0.053 (0.052)	0.024 (0.043)	0.045 (0.051)	0.030 (0.100)	0.110 (0.153)	0.007 (0.118)	-0.030 (0.080)	0.019 (0.083)	0.027 (0.119)
Exp	0.053*** (0.016)	0.029*** (0.010)	0.013** (0.004)	0.005 (0.009)	0.005 (0.018)	0.056*** (0.012)	0.039*** (0.011)	0.023*** (0.006)	0.014* (0.006)	-0.012 (0.014)
Exp2/100	-0.059* (0.031)	-0.045** (0.020)	-0.032* (0.017)	-0.019 (0.020)	-0.020 (0.046)	-0.112** (0.055)	-0.053 (0.041)	-0.045* (0.025)	-0.037 (0.024)	-0.010 (0.032)
Employed	-0.393*** (0.126)	-0.172* (0.103)	-0.075 (0.090)	0.218*** (0.081)	-0.002 (0.131)	-0.466*** (0.160)	-0.284 (0.212)	-0.074 (0.193)	-0.179 (0.206)	-0.104 (0.235)
Manage	-0.020 (0.076)	0.113** (0.052)	0.084* (0.043)	0.111** (0.053)	0.168 (0.107)	0.199* (0.104)	0.214* (0.115)	0.196** (0.082)	0.118 (0.096)	0.367** (0.161)
λ	-0.120 (0.226)	-0.179 (0.134)	-0.446*** (0.111)	-0.527*** (0.143)	-0.562** (0.272)	0.417 (0.278)	0.835*** (0.228)	0.472*** (0.166)	0.395** (0.168)	0.427* (0.250)
Observations	1 313	1 313	1 313	1 313	1 313	511	511	511	511	511
R - squared	0.181	0.195	0.242	0.247	0.175	0.189	0.300	0.268	0.209	0.170

续表

变量	正规就业						非正规就业			
	10th	25th	50th	75th	90th	10th	25th	50th	75th	90th
σ	1.274	0.831	0.752	0.877	1.516	1.285	1.329	0.853	0.769	1.166
ρ	-0.094	-0.215	-0.592	-0.600	-0.371	0.324	0.629	0.553	0.254	0.366
私有部门:										
Edu	0.075*** (0.024)	0.106*** (0.017)	0.096*** (0.011)	0.106*** (0.012)	0.157*** (0.022)	0.039*** (0.012)	0.052*** (0.010)	0.064*** (0.009)	0.084*** (0.010)	0.103*** (0.015)
Men	0.046 (0.101)	0.117 (0.075)	0.121** (0.059)	0.075 (0.060)	0.227** (0.112)	0.192*** (0.060)	0.362*** (0.055)	0.299*** (0.050)	0.145*** (0.054)	0.074 (0.080)
Exp	0.039** (0.018)	0.027* (0.014)	0.022** (0.010)	0.011 (0.010)	0.022 (0.017)	0.017* (0.010)	0.019** (0.008)	0.011 (0.008)	0.002 (0.008)	0.007 (0.011)
Exp2/100	-0.062 (0.039)	-0.084*** (0.030)	-0.061*** (0.023)	-0.037 (0.025)	-0.087** (0.043)	-0.036 (0.024)	-0.023 (0.021)	-0.022 (0.019)	0.001 (0.020)	-0.017 (0.031)
Employed	0.181 (0.166)	-0.026 (0.108)	-0.167* (0.086)	-0.211** (0.094)	-0.456** (0.184)	0.115 (0.071)	-0.018 (0.064)	-0.180*** (0.060)	-0.317*** (0.068)	-0.573*** (0.104)
Manage	0.144 (0.096)	0.309*** (0.074)	0.228*** (0.061)	0.396*** (0.069)	0.429*** (0.131)	0.208*** (0.050)	0.312*** (0.052)	0.539*** (0.057)	0.611*** (0.073)	0.804*** (0.118)
λ	-0.442* (0.254)	-0.833*** (0.183)	-0.626*** (0.136)	-0.403*** (0.142)	-0.418 (0.266)	0.136 (0.135)	0.201* (0.121)	0.518*** (0.117)	0.275* (0.142)	0.095 (0.221)
Observations	1 014	1 014	1 014	1 014	1 014	2 363	2 363	2 363	2 363	2 363
R - squared	0.212	0.341	0.325	0.323	0.222	0.104	0.181	0.259	0.234	0.174
σ	1.398	1.270	0.964	0.878	1.515	1.234	1.136	1.129	1.151	1.684
ρ	-0.317	-0.656	-0.649	-0.459	-0.276	0.110	0.177	0.459	0.239	0.057

注：括号中为 Bootstrap 标准差，抽样 reps 设定为 200。全部模型都包括所有控制变量。*、**、*** 分别代表显著性满足 1%、5%、10% 统计水平上的归无假设（Null hypothesis）。

另外，性别对私有部门非正规就业的中低分位者具有较大影响，其主要存在于批发零售、制造业、房地产等行业中。经验对国有部门的两种就业形式虽然有显著影响，但仅存在于中低分位中，私有部门的估计结果则仅在低分位附近有较低统计水平和幅度的影响。这也表明我国高工资人群在各种部门和各种就业形式中都较少受工作经验的影响，但是中等工资群体的小时工资仍然受到一定程度工作经验的影响。

（二）不同部门内正规就业及非正规就业的均值及无条件分位工资差距的差异分析

使用回归分析仅能得出各解释变量在工资决定机制中的边际影响，而要获取部门中正规就业与非正规就业的工资差距大小，以及是何种因素造成工资差距的产生，则需要构建反事实分析框架来进行考察。表5为使用O&R技术得到的正规就业与非正规就业工资差距分解结果，作为基准，我们同时展示了没有使用误差修正的O&R分解结果。私有部门的平均工资差距比国有部门高约36%，主要是由于私有部门非正规就业比国有部门非正规就业有更低的预测工资。特征差异代表由工资结构决定因素组成的可观测工资差异，这种差异通常由两组之间的生产力所决定。国有部门正规就业与非正规就业的特征差异占总差异的比率约为59%，私有部门中这一比率为64%，说明私有部门的两个群体工资差距中由个体生产率差异引起的比重更大。具体来看，国有部门中地区、个人背景和工作特征占总特征差异的97%，而在私有部门中比例仅占85%。个人背景可观测差异在总差异中的比例国有部门为19%，私有部门为35%，说明私有部门中可能存在更大比例的工资差距由人力资本积累和禀赋差异引起。而工作特征优势在国有部门内引起的总差距占17%，私有部门中的非正规就业并没有显示存在工作特征上的可观测劣势。另一个在两部门中差异较大的因素为职业特征，结果表明国有部门中正规就业与非正规就业的职业隔离要远远小于私有部门。

表5　国有部门与私有部门内的正规就业与非正规就业工资差距

项目	国有部门			私有部门		
	O&R	O&R - TS	Pooled - TS	O&R	O&R - TS	Pooled - TS
正规预测工资	2.784***	2.847***	2.847***	2.775***	2.849***	2.849***
非正规预测工资	2.420***	2.377***	2.377***	2.171***	2.121***	2.121***
总差距	0.364***	0.469***	0.469***	0.604***	0.728***	0.728***
特征差异	0.278***	0.275***	0.246***	0.496***	0.466***	0.415***
系数差异	0.085***	0.194	0.223	0.108***	0.262*	0.313*
特征差异：						
个人背景	0.087***	0.089***	0.067***	0.243***	0.256***	0.219***
工作特征	0.088***	0.084***	0.081***	0.025	-0.011	-0.017
职业特征	0.007	0.007	0.007	0.075***	0.072***	0.071***
地区	0.096***	0.095***	0.091***	0.152***	0.149***	0.143***

续表

项目	国有部门			私有部门		
	O&R	O&R - TS	Pooled - TS	O&R	O&R - TS	Pooled - TS
系数差异：						
个人背景	-1.044	-1.236	-1.214	-1.395	-1.402	-1.365
工作特征	0.011	-0.013	-0.009	-0.030	0.002	0.008
职业特征	0.052	0.041	0.041	-0.006	-0.006	-0.005
地区	-0.045	-0.044	-0.040	0.081	0.084	0.090
常数项	1.110	1.446	1.446	1.458	1.585	1.585
观测值	1 824	1 824	1 824	3 377	3 377	3 377

注：采用 Bootstrap 误差项，抽样次数设定为 200。*、**、*** 分别代表显著性拒绝 1%、5%、10%统计水平上的归无假设（Null hypothesis）。Pooled - TS 分解结果为使用 Jann（2008）提出的修正方法。指数问题采用 Yun（1995）的方法进行修正。特征差异为①（$\Omega\beta_F+(I-\Omega)\beta_I)(\bar{X}_F-\bar{X}_I)$，系数差异为②（$\beta_F-\beta_I)(I-\Omega)(\bar{X}_F-\Omega\bar{X}_I)$。个人背景包括教育年限、性别、年龄、婚姻、民族、户籍、BMI、党员身份和健康水平，工作特征包括经验、受雇、管理权限、工会成员、企业类型、行业。

从不可解释部分或系数差异看，不论国有部门还是私有部门个人特征和常数项都是引起这一差异的主要因素。相比没有进行样本选择修正的分解结果，添加修正项的分解不仅增加了总差异，而且增加了系数差异在两个部门中对总差异的影响。系数差异表明在解释变量差异之外正规就业与非正规就业之间还可能存在无法解释的制度障碍或身份性歧视因素。使用解释变量获取的系数差异信息表明国有部门的非正规就业者在职业特征上受到区别对待，虽然正规就业和非正规就业之间不存在职业隔离，但是同种职业内较大的工资差异引起“同工不同酬”现象的产生。而私有部门的正规就业也非正规就业间虽然是“同工同酬”，但是存在职业隔离的现象。另外，地区发展不平衡对私有部门非正规就业造成较大影响，比如东部沿海省市私有部门的发展和地区劳动保障法规和福利水平都较中西部地区高出很多，结果是一方面造成地区可观测差异（两种就业形式地区间分布差异）的形成；另一方面造成地区歧视差异（地区内经济水平和制度差异）的形成。

使用传统基于均值的分解掩盖了整体工资分布上的工资差距，对于事实的反映和政策的实施具有局限性。表 6 为使用控制函数法下菲尔波等（Firpo et al.，2018）的反概率权重 IPW① 结合 O&R 技术得到的分解结果。由于在 FFL 分解方法中针对分位数的分解为采用构建反事实分布结构的概念进行，因此不可观测部分称为结构效应（Structure effect），特征差异引起的工资差距称为构成效应（Composition effect）。国有部门的工资差距在样本选择修正之前呈现从 10 分位到 75 分位的

① 这种方法事实上等同于迪纳多等（Dinardo et al.，1996）提出的重构权重方式。

线性下降变化，而模型误差修正后的工资差距明显增加且呈现近似“N”形分布。在私有部门中，样本选择修正前估计的工资差距为从低分位到高分位倒“U”形的变化，选择偏误修正后工资差距虽然增大但仍呈现倒“U”形变化趋势。样本选择误差修正前后对处于中高分位正规就业与非正规就业的构成效应占比和结构效应占比产生较大影响，这种影响在国有部门的整个工资分布及私有部门的中间分布上更为明显。

表 6　选择偏误修正后的分位工资差距

变量	10th		25th		50th		75th		90th	
	O&R	O&R - CF	O&R	O&R - CF	O&R	O&R - CF	O&R	O&R - CF	O&R	O&R - CF
国有部门：										
正规预测工资	1.870	1.925	2.412	2.555	2.844	3.228	3.206	3.833	3.636	4.139
调整组预测工资	1.611	1.666	2.093	2.125	2.593	2.978	2.953	3.581	3.345	3.848
非正规预测工资	1.389	1.082	1.972	1.347	2.483	2.134	2.883	2.739	3.279	2.961
工资差距	0.480	0.842	0.439	1.096	0.361	1.094	0.323	1.094	0.357	1.178
构成效应	0.260	0.258	0.318	0.317	0.250	0.250	0.253	0.253	0.291	0.291
结构效应	0.221	0.584	0.121	0.778	0.110	0.844	0.070	0.842	0.066	0.887
构成效应：										
个人背景	0.088	0.100	0.109	0.115	0.089	0.094	0.075	0.078	0.067	0.069
工作特征	0.107	0.095	0.117	0.111	0.064	0.059	0.055	0.052	0.083	0.081
职业特征	0.013	0.012	0.009	0.008	0.007	0.007	0.005	0.005	0.008	0.008
地区	0.052	0.051	0.084	0.083	0.091	0.090	0.117	0.117	0.133	0.133
结构效应：										
个人背景	-2.208	-2.349	-0.963	-1.156	-0.921	-1.395	1.175	0.513	-1.140	-1.720
工作特征	0.146	0.121	-0.059	-0.130	-0.064	-0.102	0.277	0.263	0.485	0.449
职业特征	-0.028	-0.040	0.040	0.015	-0.053	-0.066	0.048	0.044	0.182	0.170
地区	0.113	0.252	0.165	0.464	0.250	0.323	0.257	0.167	0.462	0.490
常数项	2.197	2.600	0.939	1.585	0.899	2.083	-1.687	-0.145	0.076	1.498
私有部门：										
正规预测工资	1.472	1.445	2.146	2.124	2.850	2.807	3.406	3.363	3.937	3.901
调整组预测工资	1.099	1.075	1.642	1.626	2.298	2.261	2.906	2.867	3.441	3.405
非正规预测工资	1.033	0.877	1.511	1.278	2.169	1.571	2.791	2.472	3.379	3.272
工资差距	0.439	0.568	0.636	0.846	0.681	1.236	0.616	0.891	0.558	0.629
构成效应	0.373	0.370	0.505	0.498	0.552	0.547	0.501	0.496	0.497	0.496
结构效应	0.066	0.198	0.131	0.348	0.129	0.689	0.115	0.395	0.061	0.133

续表

变量	10th		25th		50th		75th		90th	
	O&R	O&R - CF	O&R	O&R - CF	O&R	O&R - CF	O&R	O&R - CF	O&R	O&R - CF
特征差异:										
个人背景	0.142	0.156	0.194	0.227	0.238	0.261	0.281	0.305	0.392	0.400
工作特征	0.129	0.112	0.108	0.069	0.030	0.003	-0.050	-0.078	-0.116	-0.126
职业特征	0.019	0.018	0.049	0.046	0.094	0.092	0.089	0.087	0.077	0.076
地区	0.083	0.084	0.155	0.156	0.190	0.191	0.181	0.182	0.144	0.145
结构差异:										
个人背景	-2.870	-2.949	-2.565	-2.663	-1.121	-1.281	-1.873	-2.007	-2.227	-2.310
工作特征	-0.154	-0.148	-0.083	-0.057	0.112	0.112	0.054	0.061	0.112	0.108
职业特征	0.016	0.010	-0.036	-0.039	0.031	0.023	0.026	0.016	-0.081	-0.091
地区	0.145	-0.006	0.268	0.162	-0.124	-0.290	0.107	-0.119	0.469	0.251
常数项	2.928	3.292	2.547	2.945	1.231	2.125	1.801	2.444	1.787	2.175

注：采用 Bootstrap 误差项，抽样次数设定为 200。*、**、*** 分别代表显著性拒绝 1%、5%、10% 统计水平上的归无假设（Null hypothesis）。特征差异为 $[Q_\tau(\log W_F) - Q_\tau(\log W_C)]$，系数差异为 $[Q_\tau(\log W_C) - Q_\tau(\log W_I)]$。

从构成效应看，在国有部门中构成效应占工资总差距的比例在低分位比中高分位高，在 10 分位占比最高为 31%，在 50 分位、75 分位和 90 分位比例接近，分别为 23%、23% 和 24%。而私有部门中构成效应占工资总差距的比例呈现显著下降又上升的“U”形变化，比例最低为 50 分位占比 44%，10 分位和 90 分位的占比分别为 65% 和 79%。其中，国有部门的个人背景和工作特征在低分位对构成效应影响较大，地区的作用随着工资分布的上升而提高，说明个体特征和禀赋因素对正规就业和非正规就业间工资差距的影响在高分位要明显低于低分位，地区发展不均衡是构成两种就业形式在高工资群体间就业差距的一个主要原因。从结构效应看，国有部门中进行误差修正后比修正前在数值上略有提高，由于构成效应没有明显变动，结果造成结构效应在整个分布上占总差距的比例都比样本选择修正前显著提高。样本选择修正后结构效应在工资分布的低端从占工资差距比重的 46% 上升到 69%，在高端则从 18% 上升到了 75%。除常数项外，个人背景、工作特征和地区占不可解释部分的比重较大，有更高教育年限以及个体特征的正规就业者几乎没有受到不可观测的工资优待。另外，私有部门高分位群体的正规就业者受到比非正规就业者更高的经验、企业类型、行业等工作特征因素的回报率大职业隔离，在这一群体中还存在一定程度的职业隔离，地区同样是造成工资分布高端的非正规就业者受到歧视的关键因素。

（三）内生性处理检验

因果关系的基础问题是如何处理无法观测的潜在结果（Holland，1986），核心问题是如何处理这种无法观测的非随机性（Imbens and Wooldridge，2009）。使用控制函数法修正无条件分位数样本选择的依据是工具变量识别的有效性以及误差修正控制变量与随机误差的独立性。虽然在控制函数中的误差修正控制变量有效的条件下利用线性 OLS 回归可以获取比倾向匹配等估计量更有效率的估计结果，但是工具变量的合理性以及在无条件分位数中的估计效率仍需要进一步检验。马苏米和王（Maasoumi and Wang，2017）提出一种改进的反概率权重估计法，这种方法和重置权重方法最大的不同是它在使用倾向分数识别构建反事实分布的同时建立了另一个倾向分数来处理样本选择问题。菲尔波等（2018）建立的反事实权重为 $w_C = \frac{1-E}{P} \cdot \frac{\pi(X_E)}{1-\pi(X_E)}$，$\pi(X) = Pr[ES = 1 \mid X]$，其中 E 代表国有或私有部门内正规就业或非正规就业形式的选择，X_E 是一组雇佣形式选择方程的协变量。马苏米和王（2017）的方法加入了样本非随机损耗修正，我们在其基础上扩展了部门选择和样本非随机损耗同时存在的问题，假设选择识别变量为 R，反事实权重变为 $w_C = \frac{1-E}{P} \cdot \frac{\pi(X_R, \pi(X_E, p(w_C)))}{1-\pi(X_R, \pi(X_E, p(w_C)))} \Big/ \sum \left[\frac{1-E}{P} \cdot \frac{\pi(X_R, \pi(X_E, p(w_C)))}{1-\pi(X_R, \pi(X_E, p(w_C)))}\right]$，这一模型包括了全部样本，$X_R$ 为一组部门选择方程的协变量。

马苏米和王（2017）把这种兼具样本选择修正的反事实分布构建方式分为四步，一是估计样本选择（部门选择）并获取预测概率①；二是估计构建反事实的两个群组选择并获取预测概率；三是正态化样本修正预测概率；四是进行重置权重对各分位上分布的调整。表 7 为使用修正的无条件分位数重置权重法获得的估计结果，国有部门的工资差距相比样本选择修正前的估计结果在 50 分位和 90 分位有小幅上升，而在 10 分位、25 分位和 75 分位都低于原始结果。私有部门在工资低分布处的工资差距高于原始分解结果，中高分位上工资差距则低于原始结果。尽管使用控制函数法得到的分解结果远大于使用马苏米和王（2017）估计量得出的分解结果，我们发现使用这两种方法得到的工资差距变化趋势呈现相似的图案。此外，构成效应和结构效应的随工资分布变化的趋势以及在总差距中的占比与使用控制函数法得到的结果类似，而不同于仅使用重置权重得到的分解结果。

① 也可以使用无参或半参估计，这类方法不强加等式的函数形式假设并且独立估计每个个体的反事实结果，可以有效解释了个体间的异质性（Heckman et al.，1999；Imbens，2004）。

表 7　　**IPW 四步估计分解法分解结果**

项目	国有部门					私有部门				
	10th	25th	50th	75th	90th	10th	25th	50th	75th	90th
正规预测工资	1.872	2.305	2.785	3.117	3.496	1.651	2.172	2.720	3.163	3.789
调整组预测工资	1.400	1.839	2.522	2.988	3.265	1.265	1.646	2.479	2.873	3.481
非正规预测工资	1.475	1.891	2.319	2.805	3.025	1.079	1.570	2.181	2.831	3.441
总差异	0.398	0.414	0.465	0.313	0.471	0.572	0.602	0.538	0.331	0.347
构成效应	0.471	0.466	0.263	0.129	0.231	0.386	0.525	0.241	0.290	0.307
结构效应	-0.073	-0.052	0.203	0.183	0.240	0.186	0.076	0.297	0.041	0.039

注：FFL - Reweighting 方法分解得到的正规预测工资、非正规预测工资以及总差异与常规无条件分位 O&R 分解结果相同，限于篇幅没有再次展示。

（四）稳健性检验

性别和雇佣形式是影响正规就业与非正规就业选择的关键因素，女性具有更高的劳动力市场退出概率，同时样本中特别是私有部门存在大量的自雇群体，自雇和受雇群体具有显著的个体异质特点，这种异质主要表现在对非正规就业选择的偏好程度，受雇对于非正规就业通常是被动选择而自雇有更大的概率进行主动选择。因此，有必要对现有样本进行分组分解来探讨结果的稳健程度。表 8 为使用 O&R 方法对分组个体进行的均值分解。结果表明在全部样本的分组中，男性、女性和受雇组正规就业与非正规就业工资差距在国有部门和私有部门工资差距之间，特征差异占总差距的比例略高于分部门估计。在国有部门分组分解中，男性和女性的分组结果说明在同一性别内正规就业与非正规就业之间工资差距主要来源于系数差异或歧视，也证明了国有部门内性别歧视并非造成两种就业形式工资差别的主要原因。在私有部门中，混合样本的工资差距在男性和女性分组估计工资差距之间，男性内的正规就业和非正规就业工资差距更小，而女性大约高 1.4 倍，男性和女性存在相似的可解释因素占比。私有部门的受雇具有全部分组中最小的总工资差距，同时系数差异仅占 22%，说明私有部门受雇群体中非正规就业受到的歧视相对最小。

由于使用无条件分位数分解的基础为构建反事实分布，而使用迪纳尔多等（DiNardo et al.，1996）提出的重置权重框架下的反事实分布的构建需要满足可忽略性假设（ignorable assumption）和重叠支撑（overlapping support）两个条件，近似于倾向匹配原理，菲尔波等（2018）提出的利用反概率权重分解工资差距强烈依赖于反事实构建的变量选择。进行反概率权重计算需要进行纳入变量的评估，理想条件下使用全部变量进行预测值的估计可以包含所有信息，但是由于包含全部变量会引起预测反概率权重与分解方程的过度同步性，极有可能造成估计结果的偏差，而如果仅纳入过少变量进行估计，又会造成信息不全从而无法获取完整的反事实信息。因此，我们对反事实的构建进行敏感性检验，表9展示了更改反概率权重中使用Logit估计预测概率时解释变量变动引起的分解结果变化。我们首先在原回归基础上增加了产业和职业虚拟变量，使用样本选择误差修正前的模型显示国有部门工资总差异的估计结果在低分位略有降低，高分位有小幅度增加，私有部门除在50分位的工资差距下降，其他分位都高于原回归结果。而误差修正后的结果同样表明国有部门和私有部门内的工资差距比原回归差距略高。在原模型的基础上去掉经验、雇佣形式、管理岗、工会、企业类型等工作特征变量后，估计结果显示工资差距比原估计结果在国有部门和私有部门的整个工资分布上都有上升，变化的幅度大于在原模型中加入产业、职业和虚拟变量估计的结果。尽管解释变量的变化对反概率权重的影响会传导至分解结果，但是构成差异和结构差异在总差异中的占比在多个模型中基本保持稳定。我们也使用了极端检验进一步增加和减少模型中的控制变量，结果仍然只是在一定幅度上增加或减少整体工资差距，而工资差距在整个分布上的形状，以及总差距内各协变量占比均没有产生明显变化，因此可以证明结果的稳定性。

表8　　均值回归修正选择偏误后的分组分解

项目	全部			国有部门			私有部门		
	男性	女性	受雇	男性	女性	受雇	男性	女性	受雇
总差距	0.524	0.510	0.492	0.641	0.286	0.369	0.500	0.722	0.259
特征差异	0.399	0.401	0.385	0.283	0.083	0.275	0.350	0.495	0.201
系数差异	0.125	0.109	0.108	0.358	0.203	0.095	0.151	0.227	0.058

表9　　FFL－IPW－Reweighting结合O&R分解

项目	国有部门					私有部门				
	10th	25th	50th	75th	90th	10th	25th	50th	75th	90th
（1）Logit估计量构建IPW反事实分布中的解释变量包括：性别、教育、年龄、婚姻、民族、户口、家庭成员数量、BMI、党员身份、经验、雇佣形式、管理岗、工会、企业类型、产业、职业										
误差修正前：										
正规预测工资	1.861	2.410	2.845	3.208	3.639	1.510	2.231	2.848	3.517	3.955
非正规预测工资	1.389	1.972	2.483	2.883	3.279	1.033	1.511	2.169	2.791	3.379
总差异	0.472	0.438	0.362	0.325	0.360	0.477	0.720	0.679	0.726	0.576
特征差异	0.256	0.317	0.251	0.254	0.294	0.393	0.551	0.551	0.551	0.493
结构差异	0.216	0.121	0.111	0.071	0.065	0.084	0.170	0.128	0.175	0.083

续表

项目	国有部门					私有部门				
	10th	25th	50th	75th	90th	10th	25th	50th	75th	90th
误差修正后：										
正规预测工资	1.915	2.446	3.231	3.839	4.149	1.477	2.212	2.805	3.473	3.908
非正规预测工资	1.082	1.351	2.134	2.739	2.961	0.877	1.278	1.571	2.472	3.272
总差异	0.832	1.094	1.097	1.101	1.188	0.600	0.934	1.235	1.001	0.636
特征差异	0.254	0.317	0.251	0.254	0.294	0.389	0.541	0.546	0.542	0.490
结构差异	0.578	0.778	0.846	0.847	0.894	0.211	0.393	0.689	0.459	0.146
（2）Logit 估计量构建 IPW 反事实分布中的解释变量包括：性别、教育、年龄、婚姻、民族、户口、家庭成员数量、BMI、党员身份										
误差修正前：										
正规预测工资	1.916	2.424	2.834	3.261	3.654	1.500	2.149	2.779	3.416	3.844
非正规预测工资	1.389	1.972	2.483	2.883	3.279	1.033	1.511	2.169	2.791	3.379
总差异	0.526	0.452	0.351	0.378	0.375	0.468	0.638	0.611	0.625	0.465
特征差异	0.301	0.304	0.248	0.265	0.302	0.388	0.508	0.519	0.506	0.442
结构差异	0.226	0.148	0.103	0.113	0.073	0.080	0.130	0.092	0.118	0.023
误差修正后：										
正规预测工资	1.936	2.477	3.267	3.809	4.232	1.469	2.133	2.733	3.376	3.815
非正规预测工资	1.085	1.349	2.135	2.739	2.959	0.877	1.279	1.573	2.474	3.272
总差异	0.851	1.128	1.132	1.070	1.273	0.592	0.854	1.160	0.902	0.544
特征差异	0.299	0.303	0.247	0.264	0.301	0.384	0.501	0.516	0.501	0.441
结构差异	0.552	0.824	0.885	0.806	0.972	0.208	0.353	0.644	0.401	0.103

六、结论

我国当前的经济总量、人均收入、经济增长速度和经济发展模式都已经跨入新时代，国有部门改革在经历两个重要改革阶段后已经进入新的发展平台。国有部门的总规模逐渐缩小而私有部门逐渐扩大，尽管如此，国有部门的重要性仍不容忽视（叶静怡等，2019）。根据数据基本统计量，非正规就业在国有部门中仅占 28%，而在私有部门中占比达到 70%，说明在整个劳动力市场中非正规就业主要存在于私有部门中。另外私有部门中正规就业与非正规就业之间的平均工资差距更大。通过分解国有部门和私有部门正规和非正规就业工资差距可以观测市场化改革中两个部门的运行效率和运行机制。均值处的回归结果显示私有部门的非正规就业具有显著更高的人力资本回报率，同时不存在企业规模效应，一个可能的原因是私有部门非正规就业中存在较大的异质性。在考虑样本选择偏误的情况下使用反映整个工资分布的无条件分位回归结果表明教育收益率在私有部门全部就业者和国有部门正规就业者中随分位的提高逐渐升高，而国有部门非正规就业的工资低端则具有比顶端更高的估计系数。经验的回报率不论数值还是显著性都仅在国有部门的两种形式就业中呈现较高结果，说明两个部门工资结构的明显区别以及反映个体能力的工资排位，同时说明国有部门市场化原则和体制改革已经影响到工资决定机制。

工资差距反映社会不平等，对个体的实际福利和心理都造成显著影响，对社会稳定和生产力促进起到关键作用。因此，如何调整工资分配首先要厘清工资差距的大小以及在劳动力市场中的形态。分解结果显示，两个部门正规就业与非正规就业的工资差距中特征差异都为主要因素，但是私有部门中代表特征的个体生产率差异占比更大。从整个工资分布的工资差距看，在样本选择修正前，国有部门内正规就业与非正规就业的工资差距从低端到高端有下降趋势，结果与多数文献使用全部样本的分析一致，而私有部门内工资差距最高点处于中低分位。在样本选择修正后，分解结果显示国有部门内的工资差距在高工资人群中更大，私有部门内的工资差距的最高点则仍然位于中低分位，这一发现与不考虑样本选择的文献结果相反。由于对样本选择的处理具有较强的技术敏感性，我们使用多种方式进行了稳健性检验，结果仍然保持一致。从构成效应与结构效应看，在国有部门内低分位到高分位的工资差距都主要来自不可解释因素（或歧视），而私有部门内除中低分位受不可解释因素影响较大外，高分位的工资差距更多来自个体禀赋或者工作特征差异。

不论国有部门还是私有部门都存在较大的正规就业与非正规就业工资差距，而私有部门内的差距更大，但是私有部门内的差距更多来源于可观测特征，国有部门仍存在极大比例降低个人效用和使市场运行低效率的歧视性工资差距。破除就业形式壁垒，打破非正规就业“身份”歧视，改善非正规就业的工作稳定及福利保障强度，充分调动劳动者工作积极性仍然是政策需要调整的方向。

参考文献

1. 蔡昉：《中国经济改革效应分析——劳动力重新配置的视角》，载《经济研究》2017 年第 7 期。

2. 常进雄、王丹枫：《我国城镇正规就业与非正规就业的工资差异》，载《数量经济技术经济研究》2010 年第 9 期。

3. 丁述磊：《正规就业与非正规就业工资差异的实证研究——分位数回归的视角》，载《财经论丛》2017 年第 4 期。

4. 胡鞍钢、赵黎：《我国转型期城镇非正规就业与非正规经济（1990—2004）》，载《清华大学学报（哲学社会科学版）》2006 年第 3 期。

5. 黄国英、谢宇：《中国家庭动态跟踪调查职业社会经济地位测量指标构建》，2012 年 12 月 20 日，http：//www. isss. pku. edu. cn/cfps/docs/20180927133140517170. pdf? CSRFT = M0A4 -

42VJ - 7GXH - QNZ2 - T9ZX - ZNXT - GMLZ - 5R1M。

6. 李雅楠、孙业亮、朱镜德：《非正规就业与城镇居民收入分配：1991 ~ 2009 年》，载《数量经济技术经济研究》2013 年第 8 期。

7. 任莉颖、邱泽奇、丁华、严洁：《问卷调查质量研究：应答代表性评估》，载《社会》2014 年第 1 期。

8. 孙睿君、李子奈：《不同期限类型劳动合同的工资决定机制及差异——基于中国家庭住户工资调查数据的经验研究》，载《财经研究》2010 年第 2 期。

9. 王海成、郭敏：《非正规就业对主观幸福感的影响——劳动力市场正规化政策的合理性》，载《经济学动态》2015 年第 5 期。

10. 王庆芳、郭金兴：《非正规就业者的境况得到改善了么？——来自 1997—2011 年 CHNS 数据的证据》，载《人口与经济》2017 年第 2 期。

11. 王学军：《中国城镇正规就业与非正规就业的工资差异演变研究——基于非条件分位数回归的分解方法》，载《财经理论与实践》2017 年第 4 期。

12. 魏下海、余玲铮：《我国城镇正规就业与非正规就业收入差异的实证研究——基于分位数回归与分解的发现》，载《数量经济技术经济研究》2012 年第 1 期。

13. 吴晓刚、张卓妮：《户口、职业隔离与中国城镇的工资不平等》，载《中国社会科学》2014 年第 6 期。

14. 吴要武、蔡昉：《中国城镇非正规就业：规模与特征》，载《中国劳动经济学》2006 年第 2 期。

15. 吴要武：《非正规就业者的未来》，载《经济研究》2009 年第 7 期。

16. 夏庆杰、李实、宋丽娜、Simon Appleton：《国有单位工资结构及其就业规模变化的工资分配效应：1988—2007》，载《经济研究》2012 年第 6 期。

17. 薛进军、高文书：《中国城镇非正规就业：规模、特征和收入差距》，载《经济社会体制比较》2012 年第 6 期。

18. 姚宇：《中国非正规就业规模与现状研究》，载《中国劳动经济学》2006 年第 2 期。

19. 杨正雄、张世伟：《最低工资对农民工非正规就业和工资的影响》，载《农业经济问题》2020 年第 9 期。

20. 叶静怡、林佳、张鹏飞、曹思未：《中国国有企业的独特作用：基于知识溢出的视角》，载《经济研究》2019 年第 6 期。

21. 张车伟、薛欣欣：《国有部门与非国有部门工资差异及人力资本贡献》，载《经济研究》2008 年第 4 期。

22. 张抗私、刘翠花、丁述磊：《工作时间如何影响城镇职工的健康状况？——来自中国劳动力动态调查数据的经验分析》，载《劳动经济研究》2018 年第 1 期。

23. 张延吉、秦波：《城镇正规就业与非正规就业的收入差异研究》，载《人口学刊》2015 年第 4 期。

24. Abadie A, Angrist J, Imbens G. Instrumental variables estimates of the effect of subsidized training on the quantiles of trainee earnings. *Econometrica*, 2002, 70 (1): 91 - 117.

25. Acemoglu D, Restrepo P. Automation and new tasks: how technology displaces and reinstates labor. *Journal of Economic Perspectives*, 2019, 33 (2): 3 - 30.

26. Aguilar A G, Guerrero F M L. Informal sector//Aalbers M B, Aasvang G M, Abreu M (eds).

International Encyclopedia of Human Geography (*Second Edition*), 2020: 279 - 288.

27. Albrecht J, Van Vuuren A, Vroman S. Counterfactual distributions with sample selection adjustments: Econometric theory and an application to the Netherlands. *Labour Economics*, 2009, 16 (4): 383 - 396.

28. Badaoui E E, Strobl E, Walsh F. Is there an informal employment wage penalty? Evidence from South Africa. *Economic Development and Cultural Change*, 2008, 56 (3): 683 - 710.

29. Bargain O, Kwenda P. The informal sector wage gap: New evidence using quantile estimations on panel data. *Economic Development and Cultural Change*, 2004, 63 (1): 117 - 153.

30. Buchinsky M. The dynamics of change in the female wage distribution in the USA: a quantile regression approach. *Journal of Applied Econometrics*, 1998, 13 (1): 1 - 30.

31. Blinder A S. Wage discrimination: Reduced form and structural estimates. *The Journal of Human Resources*, 1973, 8 (4): 436 - 455.

32. Cameron A C, Trivedi P K. *Microeconometrics*: *methods and applications*. Cambridge university press, 2005.

33. Chiburis R, Lokshin M. Maximum likelihood and two-step estimation of an ordered-probit selection model. *The Stata Journal*, 2007, 7 (2): 167 - 182.

34. Chzhen Y, Mumford K. Gender gaps across the earnings distribution for full-time employees in Britain: Allowing for sample selection. *Labour Economics*, 2011, 18 (6): 837 - 844.

35. Chen G, Hamori S. Formal and informal employment and income differentials in urban China. *Journal of International Development*, 2013, 25 (7): 987 - 1004.

36. De Luca G. SNP and SML estimation of univariate and bivariate binary-choice models. *The Stata Journal*, 2008, 8 (2): 190 - 220.

37. De Luca G, Perotti V. Estimation of ordered response models with sample selection. *The Stata Journal*, 2011, 11 (2): 213 - 239.

38. Dinardo J, Fortin NM, Lemieux T. Labor market institutions and the distribution of wages 1973 - 1992: a semiparametric approach. *Econometrica*, 1996, 64 (5): 1001 - 1024.

39. Fama E F, French K R. Permanent and temporary components of stock prices. *Journal of political Economy*, 1988, 96 (2): 246 - 273.

40. Fama E F, French K R. Industry costs of equity. *Journal of financial economics*, 1997, 43 (2): 153 - 193.

41. Firpo S, Fortin N M, Lemieux T. Unconditional quantile regressions. *Econometrica*, 2009, 77 (3): 953 - 973.

42. Firpo S P, Fortin N M, Lemieux T. Decomposing wage distributions using recentered influence function regressions. *Econometrics*, 2018, 6 (2): 28.

43. Gunther I, Launov A. Informal employment in developing countries: Opportunity or last resort? *Journal of Development Economics*, 2012, 97 (1): 88 - 98.

44. Gallant A R, Nychka D W. Semi-nonparametric maximum likelihood estimation. *Econometrica*, 1987, 55 (2): 363 - 390.

45. Heckman J J. Sample selection bias as a specification error. *Econometrica*: *Journal of the econometric society*, 1979, 47 (1): 153 - 161.

46. Hurst E G, Pugsley B W. Wealth, tastes, and entrepreneurial choice. NBER Working Paper Series No. 21644, 2015.

47. Ichimura H. Semiparametric least squares (SLS) and weighted SLS estimation of single index models. *Journal of Econometrics*, 1993, 58 (1-2): 71-120.

48. Imbens G W, Wooldridge M. Recent developments in the econometrics of program evaluation. *Journal of economic literature*, 2009, 47 (1): 5-86.

49. Jann B. The Blinder - Oaxaca decomposition for linear regression models. *The Stata Journal*, 2008, 8 (4): 453-479.

50. Jung S. The gender wage gap and sample selection via risk attitudes. *International Journal of Manpower*, 2017, 38 (2): 318-335.

51. Karabchuk T, Soboleva N. Temporary Employment, Informal Work and Subjective Well - Being Across Europe: Does Labor Legislation Matter? . *Journal of Happiness Studies*, 2020, 21 (5): 1879-1901.

52. Koenker R, Bassett G. Regression quantiles. *Econometrica*, 1978, 46 (1): 33-50.

53. Lee L F. Generalized econometric models with selectivity. *Econometrica*, 1983, 51 (2): 507-512.

54. Lee S. Endogeneity in quantile regression models: A control function approach. *Journal of Econometrics*, 2007, 141 (2): 1131-1158.

55. Lehmann H, Pignatti N. Informal employment relationships and the labor market: Is there segmentation in Ukraine? . *Journal of Comparative Economics*, 2018, 46 (3): 838-857.

56. Mulligan CB, Rubinstein Y. Selection, investment, and women's relative wages over time. *Narnia*, 2008, 123 (3): 1061-1110.

57. Meng X. *Labour market reform in China*. Cambridge University Press, 2000.

58. Maasoumi E, Wang L. What can we learn about the racial gap in the presence of sample selection? . *Journal of Econometrics*, 2017, 199 (2): 117-130.

59. Nordman C J, Rakotomanana F, Roubaud F. Informal versus formal: A panel data analysis of earnings gaps in Madagascar. *World Development*, 2016, 86: 1-17.

60. Oaxaca R. Male-female wage differentials in urban labor markets. *International Economic Review*, 1973, 14 (3): 693-709.

61. Oaxaca R L, Ransom M R. On discrimination and the decomposition of wage differentials. *Journal of Econometrics*, 1994, 61 (1): 5-21.

62. Olivetti C, Petrongolo B. Unequal pay or unequal employment? A cross-country analysis of gender gaps. *Journal of Labor Economics*, 2008, 26 (4): 621-654.

63. Park A, Wu Y, Du Y. Informal employment in urban China: measurement and implications. *China Labor Economics*, 2006.

64. Pratap S, Quintin E. Are labor markets segmented in developing countries? A semiparametric approach. *European Economic Review*, 2006, 50 (7): 1817-1841.

65. Peter S. Body mass and wages: New evidence from quantile estimation. *Economics & Human Biology*, 2017, 27 (Pt A): 223-240.

66. Stewart M B. Semi-nonparametric estimation of extended ordered probit models. *The Stata*

Journal, 2004, 4 (1): 27 - 39.

67. Tansel A. Wage earners, self-employed and gender in the informal sector in Turkey. *ERF Working Papers Series* No. 0102, 2000.

68. Vella F. Estimating models with sample selection bias: asurvey. *Journal of Human Recourses*, 1998, 33 (1): 127 - 169.

69. Williams C C. Formal and informal employment in Europe: beyond dualistic representations. *European urban and regional studies*, 2009, 16 (2): 147 - 159.

70. Wooldridge J M. Quasi-maximum likelihood estimation and testing for nonlinear models with endogenous explanatory variables. *Journal of Econometrics*, 2014, 182 (1): 226 - 234.

71. Yahmed S B. Formal but less equal. Gender wage gaps in formal and informal jobs in urban brazil. *World Development*, 2018, 101: 73 - 87.

72. Yun M S. A simple solution to the identification problem in detailed wage decompositions. *Economic Inquiry*, 2005, 43 (4): 766 - 772.

The Wage Disadvantage of Informal Employees in Different Sectors

—Based on Multiple Selection Bias Correction

Sun Hongye Zhu Limin Gao Gongjing

Abstract: In the new era of economic transition, the scale and form of informal employment have undergone unprecedented changes, and the employment security of informal employees has increasingly significant impact on economic development and social stability. With the aid of the compound sample selection correction model, this paper obtains empirical results of the wage gap between formal and informal employment in different sectors after eliminating selection bias. The results show that there is a higher wage gap between the high quintile of the state sector wage distribution and the middle quintile of the private sector wage distribution. The wage gap in the private sector is even greater, and most of this gap can be explained by characteristic factors. Although the wage gap in the state sector is lower than that in the private sector, informal employees are subject to greater discrimination. This discrimination mainly comes from job characteristics and institutional barriers. In order to ensure employment stability and wage increases for informal employees, institutional barriers should be broken Establish an employment security policy that focuses on cultivating and improving the work skills of informal employees.

Key words: *informal employment wage gap control function employment security*

儿童时期健康状况对工资收入的影响研究

——基于CHARLS生命历程数据和追访调查数据

冉东凡　吕学静*

摘　要： 基于中国健康与养老追踪调查数据，构建度量微观个体儿童时期健康状况的变量体系，以此为基础量化分析儿童时期健康对劳动者工资收入的长期影响。在研究方法上，采用OLS和Heckman两阶段模型进行回归。研究结果显示：儿童时期健康状况对成年后工资收入存在重要影响。农业工作收入对儿童时期的营养依赖较为明显，而非农工作收入不仅受营养的影响，更重要的是还受到儿童时期社会心理健康的影响；出生时是农业户籍的个体，第一份非农工作收入受到儿童时期社会心理健康、生理健康的影响更为突出。重视农村儿童健康，有助于提高成年后工作收入，缩小贫富差距；儿童时期心理健康降低第二份非农工作收入，反映出个人在第二份工作选择时，或许更重视精神或心理上的充实与满足；不管经历几次工作转换，儿童时期营养充足的个体始终能够获得相对高的收入。

关键词：儿童期健康状况　工资收入　Heckman两阶段模型

一、引言

全面提升人口质量，增强人力资本积累、提高收入水平是积极应对人口老龄化的重要途径。促进儿童健康水平的提升是提高人口素质，加强人力资本积累的重要方面，更是从源头上积极应对人口老龄化，保持社会经济长期可持续发展的战略选择。当前人口老龄化进程不断加速、生育率降低，随之而来的是对养老财富、医疗保健和劳动供给的长远压力和挑战。伴随着社会进步，中国儿童健康状况，尤其是经济欠发达区域的儿童健康问题，不仅是生理健康，包括社会心理健康等方面均需得到更加重视。基于生命周期视角，根据人力资本理论，儿童时期健康状况在微观层面，对微观个体成年时期健康人力资本积累、教育人力资本积累、劳动就业和经济收入产生长期影响，而在宏观层面，它直接关系着一个国家未来的劳动力质量和国民经济的增长。从人口结构转型和新发展理念的角度思考，探究儿童时期健康状

* 冉东凡，民政部政策研究中心博士后，E-mail：rdfdemail@163.com；吕学静，首都经济贸易大学劳动经济学院教授、博士生导师。感谢匿名评审专家的修改意见，问责自负。

况的长期工资收入效应，对于在生命早期进行健康政策干预，实施健康中国、调节收入不平等、改善代际人力资本积累所致的贫困问题等具有重要的现实意义。从学术角度来看，儿童时期健康状况存在长期效应，在整个生命周期中，儿童时期健康通过自产效应和互动效应对微观个体的终身产生影响。但目前基于中国的数据背景下，实证考察儿童时期健康与进入劳动力市场后工资收入关系的研究尚待加强。根据社会实践和学术研究双重需要，本文尝试对这一议题进行详细探究。

二、文献综述

在西方国家，儿童时期健康状况对成年后的影响是近些年研究的热点主题之一。班克斯等（Banks et al.，2011）研究了儿童健康、早期生活对于成年后经济生活状况的影响。经济学家和社会学家们在这个问题上做了一些颇有见地的工作。

凯斯和帕克森（Case and Paxson，2011）对英国出生的人群进行跟踪调查，直到他们成年。探究了儿童时期健康状况与成年时期健康、就业、经济收入等社会经济地位之间的持续关联性。研究发现，无论是出生时较为瘦弱还是儿童时期出现慢性疾病，这些儿童时期健康状况较差的人不仅在成年后健康状况较差的可能性更大，而且通过等级考试的可能性也较低，成年后的工作机会也可能较少。在控制了一些重要影响因素，例如父母的教育背景和收入之后，那些儿童时期健康状况不佳的人在中年时期的职业地位较低的可能性也较大。

史密斯（Smith，1999）使用美国收入动态调查数据，研究了儿童健康与成年后的社会经济地位的相关性，社会经济地位包括教育水平、劳动力供给、个人收入、家庭财富以及家庭收入等。研究结果显示除教育外，儿童健康状况差与成年人社会经济地位包含的这些指标之间都有着很强的关联，并指出如果控制了未观察到的家庭因素等的影响，那么估计出的联系则会更大。微观个体在童年时期的心理健康状况似乎与成人健康行为以及在劳动力市场上的收入能力，家庭总收入和财富之间有着直接或间接的显著关联（Lê - Scherban et al.，2016）。在进一步的研究中，史密斯（2009）证明，儿童时期的心理疾病是导致这种结果的重要组成部分。该研究主题的相关结论，在古德曼等（Goodman et al.，2011）采用英国的数据进行重复研究时得到论证，从而也得出了英国背景下的情况。

马鲁乔等（Maluccio et al.，2009）使用危地马拉人样本数据，利用一种蛋白质补充实验探究儿童时期的健康与成年时期经济生产力之间的关系。研究发现，总体上提供蛋白质补充的实验组更显著的完成学业，并在成年后的劳动力市场上获取更显著的收益。儿童早期接触营养品补充与成年时较高的时薪有关，但仅在男性样本中起显著性作用；儿童时期营养水平的提高有助于成年时期人力资本的改善，包括更健康的体型、更高的教育水平、更好的认知能力以及劳动能力的提高，而这些因素已被证明与成年时期的收入和财富成正比。

社会科学家也探究了儿童时期健康状况对成年健康，以及成年后经济结果包括教育、劳动力供给、收入和职业影响的重要性。柯里和斯塔维莱（Currie and Stabile，2003）论证了儿童时期健康状况不佳对未来健康的直接影响，以及通过降低学习成绩，从而影响未来的社会经济地位。凯斯等（Case et al.，2001）使用健康调查数据和美国收入动态面板调查（PSID）数据表明，成年人时期社会经济收入和健康的差异起源于儿童早期。

布利克利（Bleakley，2010）发现儿童时期生理健康的改善，对成年时期的健康、经济收入均产生显著而持久的积极作用。凯斯等（Case et al.，2005）研究发现，由于儿童时期的不良健康状况可能直接通过其健康的影响，而间接地通过对其他形式的人力资本积累的影响从而影响成年人的福祉。格里马等（Grimard et al.，2010）对儿童时期健康与经济收入的关系进行探究，结果显示，儿童时期健康状况对中年时期的健康和社会经济地位产生了持久的影响。

这些研究结果是否适用于中国的情况，史密斯等（Smith et al.，2012）采用2008年中国健康与养老追踪调查（CHARLS）甘肃和浙江两省的试点调查数据对此类问题作了开创性的研究。他们主要对浙江、甘肃两个省份，45岁及其以上年龄的人群进行了分析。该研究发现了中国人儿童时期自评健康与成年时期健康、社会经济地位（家庭消费、家庭收入和家庭资产）的相关关系。这一实证分析迈出了中国情况研究中重要的一步。研究结果显示，儿童时期自评健康与中老年时期健康结局之间有很强的联系，特别是在中国女性中；而在中国男性中，儿童时期自评健康状况与中老年时期身体质量指数（BMI）密切相关；身高作为反映儿童时期健康指标，家庭消费支出作为成年时期经济水平的指标，发现身高与家庭消费支出正相关关系显著。何青、袁燕（2014）运用中国营养与健康调查（CHNS）数据分析表明，儿童时期的总体健康状况对成年后收入存在显著影响。但在反映儿童时期健康方面，仅采用单一的营养指标，所以在对儿童时期健康的长期效应的考察方面不可避免地受数据的局限。此外，宋杨、刘建宏（2019）采用中国健康与养老追踪调查数据虽未直接研究该议题，但他们探究了儿童时期贫困问题的长期影响，其中在贫困指标体系中涉及了儿童时期的健康方面，但仅局限在儿童时期的生理健康维度，研究结论指出儿童时期的贫困会对终身健康、教育和收入等产生明显影响。

三、数据和变量选取

（一）数据优势与可靠性

中国健康与养老追踪调查（CHARLS）数据在研究该议题方面具有独特的优

势。换言之，该数据为开展实证研究，论证儿童时期健康对劳动者工资收入的长期影响提供了微观数据的支持。关于本文议题的研究，该数据发挥的不可替代的优势主要体现在两个方面：（1）儿童时期健康测度调查问题的全面丰富性。中国健康与养老追踪调查（CHARLS）生命历程数据首次对中国儿童时期生活全貌进行了详细调查，虽然是通过历史回顾的形式，但从全国调查层面搜集到了反映儿童时期健康社会生活的重要资料。这为开展实证研究，论证儿童时期健康与劳动力市场的关系提供了微观数据支撑。其他同本研究议题相关的微观数据库，如中国营养与健康调查（CHNS）数据，虽然有关于儿童时期营养指标的调查，但涉及儿童时期生理健康，如儿童时期因病卧床等躯体疾病情况、接种疫苗等医疗保健情况以及儿童时期社会心理健康等方面的问题设计较少。而想要综合测度儿童时期健康，单靠营养维度显然是不够的。所以，中国健康与养老追踪调查（CHARLS）数据在儿童健康综合测度指标体系的完善和构建上能够提供更丰富的测度变量。（2）基于微观个体生命周期的数据调查，为本文建立起个人儿童时期健康与工资收入之间的计量关系奠定基础。想要考量儿童时期健康对劳动者工资收入的长期影响，需要掌握微观个体儿童时期健康状况和经历的每份工作收入等变量数据。而中国健康与养老追踪调查（CHARLS）数据涵盖了受访者生命周期中儿童时期健康、成年时期工作收入等一系列变量。在生命周期中，劳动者存在工作转换问题，中国健康与养老追踪调查（CHARLS）数据对受访者每份工作收入有详细的统计调查。基于此，本文才能建立起个体儿童时期健康与工资收入之间的计量模型，从实证方面论证儿童时期健康对个体终身的劳动力市场表现的影响。

（二）儿童时期健康测度指标现状和构建合理性

1. 国内外儿童时期健康测度指标变量

在早期，有部分研究采用子宫内营养、子宫环境作为微观个体早期健康的测度（Barker and Clark，1997）。此外，一部分研究通过自然实验，即儿童早期营养干预、食物短缺等经历作为微观个体早期健康的测度（Ravelli et al.，1998）；采用双胞胎实验、出生时体重等作为儿童时期健康测度指标（Black et al.，2007），其好处在于它容易调查且误差较小（Behrman and Rosenzweig，2012），但并非能够轻易获取；在追踪实验中，采用儿童时期慢性疾病（Case et al.，2005）、儿童时期心理疾病（Farmer，1993；Goodman et al.，2011）等测度指标。总之，基于不同的实验方式或数据获取方式，选用相应的儿童时期健康测度指标。

在采用微观调查数据中，儿童自评健康状况、特定儿童疾病（Smith，2009）；儿童时期的营养状况（Alderman et al.，2006）；儿童发育情况（Case et al.，2005）、身高（Case et al.，2005；Smith et al.，2012；陆五一、周铮毅，2014）；

儿童营养指标（Case et al.，2005）等均被作为反映儿童时期健康的变量。

由于长期追踪调查数据的缺乏，国内为数不多的该议题文献中大都使用成年后回忆得到的儿童时期健康自评情况这一指标来作为儿童时期健康的测度变量。儿童时期健康自评这一指标具有主观性，但也被多数文献证明该指标的合理性。不过也曾有学者柯里（Currie，2009）认为使用回忆得到的自评儿童时期健康状况来研究可能存在测量误差，身体差的成年人倾向于低估儿童时期健康，身体健康的倾向于高估儿童时期健康，使得估计结果可能存在偏差。尽管如此，目前国内外文献中仍没有放弃选用儿童时期自评健康这一测度指标（Smith，2012）。此外，儿童时期营养摄入（何青、袁燕，2014）、儿童时期相较同龄人健康情况、儿童时期接种疫苗等儿童时期健康测度指标被使用（宋杨、刘建宏，2019）。

综上所述，国外文献对该议题研究较早并且在儿童时期健康指标的选取上也逐渐丰富，为本文指标体系的选取和构建提供了参考。国外文献中有选取出生体重、身高、儿童时期自评健康、儿童时期心理疾病等，或者选取试验组和对照组，对比考察儿童时期营养品补给对不同群体成年期人力资本和劳动力市场结果的影响。在为数不多的采用国内数据研究中国情况的文献中，儿童时期健康指标的选取主要仅局限在儿童时期自评健康或者身高、营养等指标，这虽然开启了中国该议题的研究，但测度指标的单一、不全面等局限性仍需得到突破。

2. 儿童时期健康测度指标体系合理性

在进行儿童时期健康测度指标选取前，首先应该对健康的概念弄清楚。早在1948年，世界卫生组织对健康的定义作出诠释。健康是生理上、心理上、社会上总体的完好状态。1989年，健康的定义又被进一步诠释。健康是指躯体健康、心理健康、社会适应良好和道德健康。搞清楚健康的概念，这为本文着手选取测度儿童时期健康的指标提供了科学依据。

目前国内没有对儿童时期健康测评的指标体系。文中对儿童健康测度变量指标选取时，首先基于健康内涵涉及的生理、心理、社会等多个维度，进而结合当前国内外常选用的反映儿童健康的主观自评变量，补充纳入反映儿童时期心理健康、儿童时期疾病程度和医疗保健（接种疫苗）情况等健康测度变量。最终形成了从四个维度综合反映儿童时期健康状况的变量体系。

综上所述，基于健康的多维内涵和国内外儿童健康测度变量现状，本文尝试完善并构建了集当前常用的儿童时期健康指标类型于一体的健康测度指标体系。并完善国内研究中缺乏的反映儿童时期社会心理健康、儿童时期疾病程度等测度变量，改变单一的儿童时期健康测度现状，综合纳入儿童时期生理健康、社会心理健康、营养维度以及主观总评健康测度变量体系。这从多层次多维度来考察儿童时期健康对工资收入的长期影响。本文儿童时期健康状况涵盖了有效测度儿童时期生理健康、社会心理健康、营养维度健康以及总体评价健康的四个维度。儿童时期健康状况各指标的选取是在以往研究基础上的进一步拓展和完善。这一工作能够实现主要得益于中国健康与养老追踪调查提供的反映儿童时期健康全貌的数据的支撑。

（三）儿童时期健康状况变量

1. 儿童时期总评健康维度

在中国健康与养老追踪调查追访问卷（2015）中，健康状况与功能模块有关于童年时的健康状况的问题。其中问卷问题：您 15 岁之前（包括 15 岁）的身体状况怎么样？回答类型有五种，分别是“极好，很好，好，一般，不好”。这里将“极好，很好”赋值为 1，认为该指标下儿童时期自评健康较好，否则为 0。

在中国健康与养老追踪调查生命历程调查数据（2014）中，健康历史模块有关于受访者在童年时的健康状况的一些问题。其中问卷问题：在您 15 岁之前（包括 15 岁），与大多数同龄的孩子相比，您的健康状况怎样？回答类型有五种，分别是“好很多，好一些，差不多，差一点，差很多”，这里将“好很多，好一些”赋值为 1，认为该指标下儿童时期健康比同龄人好，否则为 0。

2. 儿童时期生理健康维度

人的生理健康程度，即躯体健康是健康资本的基本要素，主要是指身体各组织系统和器官的功能完好。在中国健康与养老追踪调查生命历程调查数据（2014）中，健康历史模块有关于受访者在童年时健康状况的一些问题：在您 15 岁之前（包括 15 岁），您有没有因为健康原因卧床 1 个月或更长时间？回答类型有两种，分别是“是，否”，这里“否”赋值为 1，“是”则赋值为 0。值得深入思考的是，问卷中并未对儿童时期具体因为哪些病种而卧床 1 个月以上进行深度调研，所以只能就此构建反映儿童时期生理健康的变量。结合实际分析，该变量体现了儿童时期是否生过重病或者大病的情况。

在中国健康与养老追踪调查生命历程调查数据（2014）中，保健历史模块有关于受访者在童年时的健康状况的问卷问题：在您 15 岁之前（包括 15 岁），您接种过任何疫苗吗？例如种痘，也包括服用预防疫病的糖丸，回答类型有两种，分别是“是，否”，这里将“是”赋值为 1，“否”则赋值为 0。

3. 儿童时期社会心理健康维度

人的心理状态是健康资本的重要组成要素之一，心理健康状态是一个渐进式的积累过程。中国健康与养老追踪调查生命历程调查数据（2014）中，家庭信息模块里童年时期的友谊和经历部分有关于受访者在童年时社会维度的健康状况的问卷问题：在您小时候，会不会因为没有朋友而感到孤独？是经常，有时，很少还是从没有？回答类型有四种，“经常，有时，很少，从没有”，这里将“从没有”赋值为1，否则赋值为0。

4. 儿童时期营养维度

中国健康与养老追踪调查生命历程调查数据（2014）中，家庭信息模块里童年时期的社会经济状况部分涉及受访者在早期营养方面的问卷问题：您的家庭是否曾经有一段时间不能吃饱饭？回答类型有两种，分别是“是，否”，这里将“否”赋值为1，“是”则赋值为0。

（四）工资变量选取

2014年中国健康与养老追踪调查生命历程数据中，工作史模块对工作和工作转换的定义进行了详细描述，并在数据库中统计了每份工作的工资收入情况。具体地，该问卷中询问的工作是指从事半年及以上的，任何以生计为目的的劳动。主要包括：自家农业生产经营活动、非农受雇、非农自雇、不拿工资为家庭经济活动帮工、参军服役。

根据问卷中关于每份工作的定义，“一份工作”是指在同一个工作单位的工作。如果一直从事自家农业生产经营活动，即便具体从事的农业活动发生过变化，也只算作一份工作；从事自家农业生产经营活动，如果中途工作地点发生过变化，算作一份工作；人民公社时期生产队工作，如果中途更换过公社/生产队，算作同一份工作（如搬家换了村子，搬家前后都是在生产队工作，算作同一份工作）。如果在自家务农的同时，每年还从事季节性受雇工作，算作有两份工作；担任村干部（村支书、村长、村会计、妇女主任、民兵队长等）也算是工作，属于非农受雇。所以，如果担任村干部的同时还在自家务农，算作有两份工作；受雇工作，如果在同一个区县从事多个短期同行业的工作，每个工作从事时间都不到6个月，但是总时间长度超过6个月（含），那么这一系列短期工作可累计算作一份工作；受雇工作，在一个单位内不同部门之间的工作变动，如果是被调动的，算一份工作；如果主动离职或被一个部门辞退，再到另一个部门申请到了工作，算两份工作；非农自雇工作，即从事个体私营经济活动，如果个体私营经济活动所处的行业发生变化，则算工作发生变化（如开始开饭店，后来变为开工厂，算从事过两份工作）。

除了上述工资收入变量之外，本文在实证分析过程中，还纳入了控制早期家庭环境的变量，问卷中问题为：自出生起，居住的第一个房子的建筑类型是什么？回答类型为“钢筋混凝土结构或砖木结构、土坯房/土房、木草屋/茅草房、窑洞、蒙古包/毡房、船屋、其他”七种类型。将早期家庭住房结构变量为“木草屋/茅草房”设置为1，其余的为0。

本文研究对象是45岁及其以上年龄的中老年群体。数据主要来源于中国健康与养老追踪调查（CHARLS）2014 年生命历程数据和 2015 年追访数据。问卷中包含的对工作和每份工作的定义，以及详细的第一份工作收入，第二份工作收入，第三份工作收入等数据统计，为本文辨析儿童时期健康对工作历程中的工资收入影响提供了数据基础。

四、研究方法

本文中主要采用普通最小二乘法和 Heckman 两阶段法进行回归分析。普通最小二乘法是对工资收入进行估计时最为直接的方法。但由于所观测到的劳动参与者并非样本总体的随机选择，这样会存在“样本选择性偏差”。Heckman 发现在存在样本选择性偏差的情况下，采用普通最小二乘法估计会导致系数估计值出现偏误。对于这一问题，Heckman 在其文章中提出新的模型估计方法，即 Heckman 备择模型，其模型的基本形式为两阶段的普通最小二乘法估计。

首先根据微观个体是否工作作为第一阶段的被解释变量，也就是选择方程中的被解释变量，使用全部参数对整个群体进行 Probit 估计，从而确定是否参与工作的影响因素。

$$p^* = x\beta + e \quad (1)$$

$$P_i = 1 \quad \text{if } p^* > 0 \quad (2)$$

p^* 为潜变量模型，P_i 为事件发生的概率，e 为随机扰动项。x 为解释变量，β 为待估计参数。

其次，针对在普通最小二乘法估计中存在的样本选择偏差问题，需要从第一阶段的估计中得到逆米尔斯比率 λ：

$$\lambda = \varphi(X_i\beta/\sigma_0)/\Phi(X_i\beta/\sigma_0) \quad (3)$$

其中，φ(·) 为标准正态分布函数，Φ(·) 为累积分布函数。

然后将 λ 作为第二阶段的修正参数。在第二阶段的主回归方程中，λ 作为方程估计的一个变量去纠正选择性偏误。如果逆米尔斯比系数显著，则说明的确存在选择性偏差。如果逆米尔斯比系数不显著，则表明不存在选择性偏误，那么这个时候，OLS 估计就是有效的。

五、实证结果

（一）第一份工作工资收入估计

儿童时期健康状况对成年后第一份工作工资收入的 OLS 回归结果如表 1 所示。

表 1　　儿童时期健康状况对第一份工作收入的 OLS 估计

解释变量	被解释变量：第一份工作工资收入（取对数）		
	第一份工作	农业工作	非农工作
	(1)	(2)	(3)
儿童时期自评健康较好	0. 135*** (0. 0300)	0. 0294 (0. 0996)	0. 165*** (0. 0296)
儿童时期相较同龄人更健康	0. 0740** (0. 0310)	-0. 0101 (0. 105)	0. 0997*** (0. 0304)
儿童时期没有因病卧床 1 个月以上	0. 0894 (0. 0631)	0. 164 (0. 201)	0. 0818 (0. 0627)
儿童时期接种过疫苗	0. 0963** (0. 0431)	0. 198 (0. 137)	0. 0377 (0. 0429)
儿童时期没有因无朋友而孤独	0. 0741** (0. 0362)	-0. 0540 (0. 114)	0. 0886** (0. 0362)
儿童时期营养充足	0. 276*** (0. 0326)	0. 226** (0. 100)	0. 318*** (0. 0328)
年龄	-0. 0319*** (0. 0016)	-0. 0738*** (0. 0046)	-0. 0193*** (0. 0017)
男性	0. 306*** (0. 0292)	0. 331*** (0. 0977)	0. 299*** (0. 0288)
农业户口	-0. 742*** (0. 0496)	-0. 547 (0. 488)	-0. 712*** (0. 0457)
常数项	6. 832*** (0. 141)	9. 025*** (0. 627)	6. 051*** (0. 144)
省份	控制	控制	控制
社区效应	固定	固定	固定
P - value	0. 0000	0. 0000	0. 0000
R^2	0. 0735	0. 1236	0. 0762
样本量	13 997	2 320	11 677

注：括号中数值为 z 统计量的值；*** p < 0. 01，** p < 0. 05，* p < 0. 1 分别表示变量系数通过了 1%、5%、10% 的显著性检验。

表 1 代表了儿童时期健康状况的各变量对成年后第一份工作工资收入的影响回归结果。这里控制了性别、年龄和出生户籍，区域特征方面控制了省份变量和社区效应，以尽可能地控制经济收入的地域不平衡性。

表 1 显示，儿童时期健康状况与成年后的第一份工作工资收入之间呈正相关关

系。第（1）列显示，儿童时期健康状况的各变量均为正数，儿童时期自评健康变量和儿童时期营养变量均在1%的统计水平上通过显著性检验。儿童时期健康相较同龄人好、儿童时期接种过疫苗和儿童时期没有因无朋友而孤独均在5%的统计水平上通过显著性检验。

这反映了儿童时期自评健康较好的个体成年后的收入要比儿童时期自评健康不是较好的个体显著高13.5%；儿童时期健康相较同龄人好的个体成年后收入要比儿童时期健康不比同龄人好的个体显著高7.4%；儿童时期接种过疫苗的个体成年后的收入要比儿童时期未接种过疫苗的个体显著高9.63%；儿童时期没有因无朋友而孤独的个体成年后的收入要比儿童时期社会心理不健康的个体显著高7.41%；儿童时期营养充足的个体成年后的收入要比儿童时期营养不充足的个体显著高27.6%。

综合儿童时期健康的不同指标可知，儿童时期的营养维度对个体成年后收入的影响最大，其次是自评健康，最后是儿童时期接种疫苗指标。总体上，除儿童时期卧病在床1个月以上变量之外，儿童时期生理，社会心理，营养，总体等各个健康指标对于第一份工作收入的影响相似，它们均对个体成年后的收入有着显著的正效应。这一结果对我们关注儿童时期健康，从源头上为儿童提供充足的营养，医疗保健（如接种疫苗等），关注其社会心理健康等都具有政策性意义。

其他变量可以看出，男性成年后的工作工资收入比女性高30.6%；年龄越大，成年后的第一份工作工资收入越低，这说明样本个体的起薪与年龄呈递减趋势。这是因为年龄越大的个体，其所处的年代越早，当时的社会经济水平相对较低，第一份工作工资收入也就越低；出生时是农业户籍也会对成年后的第一份工作工资有明显的副作用，这一结果也反映了户籍制度对工资收入的影响。

进一步地对第一份工作进行了细分，分为农业工作和非农工作，具体结果在表1第（2）列和第（3）列显示。在农业工作收入中，儿童时期健康状况的指标变量中，仅有儿童时期营养变量指标显著。具体地，儿童时期营养充足的个体成年后农业工作收入要比儿童时期营养不充足的个体显著高22.6%。在农业工作工资收入中，年龄越大的个体农业工作工资收入越低，这仍与越早的年代经济收入水平越低有关。农业工作工资收入存在性别差异，男性农业工资收入仍高于女性；农业户口变量不显著。

在非农工作收入中，儿童时期自评健康较好、儿童时期健康相较同龄人好、儿童时期社会心理健康和儿童时期营养充足变量均显著。其中儿童时期营养充足的个体成年后非农工作工资收入要比儿童时期营养不充足的个体显著高31.8%；儿童时期个体的社会心理越健康成年后非农工作工资收入越高，高出8.86%。

综合可知，不管是在农业工作还是非农工作中，儿童时期营养指标变量对工作收入的影响都是较大的。儿童时期社会心理健康因素在对农业工作收入和非农工作收入的影响中存在差异，具体表现在对农业收入影响并不显著，而对非农工作收入影响较为显著。这也体现了非农工作较农业工作有着对社会人际交往更强的要求，而社会人际交往的能力的培养与儿童时期的社会心理健康有着密不可分的联系。

非农工作分为受雇、自雇和军人三种工作类型。在受雇工作收入中，儿童时期自评健康、儿童时期相较同龄人健康好和儿童时期营养指标三个变量指标均在1%水平上显著；在自雇工作收入中，儿童时期自评健康较好在10%统计水平上显著；在军人工作收入中，儿童时期接种过疫苗变量在1%水平上通过显著性检验（见表2）。

表2　儿童时期健康状况对第一份工作收入的OLS估计（续表1）

解释变量	被解释变量：第一份工作工资收入（取对数）		
	受雇工作	自雇工作	军人工作
	(4)	(5)	(6)
儿童时期自评健康较好	0.176*** (0.0311)	0.0701* (0.0402)	0.0321 (0.108)
儿童时期相较同龄人更健康	0.114*** (0.0321)	-0.0620 (0.0413)	-0.00607 (0.107)
儿童时期没有因病卧床1个月以上	0.0869 (0.0658)	0.0107 (0.0877)	-0.159 (0.238)
儿童时期接种过疫苗	0.0351 (0.0450)	-0.00461 (0.0579)	0.552*** (0.193)
儿童时期没有因无朋友而孤独	0.0919** (0.0380)	0.0393 (0.0489)	0.127 (0.140)
儿童时期营养充足	0.344*** (0.0348)	-0.00273 (0.0399)	0.118 (0.122)
年龄	-0.0205*** (0.0018)	0.0030* (0.0018)	-0.0321*** (0.0055)
男性	-0.797*** (0.0487)	-0.0415 (0.0393)	-0.665 (0.518)
农业户口	0.349*** (0.0303)	-0.0825 (0.0551)	0.320** (0.140)
常数项	6.167*** (0.154)	4.660*** (0.167)	6.154*** (0.729)
省份	控制	控制	控制
社区效应	固定	固定	固定
P-value	0.0000	0.2306	0.0000
R^2	0.0848	0.0325	0.1724
样本量	10 966	420	291

注：括号中数值为z统计量的值；*** p<0.01，** p<0.05，* p<0.1分别表示变量系数通过了1%、5%、10%的显著性检验。

具体地，儿童时期社会心理健康，儿童时期营养充足，儿童时期自评健康较好或儿童时期相较同龄人更健康的个体将会获得更高的受雇工作收入；但在自雇工作收入中，除了总体健康指标，即儿童时期自评健康较好能够获得更好的自雇收入之外，其余的儿童时期健康状况指标均不显著；在军人工作收入中，儿童时期有接受过疫苗等保健历史的个体能够获得比儿童时期未接种过疫苗的个体更高的工作收入，这可能跟职业性质有关，更健壮的体格或许能够在军队中有更突出的表现。

（二）其他份工作工资收入估计

其他工作工资收入主要包含第二份非农工作和第三份非农工作工资收入的估计结果。根据样本量可以看出，成年时期频繁更换工作的样本量仍是少数。但各变量指标对第二份和第三份工作收入的影响方面，与对第一份工作收入的影响存在异同。具体地，根据表 3 回归结果进行如下分析。

表 3　儿童时期健康状况对其他份非农工作收入的 OLS 估计

解释变量	被解释变量：其他份非农工作工资收入（取对数）			
	第二份非农工作		第三份非农工作	
	系数	标准误	系数	标准误
儿童时期自评健康较好	0.0077	(0.0552)	0.112*	(0.0675)
儿童时期相较同龄人更健康	0.0423	(0.0564)	0.0904	(0.0688)
儿童时期没有因病卧床 1 个月以上	0.254**	(0.119)	0.149	(0.138)
儿童时期接种过疫苗	-0.0308	(0.0843)	0.0326	(0.114)
儿童时期没有因无朋友而孤独	-0.201***	(0.0704)	0.0207	(0.0877)
儿童时期营养充足	0.296***	(0.0580)	0.171**	(0.0723)
年龄	-0.0901***	(0.0027)	-0.0880***	(0.0035)
男性	0.0403	(0.0568)	0.0451	(0.0731)
农业户口	-0.321***	(0.0722)	-0.358***	(0.102)
常数项	11.85***	(0.255)	12.50***	(0.320)
省份	控制	控制	控制	控制
社区效应	固定	固定	固定	固定
P - value	0.0000		0.0000	
R^2	0.2597		0.2037	
样本量	3 933		2 917	

注：括号中数值为 z 统计量的值；*** p < 0.01，** p < 0.05，* p < 0.1 分别表示变量系数通过了 1%、5%、10% 的显著性检验。

在第二份工作收入中，儿童时期无卧病在床 1 个月及以上变量在 5% 水平上通过显著性检验，系数为正。这说明儿童时期无卧病在床 1 个月以上的个体更能够获得较高的收入，这也符合常理，毕竟工作中对生理方面的健康要求是刚性的；值得注意的是，儿童时期社会心理健康维度的指标系数为负，在 1% 水平上显著，但在对第一份工作收入中，该变量指标系数是显著为正的。儿童时期社会心理健康指标系数符号的变化，这可能跟劳动者个体的想法有关系，收入不再作为工作的主要目的，或许更注重工作带来的充实感、满足感等精神层面的满足。因此在第二份工作收入中，呈现出儿童时期社会心理越健康的个体收入相对变低的现象；儿童时期营养维度的指标系数依然显著为正，这说明不管经历几次工作，儿童时期营养充足的个体始终能够获得相对高的收入。

在第三份工作收入中，儿童时期自评健康较好、儿童时期营养更充足两个变量显著为正，这一方面说明了儿童时期自评健康较好，以及儿童时期营养充足对劳动者个体长期的工作收入存在正效应；但其余反映儿童时期生理健康，如儿童时期因病卧床 1 个月以上和接种过疫苗、儿童时期社会心理健康等因素变得不显著，虽然系数均为正值。这说明随着时间的推移，儿童时期生理健康和心理健康对工作收入的影响显著程度逐渐变得不显著。

在第二份工作收入和第三份工作收入中，其余变量系数和显著性与第一份工作收入的估计结果基本一致。

（三）样本选择性偏误检验

尽管对儿童时期健康变量对收入的 OLS 估计结果是合理的，这也表现在国内外学者多采用该方法进行估计。但也应该对方程可能存在的问题有足够的考虑，因为可能存在样本删失问题，也就是说，存在没有进入就业市场的那部分个体。基于可能存在的这种现象，尝试使用具有解决样本删失问题的模型进行检验分析。一般来说，处理与删失样本数据有关的模型主要有两个，即 Tobit 模型和 Heckman 备择模型。

不选择 Tobit 模型的原因主要有两个：一是该模型的假设前提是基于正态分布假设，但这一假设与工资收入的分布事实不太相符合，因为工资收入的分布可能是偏态的。二是该模型得到的估计是有偏的。这也是该方法在 20 世纪 80 年代中后期之后很少被使用的原因，尽管其曾经是劳动经济学的主流估计工具之一。当前 Heckman 模型也存在一些争议，但在解决样本选择偏差问题上该方法还是较为符合实际情况的。因为在工资收入问题上，明显存在一个典型的选择过程，换言之，只有符合一定要求的群体才有机会进入就业市场获取工资收入。这也刚好和 Heckman 模型的偏态分布假设相符合。在 Heckman 备择模型中本文选择 Heckman 两阶段模型估计，通过纠正选择性偏差获得一致性估计。

1. 第一份工作工资收入 Heckman 两阶段模型估计

在对第一份工作工资收入的 Heckman 两阶段估计中，与 OLS 估计不同的是，使用是否汇报了工资收入作为第一阶段估计的被解释变量。通过 Heckman 两阶段模型估计发现，第一份工作工资收入，以及其细分的非农工作、农业工作、受雇工作均通过了逆米尔斯比（Mills Ratio）检验，这说明存在样本选择偏差问题。但对于自雇工作和军人工作未能通过该检验。下面将对通过检验的估计结果进行分析，如表 4 所示。

表 4　儿童时期健康状况对第一份工作收入的 Heckman 回归

主回归方程				
解释变量	被解释变量：第一份工作工资收入（取对数）			
	第一份工作	非农工作	农业工作	受雇工作
儿童时期自评健康较好	0.137*** (0.0303)	0.174*** (0.0302)	0.0163 (0.0998)	0.180*** (0.0321)
儿童时期相较同龄人更健康	0.0992*** (0.0321)	0.137*** (0.0313)	-0.0160 (0.105)	0.150*** (0.0333)
儿童时期没有因病卧床 1 个月以上	0.0961 (0.0638)	0.0960 (0.0640)	0.150 (0.201)	0.110 (0.0679)
儿童时期接种过疫苗	0.121*** (0.0442)	0.108** (0.0444)	0.139 (0.138)	0.116** (0.0468)
儿童时期没有因无朋友而孤独	0.0698* (0.0366)	0.115*** (0.0371)	-0.110 (0.115)	0.118*** (0.0393)
儿童时期营养充足	0.248*** (0.0340)	0.234*** (0.0347)	0.293*** (0.104)	0.228*** (0.0372)
年龄	-0.0326*** (0.0016)	-0.0135*** (0.0018)	-0.0839*** (0.0060)	-0.0126*** (0.0020)
男性	0.396*** (0.0399)	0.410*** (0.0318)	0.306*** (0.0980)	0.433*** (0.0321)
出生农业户口	-0.800*** (0.0533)	-0.904*** (0.0517)	-0.0652 (0.519)	-0.972*** (0.0531)
常数项	6.772*** (0.144)	5.486*** (0.160)	8.621*** (0.644)	5.370*** (0.174)
省份	控制	控制	控制	控制
社区效应	固定	固定	固定	固定

续表

选择方程				
解释变量	被解释变量：第一份工作工资收入（取对数）			
	第一份工作	非农工作	农业工作	受雇工作
儿童时期自评健康较好	0.0352 (0.0289)	0.0590** (0.0244)	-0.0319 (0.0280)	0.0299 (0.0234)
儿童时期相较同龄人更健康	0.165*** (0.0307)	0.109*** (0.0254)	-0.00436 (0.0290)	0.0827*** (0.0242)
儿童时期没有因病卧床1个月以上	0.110* (0.0585)	0.0700 (0.0499)	-0.0209 (0.0568)	0.0573 (0.0481)
儿童时期接种过疫苗	0.157*** (0.0381)	0.184*** (0.0332)	-0.168*** (0.0380)	0.147*** (0.0323)
儿童时期没有因无朋友而孤独	-0.0132 (0.0349)	0.0601** (0.0289)	-0.108*** (0.0324)	0.0352 (0.0280)
儿童时期营养充足	-0.109*** (0.0307)	-0.0878*** (0.0261)	0.110*** (0.0292)	-0.0870*** (0.0252)
年龄	0.130*** (0.0122)	0.508*** (0.0136)	-0.423*** (0.0120)	0.530*** (0.0134)
年龄平方	-0.0011*** (9.57e-05)	-0.0039*** (0.0001)	0.0032*** (9.54e-05)	-0.0041*** (0.0001)
男性	0.608*** (0.0296)	0.437*** (0.0238)	-0.0618** (0.0270)	0.260*** (0.0226)
出生农业户口	-0.493*** (0.0646)	-0.971*** (0.0590)	1.191*** (0.0917)	-0.585*** (0.0469)
早期家庭住房结构	0.0299 (0.0398)	-0.0672** (0.0323)	0.125*** (0.0358)	-0.0522* (0.0311)
Constant	-2.236*** (0.409)	-14.58*** (0.430)	11.55*** (0.395)	-15.63*** (0.423)
省份	控制	控制	控制	控制
社区效应	固定	固定	固定	固定
Mills lambda	0.5520*** (0.1652)	0.6992*** (0.0767)	0.4511*** (0.1700)	0.8549*** (0.0746)
rho	0.3177	0.4368	0.1922	0.5132
Sigma	1.7377	1.6009	2.3466	1.6658
Wald 检验值	994.79	999.47	256.43	1 029.05
P 值	0.0000	0.0000	0.0000	0.0000

续表

选择方程				
解释变量	被解释变量：第一份工作工资收入（取对数）			
	第一份工作	非农工作	农业工作	受雇工作
未删失样本	13 997	11 677	2 320	10 966
删失样本	1 741	4 061	13 418	4 772
总样本	15 738	15 738	15 738	15 738

注：第一份工作收入是指全部工作人员的工资年收入；非农工作收入是指非农工作人员的工资年收入；农业工作收入是指从事农业工作的人员的工资年收入；受雇工作收入是指受雇用的人员获得的年工资收入；分析过程中，儿童时期没有因无朋友而孤独变量可直接用儿童时期社会心理健康来替代表述；括号中数值为 z 统计量的值； *** $p<0.01$， ** $p<0.05$， * $p<0.1$ 分别表示变量系数通过了 1%、5%、10% 的显著性检验。

分析表 4，在第一份工作工资收入中，估计系数方向与普通最小二乘法的估计完全一致，显著性方面也基本一致，仅存在显著性强弱的细微差异。具体地，与 OLS 估计结果相比，在儿童时期健康状况指标中，儿童时期相较同龄人健康好、儿童时期接种过疫苗两个变量的显著性均从 5% 水平上显著变化到在 1% 统计水平上显著，显著性变得更强了；儿童时期社会心理健康变量从 5% 水平上显著变化到在 10% 水平上显著，显著性变得弱了，但依然显著；在儿童时期健康状况指标中，唯有儿童时期无卧病在床 1 个月及以上变量对工资收入的影响依然是不显著的。

注意到，对于第一份工作收入，在第一阶段的选择方程估计中，儿童时期无卧病在床 1 个月及以上变量系数显著，这意味着在挑选就业参与者的过程中，儿童时期躯体健康因素起到了明显的正向作用，但该变量在第二阶段的主回归方程中，即在加入就业者行列后，对工资收入的影响反而不显著。其余变量年龄、性别、出生时户口变量系数方向和显著性与 OLS 估计类似，不同的是这里是考虑到样本选择过程以后所得到的结果。

在细分工作类型的工资收入估计结果中，非农工作工资收入估计结果与所有工作工资收入的估计系数和显著性类似。受雇工作工资收入的估计结果系数和显著性与非农工作收入估计结果基本一致，这可能是因为在非农工作收入中，绝大部分是受雇工作收入样本。农业工作工资收入估计结果系数方向和显著性与 OLS 基本一致。在儿童时期健康状况指标中，仍然仅有儿童时期营养变量对农业工作收入有明显的正面效应。

2. 其他份工作工资收入 Heckman 两阶段模型估计

在考虑了样本选择性偏误问题后，对儿童时期健康状况的第二份和第三份非农工作收入的 Heckman 回归结果如表 5 所示。

表 5　　儿童时期健康状况对其他份非农工作收入的 Heckman 回归

主回归方程				
解释变量	被解释变量：其他份非农工作工资收入（取对数）			
	第二份非农工作		第三份非农工作	
	系数	标准误	系数	标准误
儿童时期自评健康较好	-0.121*	(0.0667)	0.0940	(0.0694)
儿童时期相较同龄人更健康	-0.0025	(0.0662)	0.0503	(0.0720)
儿童时期没有因病卧床 1 个月以上	0.182	(0.137)	0.194	(0.143)
儿童时期接种过疫苗	-0.140	(0.0980)	-0.0939	(0.125)
儿童时期没有因无朋友而孤独	-0.326***	(0.0831)	-0.0618	(0.0946)
儿童时期营养充足	0.146**	(0.0714)	0.173**	(0.0740)
年龄	-0.106***	(0.0039)	-0.0862***	(0.0037)
男性	-0.717***	(0.131)	-0.378**	(0.174)
出生农业户口	0.529***	(0.154)	-0.229**	(0.115)
常数项	15.35***	(0.599)	13.99***	(0.638)
省份	控制	控制	控制	控制
社区效应	固定	固定	固定	固定

选择方程				
解释变量	被解释变量：其他份非农工作工资收入（取对数）			
	第二份非农工作		第三份非农工作	
	系数	标准误	系数	标准误
儿童时期自评健康较好	0.0699***	(0.0235)	0.0315	(0.0247)
儿童时期相较同龄人更健康	0.0393	(0.0241)	0.0648***	(0.0251)
儿童时期没有因病卧床 1 个月以上	0.0220	(0.0491)	-0.0770	(0.0507)
儿童时期接种过疫苗	0.0876**	(0.0341)	0.174***	(0.0384)
儿童时期没有因无朋友而孤独	0.0971***	(0.0289)	0.133***	(0.0308)
儿童时期营养充足	0.0684***	(0.0254)	0.0047	(0.0270)
年龄	-0.0570***	(0.0097)	0.0356***	(0.0126)
年龄平方	0.0005***	(7.65e-05)	-0.0003***	(0.0001)
男性	0.547***	(0.0229)	0.658***	(0.0244)
出生农业户口	-0.637***	(0.0381)	-0.205***	(0.0409)
早期家庭住房结构	-0.0575*	(0.0317)	-0.0731**	(0.0338)
常数项	0.922***	(0.324)	-2.351***	(0.392)
省份	控制	控制	控制	控制

续表

选择方程				
解释变量	被解释变量：其他份非农工作工资收入（取对数）			
	第二份非农工作		第三份非农工作	
	系数	标准误	系数	标准误
社区效应	固定	固定	固定	固定
Mills lambda	-1.9855***	(0.2950)	-0.840***	(0.3106)
rho	-0.8371		-0.4411	
sigma	2.3719		1.9042	
Wald 检验值	1 027.10		710.80	
P 值	0.0000		0.0000	
未删失样本	3 933		2 917	
删失样本	11 805		13 991	
总样本	15 738		16 908	

注：括号中数值为 z 统计量的值；*** $p<0.01$，** $p<0.05$，* $p<0.1$ 分别表示变量系数通过了 1%、5%、10% 的显著性检验。

根据表 5，首先来看第二份工资收入的系数和显著性变化情况。同 OLS 回归结果相比，儿童时期自评健康系数由不显著变的显著，系数符号也由正数变为负数。尽管系数方向发生变化，但观察到数值是从 OLS 回归中由接近于零的系数变为较小的负数值，可以认为，儿童时期自评健康对第二份工作收入的回报可能在零值附近；儿童时期社会心理健康系数仍然为显著的负数值，系数绝对值变大。但在选择方程中，儿童时期健康状况的各指标变量系数均为正数值。这反映了儿童时期自评健康较好，儿童时期社会心理更健康的劳动者，在第二份工作的就业选择中依然是更积极的，但对于工资收入的要求并不高，相反他们可能倾向于收入低的工作，从而获取精神等方面的充实与满足；儿童时期营养充足变量依然是显著的正数值。

其次在第三份工资收入回归结果中，同 OLS 回归结果相比，我们发现儿童时期自评健康由显著变得不显著，但系数值依然是正值；儿童时期营养变量指标的系数符号和显著性，以及系数值基本保持不变。

（四）异质性分析

进一步的，考虑性别和户籍制度的影响，对第一份非农工作收入的不同子样本进行 Heckman 回归，结果如表 6 所示。

表 6　分样本儿童时期健康状况对第一份非农工作收入的 Heckman 回归

主回归方程				
解释变量	被解释变量：第一份非农工作工资收入（取对数）			
	男性	女性	农业户籍	非农户籍
儿童时期自评健康较好	0.187*** (0.0401)	0.160*** (0.0455)	0.188*** (0.0331)	0.101 (0.0696)
儿童时期相较同龄人更健康	0.111*** (0.0414)	0.170*** (0.0476)	0.166*** (0.0344)	-0.0627 (0.0691)
儿童时期没有因病卧床 1 个月以上	0.101 (0.0814)	0.103 (0.102)	0.0933 (0.0695)	0.155 (0.154)
儿童时期接种过疫苗	0.132** (0.0620)	0.0747 (0.0636)	0.0983** (0.0473)	0.108 (0.131)
儿童时期没有因无朋友而孤独	0.129*** (0.0489)	0.0984* (0.0565)	0.110*** (0.0397)	0.151 (0.105)
儿童时期营养充足	0.256*** (0.0473)	0.213*** (0.0511)	0.225*** (0.0389)	0.140** (0.0677)
年龄	-0.0167*** (0.0024)	-0.0093*** (0.0029)	-0.0099*** (0.0021)	-0.0275*** (0.0038)
男性			0.482*** (0.0348)	-0.147* (0.0765)
出生农业户口	-0.629*** (0.0670)	-1.211*** (0.0800)		
常数项	5.817*** (0.206)	5.526*** (0.242)	4.288*** (0.179)	7.056*** (0.342)
省份	控制	控制	控制	控制
社区效应	固定	固定	固定	固定
选择方程				
解释变量	被解释变量：第一份非农工作工资收入（取对数）			
	男性	女性	农业户籍	非农户籍
儿童时期自评健康较好	0.0893** (0.0373)	0.0402 (0.0324)	0.0675*** (0.0251)	-0.129 (0.119)
儿童时期相较同龄人更健康	0.111*** (0.0392)	0.104*** (0.0336)	0.112*** (0.0261)	0.0354 (0.121)
儿童时期没有因病卧床 1 个月以上	0.00621 (0.0730)	0.129* (0.0692)	0.0750 (0.0511)	-0.0537 (0.266)
儿童时期接种过疫苗	0.155*** (0.0545)	0.202*** (0.0420)	0.184*** (0.0338)	0.209 (0.186)

续表

选择方程				
解释变量	被解释变量：第一份非农工作工资收入（取对数）			
	男性	女性	农业户籍	非农户籍
儿童时期没有因无朋友而孤独	0.159*** (0.0428)	-0.0178 (0.0393)	0.0601** (0.0295)	0.117 (0.167)
儿童时期营养充足	-0.142*** (0.0405)	-0.0560 (0.0344)	-0.100*** (0.0269)	0.0736 (0.120)
年龄	0.545*** (0.0203)	0.481*** (0.0185)	0.533*** (0.0142)	0.0958* (0.0582)
年龄平方	-0.0042*** (0.0002)	-0.0037*** (0.0001)	-0.0041*** (0.0001)	-0.0008* (0.0005)
男性			0.439*** (0.0244)	0.442*** (0.116)
出生农业户口	-1.013*** (0.0960)	-0.958*** (0.0754)		
早期家庭住房结构	-0.0903* (0.0487)	-0.0478 (0.0433)	-0.0670** (0.0329)	-0.0948 (0.195)
常数项	-15.27*** (0.637)	-13.72*** (0.584)	-16.31*** (0.448)	-1.063 (1.975)
省份	控制	控制	控制	控制
社区效应	固定	固定	固定	固定
Mills lambda	0.5978*** (0.1061)	0.7725*** (0.1099)	0.7684*** (0.0786)	-0.8988* (0.5094)
rho	0.3894	0.4632	0.4644	-0.7440
sigma	1.5352	1.6676	1.6547	1.2082
Wald 检验值	405.08	499.79	559.36	100.63
P 值	0.0000	0.0000	0.0000	0.0000
未删失样本	6 204	5 473	10 330	1 347
删失样本	1 468	2 593	3 973	88
总样本	7 672	8 066	14 303	1 435

注：括号中数值为 z 统计量的值；*** $p<0.01$，** $p<0.05$，* $p<0.1$ 分别表示变量系数通过了 1%、5%、10% 的显著性检验。

纠正过样本选择偏差的分样本分户籍的回归结果如表 6 所示，在男性样本中，儿童时期接种过疫苗系数为正，在 5% 统计水平上显著，而女性样本中该变量系数为正，但没通过显著性检验。这说明，儿童时期接种过疫苗明显提升男性工资收入，而对女性工资收入影响不明显。一般意义上，这可能是男性从事的工作相较女性来说，对体格或身体素质要求更高。其他儿童时期健康状况指标对工资收入的影响方面几乎不存在性别差异，儿童时期各方面健康越好，会明显增加工资收入。值得注意的是，对于出生时是农业户籍的个体来说，儿童时期自评健康较好、儿童时期相较同龄人更健康、儿童时期接种过疫苗、儿童时期社会心理健康均会明显的提高其工资收入，但在非农户籍样本中并不明显。然而，儿童时期营养充足对于不论是农业户籍还是非农户籍来说，在提高收入方面均有明显的作用。

六、研究结论与下一步研究方向

（一）研究结论

本文围绕儿童时期健康状况的长期工资收入效应这个问题，依据劳动经济学、健康经济学及医学等交叉学科理论。结合 2014 年中国健康与养老追踪调查（CHARLS）生命历程数据和 2015 年中国健康与养老追踪调查（CHARLS）数据构建儿童时期健康状况指标体系，对儿童时期健康的长期收入效应进行实证分析。考虑到个体存在的工作转换问题，分别对第一份工作收入、第二份工作收入、第三份工作收入的影响加以论证，并对样本选择性偏差加以检验和处理。

本文的实证结果表明，儿童时期健康状况对成年期工资收入有明显影响。具体地，对第一份工作收入来说，儿童时期自评健康较好、儿童时期相较同龄人更健康、儿童时期接种过疫苗、儿童时期社会心理健康、儿童时期营养充足的个体成年时期获得第一份工作收入明显更高；不同工作类型的收入受到儿童时期健康状况的影响存在差异，比如农业工作收入的提高对儿童时期营养充足的依赖较为明显。而非农工作收入的提高不仅受儿童时期营养充足的影响，更重要的是还明显受到儿童时期社会心理健康的影响，说明良好的人际交往能力和精神面貌在提高非农工作收入方面作用突出。更具体的细分第一份工作类型发现，自雇工作收入受到儿童时期健康的影响不明显，而受雇工作收入与非农工作收入受到的儿童时期健康影响类似。在军人工作收入中，儿童时期有过疫苗保健对增加收入的作用较为明显，这可能是更好的体格容易有更出色的表现。

在纠正样本选择偏差后，在非农工作收入类型中，儿童时期接种过疫苗变量由不显著变得显著，对第一份非农工作收入的促进作用变得明显。其余变量系数和显著性变化不大。此外，儿童时期接种过疫苗更能够增加男性第一份非农工作收入；对于出生时是农业户籍的个体来说，第一份非农工作收入明显受到儿童时期总评健康、儿童时期社会心理健康、儿童时期生理健康的影响，但非农户籍受到的影响不明显。这反映了公共卫生服务资源向农业户籍儿童倾斜，对于提高成年后收入水平，缩小贫富差距具有政策性意义；在对第二份非农工作收入的研究时发现，儿童时期社会心理健康降低第二份非农工作收入。这可能是与第一份非农工作不同，个人在第二份工作选择时，或许更重视精神或心理上的充实与满足。不管经历几份工作转换，不论性别和户籍，儿童时期营养充足均能够显著提高工资收入。

（二）研究局限和下一步研究方向

1. 数据的受限

想要辨析清楚儿童时期健康状况对于成年后工资收入的影响，需要质量较高的数据库，目前中国微观数据库在满足对该问题的研究上仍存在局限性。但中国不断丰富的微观调查数据，尤其是中国健康与养老追踪调查（CHARLS）生命历程数据及其追踪调查数据，涵盖了儿童时期健康和工作收入等变量，已为初步开展该议题的实证研究提供了中国背景下的数据支持。然而，若想要论证近年来儿童时期健康对其终身的劳动力市场表现的影响，还需要结合微观个体的成长周期进行数据追踪，这是不可逾越的生命成长和发展规律。发达国家关注重视前劳动力市场的人力资本投资问题较早，即儿童的健康投资等方面，所以开展数据追踪调查也较早，而中国关于该议题的数据调查与搜集尚显不足。

2. 控制手段的局限

尽管本文尽可能地采用了丰富的控制手段，但考虑到存在未观察到的家庭效应，所以并不能完全排除儿童时期健康在影响成年时期人力资本、就业以及经济收入中的作用是受到与儿童时期健康相关的家庭环境中未观察到的特征因素所影响的。尽管部分学者如史密斯（2009）采用固定效应模型控制了家庭背景等不可观察因素后，依然发现健康状况较差的儿童成年后收入比健康状况良好的儿童低24.8%，比未控制家庭背景等不可观测因素时反而影响更大，但这也仅是国外数据背景下的结论。

这些研究局限和不足，并不影响本文研究结论的科学性和可靠性。但这些局限性为今后的研究指明了方向。对于该议题或相关主题，随着中国微观数据质量的不断提升，在数据使用和研究方法上不断深化和拓展，进一步提高研究水平和质量。具体可以从以下两个方面进行深入研究：

一是实现儿童时期健康测度标准体系的统一。目前关于对健康的测度尚无统一变量指标，同时缺乏对儿童青少年健康的测度评价体系。文中虽尽可能地完善并构建反映儿童时期健康状况的指标体系，但制定统一标准的儿童健康测评指标体系是很有必要和迫切的，这是一项综合学科的科学问题。接下来可探究制定集客观和主观相结合的儿童健康测度标准，克服当前侧重主观评价而导致可能存在的健康测量偏差。

二是更进一步探讨儿童时期健康对个体劳动力市场表现背后的渠道机制、因果关系等。笔者虽然对该议题进行了初步探究，但目前研究水平仍有限，并考虑到当前数据变量对解决该问题的支撑性较弱，该问题可作为今后不断拓展深入探究的方向。

参考文献

1. 何青、袁燕：《儿童时期健康与营养状况的跨期收入效应》，载《经济评论》2014 年第 2 期。

2. 陆五一、周铮毅：《儿童营养状况与健康人力资本形成》，载《人口与发展》2014 年第 6 期。

3. 宋扬、刘建宏：《儿童时期多维贫困的长期影响——基于 CHARLS 生命历程数据的实证分析》，载《中国人民大学学报》2019 年第 3 期。

4. Alderman H, Hoddinott J, Kinsey B. Long term consequences of early childhood malnutrition. *Oxford economic papers*, 2006, 58 (3): 450 – 474.

5. Banks J, Oldfield Z, Smith J P. *Childhood health and differences in late-life health outcomes between England and the United States*. National Bureau of Economic Research press, 2011.

6. Bleakley H. Malaria Eradication in the Americas: A Retrospective Analysis of Childhood Exposure. *American Economic Journal: Applied Economics*, 2010, 2 (2): 1 – 45.

7. Barker D, Clark P M. Fetal undernutrition and disease in later life. *Reviews of reproduction*, 1997, 2 (2): 105 – 112.

8. Black S E, Devereux P J, Salvanes K G. From the cradle to the labor market? The effect of birth weight on adult outcomes. *The Quarterly Journal of Economics*, 2007, 122 (1): 409 – 439.

9. Behrman J R, Rosenzweig M R. The Returns to Birthweight , 2012, 86 (2): 586 – 601.

10. Case A, Paxson C. The Long Reach of Childhood Health and Circumstance: Evidence from the Whitehall II Study. *Economic Journal, Royal Economic Society*, 2011, 121 (554): F183 – F204.

11. Currie J, Stabile M. Socioeconomic Status and Child Health: Why Is the Relationship Stronger for Older Children? . *American Economic Review*, 2003, 93 (5): 1813 – 1823.

12. Case A, Lubotsky D, Paxson C. Economic Status and Health in Childhood: The Origins of the Gradient. *American Economic Review*, 2001, 92 (5): 1308 – 1334.

13. Case A, Fertig A, Paxson C. The lasting impact of childhood health and circumstance. *Journal of health economics*, 2005, 24 (2): 365 – 389.

14. Currie J. Healthy, wealthy, and wise: Socioeconomic status, poor health in childhood, and human capital development. *Journal of economic literature*, 2009, 47 (1): 87 – 122.

15. Farmer E M. Externalizing behavior in the life course: The transition from school to work. *Journal of Emotional and Behavioral Disorders*, 1993, 1 (3): 179 – 188.

16. Goodman A, Joyce R, Smith J P. The long shadow cast by childhood physical and mental prob-

lems on adult life. *Proceedings of the National Academy of Sciences*, 2011, 108 (15): 6032 - 6037.

17. Grimard F, Laszlo S, Lim W. Health, aging and childhood socio-economic conditions in Mexico. *Journal of Health Economics*, 2010, 29 (5): 630 - 640.

18. Lê - Scherban F, Brenner A B, Schoeni R F. Childhood family wealth and mental health in a national cohort of young adults. *SSM - Population Health*, 2016, 2: 798 - 806.

19. Maluccio J A, Hoddinott J, Behrman J R. The impact of improving nutrition during early childhood on education among Guatemalan adults. *The Economic Journal*, 2009, 119 (537): 734 - 763.

20. Ravelli A C, Meulen J H, Michels R. Glucose to lerance in adults after prenatal exposure to famine. *The Lancet*, 1998, 351 (9097): 173 - 177.

21. Smith J P. Health Bodies and Thick Wallets: The Dual Relation Between Health and Economic Status, 1999, 13 (2): 145 - 166.

22. Smith J P. The impact of childhood health on adult labor market outcomes. *The Review of Economics and Statistics*, 2009, 91 (3): 478 - 489.

23. Smith J P, Shen Y, Strauss J. The effects of childhood health on adult health and SES in China. *Economic development and cultural change*, 2012, 61 (1): 127 - 156.

The Effect of Childhood Health Status on Wage Income

—Based on CHARLS Data

Ran Dongfan　Lü Xuejing

Abstract: Based on the CHARLS data, a variable system to measure the micro-individual health status in childhood was constructed, and the long-term impact of childhood health on workers' income was quantitatively analyzed on this basis. In terms of research methods, OLS and Heckman two-stage models were used for regression. The results show that childhood health status has a significant impact on adult earnings. The income from agricultural work is obviously dependent on the nutrition of children, while the income from non-agricultural work is not only affected by the nutrition, but also affected by the social and psychological health of children. The income of the first non-agricultural work is more affected by the social and psychological health and physical health of the individuals who were registered in agriculture at birth. Attaching importance to the health of children in rural areas is conducive to raising the working income after adulthood and narrowing the gap between the rich and the poor. Mental health during childhood reduces the income from second off-farm work, reflecting that individuals may place more emphasis on spiritual or psychological enrichment and satisfaction in their second job choices. Regardless of the number of job transitions, individuals who were well nourished during childhood were consistently able to earn relatively high incomes.

Key words: *childhood health status　salary income　Heckman's two-stage model*